“十三五”高职高专经济与管理校企合作系列规划教材

财务管理实务

CAIWU GUANLI SHIWU

本书编委会
主　　编　张　珊　王媚莎
副 主 编　孙伶俐　萧健诚　梁玲芝　朱胜庄
汪德露　陈　珍
参编人员　范小荣　尹　峰　周　辉　罗　晖
张瑞东

广东高等教育出版社
Guangdong Higher Education Press
·广州·

内 容 提 要

本书是校企合作开发的教学成果，立足于高职理实一体、工学结合的培养模式，采取项目教学法，以工作过程为导向，内容深入浅出。每个项目前有案例导入，后有案例分析与职业能力训练题，有较强的实用性，便于学生理解和掌握。

本书以企业理财为主体，以风险和收益为主线，以学生职业能力培养为宗旨，系统介绍了财务管理的基本理论、方法和实用技术。全书共分为八个项目，主要内容包括：财务管理认知、树立理财观念、财务预算、筹资管理、项目投资管理、营运资金管理、收益分配管理、撰写财务分析报告。

本书既可供高职高专、成人高校的会计和经济管理相关专业教学使用，也可以作为企业财务人员培训资料和自学用书。

图书在版编目（CIP）数据

财务管理实务/张珊，王媚莎主编. —广州：广东高等教育出版社，2016.5（2023.8重印）

（“十三五”高职高专经济与管理校企合作系列规划教材）

ISBN 978-7-5361-5529-9

Ⅰ. ①财… Ⅱ. ①张… ②王… Ⅲ. ①财务管理 Ⅳ. ①F275

中国版本图书馆 CIP 数据核字（2016）第 001727 号

出版发行	广东高等教育出版社
	社址：广州市天河区林和西横路
	邮编：510500　营销电话：(020) 87554153　87553735
	http://www.gdgjs.com.cn
印　　刷	广州小明数码印刷有限公司
开　　本	787 毫米 ×1 092 毫米　1/16
印　　张	16
字　　数	360 千
版　　次	2016 年 5 月第 1 版
印　　次	2023 年 8 月第 3 次印刷
定　　价	36.00 元

总　序

我国经济发展从“低端制造”向“精品制造”转型升级的关键是大力发展高等职业教育，高职院校已成为高素质产业大军的重要培养基地，成为契合产业升级、发展经济的中坚力量。但国家统计局公布的统计数据显示，我国当今技能劳动者仅占就业人员的19%，高技能人才的数量不足5%，高职院校肩负着为社会输送高端技能型人才的历史重任。自1999年我国大规模创办高等职业教育以来，教育部先后出台了一系列重要文件，对高职教育改革发展及人才培养等方面提出了明确的要求。

我国高职教育起步晚、基础弱，需要学习、借鉴、创新与改革，教材改革是高职教育改革的重要组成部分，教材作为体现高职教育特色的知识载体和教学工具，直接关系到高职院校能否培养出符合社会要求的高端技能型人才。

为适应我国经济发展和就业形势的需要，我们联合广东及兄弟省份共20多所高职院校经管类专业教师共同筹划出版经济与管理系列教材。为编写本套系列教材，我们成立了由经管类行业企业专家、企业管理人员、高职院校经管类专业教师组成的教材编委会。在组编教材过程中，我们做了大量的前期工作，如：认真研读教育部关于高职教育改革文件，领会主要精神；深入调研，了解社会与企业对经管类专业人才的需求与要求；分析当前教材编写存在的问题，总结经验，构思教材编写提纲；等等。

本套经管类系列教材涵盖财务会计、工商企业管理、市场营销、金融管理、投资理财、物流管理、电子商务、连锁经营等10多个专业，涉及经管类专业主干课程所需要的教材30多部，统一编写体例，分期分批推进出版。总体来看，本套教材具有以下特点：

1. 理论与实践并重，突出能力培养

现代高职教育要求理论教学与实践教学并举，重视实践教学，突出能力培养，要求学生做到既要具有一定的理论基础，同时要具备一定的实践操作能力。因此，我们在设计教材内容时，尽可能做到理论知识内容完整、够用，同时，设置一定数量的项目实训，让同学们运用有关理论知识解决实际问题，促使同学们提高发现问题、分析问题与解决问题的能力。以基于工作岗位、工作任务、行动导向为基本出发点，“教学做”一体，理论与实践并重，突出能力培养。

2. 教材体例符合高职教育规律

本套系列教材编写体例基本上是按照知识与能力目标要求、情景案例导入、相关知识链接、项目操作与实训等逻辑顺序安排教材内容。课程项目化，项目任务化，在教材体例及行文逻辑方面，注重符合条理性强、思路清晰且缜密的要求。同时，教材中植入了大量与专业课程相关的案例、事例或情景，包括导入式、说明式、启发式、分析讨论式等各种案例、事例或情景，以培养学生运用知识的能力。

3. 行业、企业与学校三方联合，共同开发

编写本套系列教材，我们成立了由经管类行业企业专家、企业管理人员、高职院校经管类专业教师组成的教材编委会。行业企业专家和企业管理人员参与教材的指导及讨论工作，在反复的调研、分析与讨论的基础上，构建教材内容与编写体例，力求教材理论与实训内容切合实际需要，力求反映高职教育教学规律。

4. 教材内容与职业技能鉴定内容对接，与职业资格证书考试对接

在编写本套系列教材时，主编及参编人员认真研读相应专业的职业技能鉴定及职业从业资格考试的内容与要求，设计教材内容，使教材内容与职业技能鉴定内容对接，与职业资格证书考试对接。学好课程知识，可为以后参加相应职业资格考试和实现高质量就业打下坚实的基础。

5. 反映专业领域新发展

经管类专业知识更新换代快，客观要求我们及时更新教学内容。一方面，我们密切关注专业领域最新动态与成果，同时，我们认真研究同类教材，汲取其科学合理的成分，坚持创新与汲取相结合的原则。根据专业实际，在教材内容安排上，适当融入新理论、新思想、新方法、新技术，反映专业领域的新成果与新发展。

本套经管类系列教材在一定程度上体现了以培养高等技术应用型专门人才为根本任务，以适应社会需要为目标，以培养技术应用能力为主线，以服务为宗旨，以就业为导向，工学结合，校企结合，适应经济和社会发展需要，突出实践能力培养等高职教育教学改革要求与精神，具有一定的特色。该系列教材既可作为普通高等院校经管类专业应用型本科教材，也可作为高等职业院校和中职学校相应专业教材，企业管理人员也可根据需要选用本系列教材作为学习与培训参考用书。

本套系列教材的出版，是广东及兄弟省份众多院校合作交流的成果，教材的编写得到20多所高等职业院校的学校领导及二级学院领导、经管类专业带头人及骨干教师的支持和参与。行业企业专家参与教材的指导、讨论，并负责教材部分内容的撰写。教育部高职高专教指委、广东省众多行业协会、广东高等教育出版社等单位领导，对教材规划与编写提出了许多宝贵意见，教材编委会对大家的辛勤付出表示诚挚的谢意。

由于编写时间仓促，编著者学识、眼界及经验的局限，书中存在疏漏在所难免，敬请同行、专家和广大读者批评指正。

高职高专经管类系列教材编委会

2015年12月

前　言

财务管理是一门融预测、决策、融资、投资、分配、运行管理、分析评价为一体的边缘性经济管理学科。它是以公司为对象，依据公司法、会计法、企业财务通则、企业财务制度等法律法规，利用价值形式，对企业经营过程中客观存在的财务活动进行有效组织，对财务关系进行恰当处理的一门学科。

本书是校企合作开发的教学成果，由广州城建职业学院牵头，联合广东科贸职业学院、天津中审联有限责任会计师事务所广东分所、广州品创数码科技有限公司、广州鑫添汇贸易有限公司等院校和企业一起编写，立足于高职理实一体、工学结合的人才培养模式，采取项目教学法，以工作过程为导向，内容深入浅出。每个项目前有案例导入，后有案例分析与职业能力训练题，具有较强的实用性，便于学生对知识的理解和掌握。

本书以企业理财为主体，以风险和收益为主线，以学生职业能力培养为宗旨，系统介绍了财务管理的基本理论、方法和实用技术。本书力求突出下列特点：

（1）突出高等职业教育的特色。

（2）把准经济社会发展的脉搏。

（3）融入核心能力培养的内容。

（4）适应高职课程改革的需要。

（5）扩大视野，走“校企合作、工学结合”之路。

（6）加大吸引力，注重教材表现形式的新颖性。

全书共分为八个项目，具体分工如下：项目一、项目二由张珊、王媚莎编写，项目三由陈珍、范小荣编写，项目四由萧健诚和广州品创数码科技有限公司周辉总经理编写，项目五由朱胜庄和广州鑫添汇贸易有限公司罗晖总经理编写，项目六由汪德露、尹峰编写，项目七由梁玲芝编写，项目八由广东科贸职业学院孙伶俐和天津中审联有限责任会计师事务所广东分所张瑞东所长编写。

本书还配套有实训资料、试题和职业能力训练答案等学习资源，只需用平板电脑或手机等移动设备（ios 或 android 系统）扫描封底二维码，即可获取相应内容。

本书既可供高职高专、成人高校的会计和经济管理相关专业教学使用，也可以作为企业财务人员培训资料和自学用书。

本书在编写过程中参考和借鉴了许多相关教材，在此，向有关作者表示衷心的感谢。同时，本书在编写过程中，我院许多专业老师和校外企业专家也向我们提出了宝贵的修改意见，在此一并表示感谢！

由于时间仓促，编者水平有限，书中不妥之处，恳请读者批评指正。

编　者

2015 年 12 月

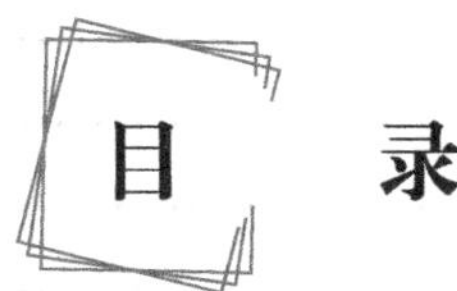

目　录

项目一　财务管理认知

项目二　树立理财观念

项目三　财务预算

项目四　筹资管理

项目五　项目投资管理

项目六　营运资金管理

项目七　收益分配管理

项目八　撰写财务分析报告

附　　录

项目一 财务管理认知

知识目标

- 理解企业的组织形式、企业财务活动、财务关系的内容。
- 熟悉财务管理的环节。
- 理解财务管理的目标。
- 熟悉财务管理环境。

能力目标

- 能运用财务管理基本理念分析经济现象。
- 能正确组织财务活动，合理选择企业财务管理目标。
- 能正确处理财务关系，并对利益冲突进行协调。
- 能准确分析企业财务管理环境。

案例导入

天桥商场是一家老字号商业企业，成立于1953年。20世纪50年代，天桥商场是全国第一面“商业红旗”。80年代初，天桥商场第一个打破中国30年工资制，将商业11级改为新8级。1993年5月，天桥商场股票在上海证券交易所上市。1998年12月30日，北大青鸟有限责任公司（下称“北大青鸟”）和北京天桥百货股份有限公司（下称“北京天桥”）发布公告，宣布北大青鸟通过协议受让方式受让北京天桥部分法人股股权。北大青鸟出资6 000多万元，拥有了天桥商场16.76%的股份，北京天桥百货商场更名为“北京天桥北大青鸟科技股份有限公司”（下称“青鸟天桥”）。此后天桥商场的经营滑落到盈亏临界点。面对严峻的形势，公司决定裁员，以谋求长远发展。

1999年11月18日下午，北京天桥商场里面闹哄哄的，商场大门也挂上了“停止营业”的牌子。11月19日，很多顾客惊讶地发现，天桥商场在大周末居然没开门。据一位售货员说：“商场管理层年底要和我们终止合同，我们就不给他们干活儿了。”员工们不仅不让商场开门营业，还把商场变成了群情激愤的论坛。1999年11月18日至12月2日，对青鸟天桥管理层和广大员工来说，是黑色的15天！在这15天里，天桥商场经历了46年来第一次大规模裁员；在这15天里，283名天桥员工采取了静坐等非常手段；在这15天里，天桥商场破天荒被迫停业8天；在这15天里，公司管理层经受了职业道德与人道主义的考验，做出了在改革的道路上是前进还是后退的抉择……经过有关部门的努力，对面临失业职工的安抚有了实际举措，公司董事会开会决定，同意给予283名终止合同的职工人均1万元的经济补助，最终对终止劳动合同的职工给予共计约300万元的一次性经济补助，这场风波总算平息。这场风波引起了社会各方面的高度关注，折射出中国经济社会在20世纪末新旧体制交替过程中不可避免的大冲撞。

◉请思考：

1. 青鸟天桥的财务管理目标是什么？为什么会发生变化？

2. 青鸟天桥最初的决策是否合理？随后的让步是否合理？如果你是公司的高级管理人员，你会采取什么措施？

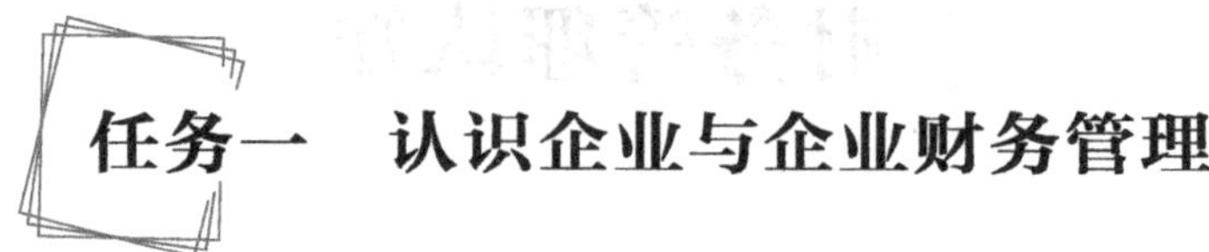

任务一　认识企业与企业财务管理

一、企业及其组织形式

（一）企业的定义及作用

企业是一个契约性组织，它是从事生产、流通、服务等经济活动，以生产或服务满足社会需要，实行自主经营、独立核算、依法设立的一种营利性的经济组织。企业的目标是创造财富（或价值）。

当今社会，企业作为国民经济细胞，发挥着越来越重要的功能。它是市场经济活动的主要参与者，也是社会生产和服务的主要承担者。与此同时，它为了在竞争中能够立于不败之地，需要不断采用先进技术，这在客观上必然会推动整个社会经济技术的进步。

（二）企业的组织形式

企业的基本组织形式通常有三种，即个人独资企业、合伙企业和公司企业。

1. 个人独资企业组织形式及其特点

根据《中华人民共和国个人独资企业法》第二条的规定：个人独资企业是指依法在中国境内设立，由一个自然人投资，财产为投资人个人所有，投资人以其个人财产对企业债务承担无限责任的经营实体。

个人独资企业特点：①只有一个出资者。②出资人对企业债务承担无限责任。在个人独资企业中，独资人直接拥有企业的全部资产并直接负责企业的全部负债，也就是说独资人承担无限责任。③独资企业不作为企业所得税的纳税主体。一般而言，独资企业并不作为企业所得税的纳税主体，其收益纳入所有者的其他收益一并计算交纳个人所得税。如大多数小企业按独资企业组织设立，因之易于组建。独资企业的价值是出资者出售企业可以得到的现金。

2. 合伙企业组织形式及其特点

根据《中华人民共和国合伙企业法》第二条的规定：合伙企业是指自然人、法人和其他组织依法在中国境内设立的普通合伙企业和有限合伙企业。

合伙企业特点：①有两个以上所有者（出资者）。②合伙人对企业债务承担连带无限责任。包括对其他无限责任合伙人集体采取的行为负无限责任。③合伙人通常按照他们对合伙企业的出资比例分享利润或分担亏损。④合伙企业本身一般不交纳企业所得税。其收益直接分配给合伙人。石油、天然气勘探和房地产开发企业通常按合伙企业组织形

式组建。合伙企业的价值是合伙人转让其出资可以得到的现金。

3．公司企业组织形式及其特点

公司企业，依照《中华人民共和国公司法》设立，又分为有限责任公司和股份有限公司。

（1）有限责任公司组织形式及其特点。

根据《中华人民共和国公司法》的相关规定，有限责任公司是依法设立，股东以其出资额为限对公司承担责任，公司以其全部资产对公司的债务承担责任的企业法人。

有限责任公司的特点：①有1～50个出资者。②对公司债务承担有限责任。③公司交纳企业所得税。有限责任公司根据出资者资本是否属于国有，可以分为国有公司和非国有公司。

（2）股份有限公司组织形式及其特点。

根据《中华人民共和国公司法》的相关规定，股份有限公司是依法设立，其全部股本分为等额股份，股东以其所持股份为限对公司承担责任，公司以其全部资产对公司的债务承担责任的企业法人。在现代企业的各种组织形式中，股份有限公司占据企业组织形式的主导地位。股份有限公司是与其所有者即股东相独立和相区别的法人。

与独资企业和合伙企业相比，股份有限公司的特点是：①有限责任。股东对股份有限公司的债务承担有限责任，倘若公司破产清算，股东的损失以其对公司的投资额为限。而对独资企业和合伙企业，其所有者可能损失更多，甚至个人的全部财产。②永续存在。股份有限公司的法人地位不受某些股东死亡或转让股份的影响，因此，其寿命较之独资企业或合伙企业更有保障。③可转让性。一般而言，股份有限公司的股份转让比独资企业和合伙企业的权益转让更为容易。④易于筹资。就筹集资本的角度而言，股份有限公司是最有效的企业组织形式。因其永续存在以及举债和增股的空间大，股份有限公司具有更大的筹资能力和弹性。⑤对公司的收益重复纳税。作为一种企业组织形式，股份有限公司也有不足，最大的缺点是对公司的收益重复纳税：公司的收益先要交纳公司所得税；税后收益以现金股利分配给股东后，股东还要交纳个人所得税。

二、企业财务活动

企业财务活动是以现金收支为主的资金收支活动的总称。

财务管理是企业管理的一个组成部分，是根据财经法规制度，按照财务管理原则，组织企业财务活动，处理与各方面财务关系的一项经济管理工作。

随着企业再生产过程的不断进行，企业资金总是处于不断运动之中。在企业再生产过程中，企业资金从货币资金形态开始，顺次通过供应、生产、销售三个阶段，分别表现为固定资金、生产储备资金、未完工产品资金、成品资金等各种不同形态，然后又回到货币资金形态。从货币资金开始，经过若干阶段，又回到货币资金形态的运动过程，叫作资金的循环。企业资金周而复始的循环，叫作资金的周转。资金的循环体现着资金运动的形态变化。企业资金运动循环如图1－1所示。

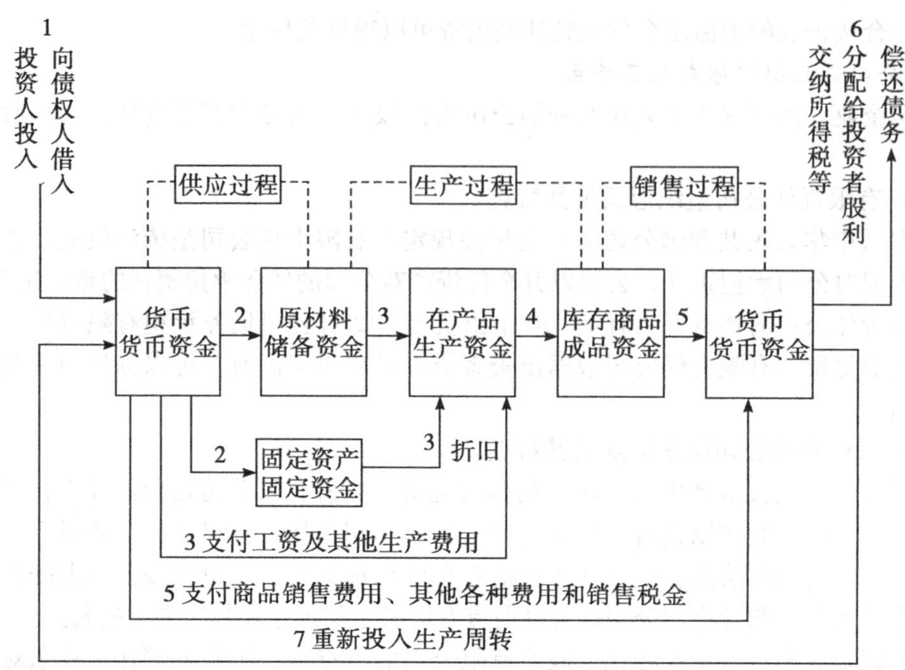

图 1-1　企业资金运动循环图

从生产经营企业来看，企业财务活动主要包括以下四个方面。

（一）筹资活动

企业要进行生产经营活动，首先必须从各种渠道筹集资金。企业的自有资金，是通过吸收拨款、发行股票等方式从投资者那里取得的。投资者包括国家、其他企业单位、个人、外商等。此外，企业还可通过向银行借款、发行债券、应付款项等方式来吸收借入资金，构成企业的负债。企业从投资者、债权人那里筹集来的资金，一般是货币资金形态，也可以是实物、无形资产形态，对实物和无形资产要通过资产评估确定其货币金额。

筹集资金是资金运动的起点，是投资的必要前提。

（二）投资活动

企业筹集来的资金，要投放在经营资产上，主要是通过购买、建造等过程，形成各种生产资料。一方面进行固定资产投资，如兴建房屋和建筑物、购置机器设备等；另一方面使用货币资金购进原材料、燃料等，通常货币资金转化为固定资产和流动资产。此外，企业还可采取一定的方式以现金、实物或无形资产向其他单位投资，形成短期投资和长期投资。企业资金的投放包括在经营资产上的投资和对其他单位的投资，其目的都是为了取得一定的收益。

投资是资金运动的中心环节，它不仅对资金筹集提出要求，而且是决定未来经济效益的先天性条件。

（三）资金营运活动

在生产过程中，生产者使用劳动手段对劳动对象进行加工，生产出新产品，与此同

时，耗费各种材料，损耗固定资产，支付职工工资和其他费用。在购销过程中也要发生一定的耗费。各种生产耗费的货币表现就是产品等有关对象的成本。成本是生产经营过程中的资金耗费。这样，企业所耗费的固定资金、生产储备资金、用于支付工资的资金，先转化为未完工产品资金，随着产品制造完成，再转化为成品资金。

在发生资金耗费的过程中，生产者创造出新的价值，包括为自己劳动创造的价值和为社会劳动创造的价值。所以，资金的耗费过程又是资金的积累过程。资金耗费是资金运动的基础环节，资金耗费水平是企业利润水平高低的决定性因素。

另外，在销售过程中，企业将生产出来的产品销售给有关单位，并且按照产品的价格取得销售收入。在这一过程中，企业资金从成品资金形态转化为货币资金形态。企业取得销售收入，实现产品的价值，不仅可以补偿产品成本，而且可以实现企业利润，企业自有资金的数额也随之增大。此外，企业还可取得投资收益和其他收入。

资金收入是资金运动的关键环节，它不仅关系着资金耗费的补偿，更关系着投资效益的实现。收入的取得是进行资金分配的前提。

（四）收益分配活动

企业所取得的产品销售收入要用以弥补生产耗费，按规定缴纳流转税，其余部分与投资收益等形成企业的营业利润。营业利润和营业外收支净额构成企业的利润总额，利润总额首先要按国家规定缴纳所得税，税后利润要提取公积金，用于扩大积累、弥补亏损，并向投资者分配投资收益。企业从经营中收回的货币资金，还要按计划向债权人还本付息。用以分配投资收益和还本付息的资金，就从企业资金运动过程中退出。

资金分配是一次资金运动过程的终点，又是下一次资金运动过程开始的前奏。

上述四个方面的财务活动，就是财务管理的基本内容，即企业筹资管理、投资管理、营运资金管理和收益分配管理。企业财务活动之间的关系，如图 1－2 所示。

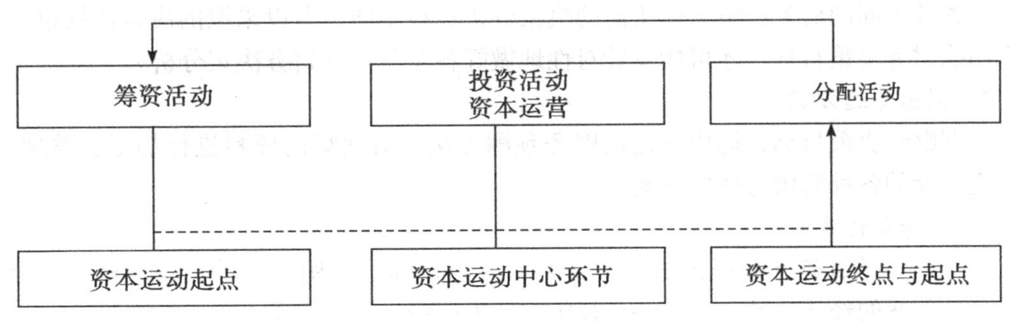

图 1－2　企业财务活动关系图

三、熟悉财务管理环节

财务管理的实施体现为一定的工作步骤和程序，财务管理的环节是指财务管理的工作步骤与一般程序。企业财务管理体现为以下几个环节。

（一）企业财务预测

企业财务预测是按照财务活动的历史资料，根据现实的要求和条件，对企业未来的财务活动和财务成果做出科学的预计和测算。企业财务预测环节主要包括以下几个步骤。

1. 明确预测目标

财务预测的目标就是财务预测的对象和目的。由于预测目标不同，预测资料的搜集、预测模型的建立、预测方法的选择、预测结果的表现方式等也有不同的要求。为达到预期效果，一定要根据管理决策的需要，明确预测的具体对象和目的，例如降低成本、增加利润、加快资金周转等，从而规定预测的范围。

2. 搜集有关资料

根据预测对象的目的，应广泛搜集与预测目标有关的各种资料信息，主要包括内部信息资料和外部信息资料、财务信息资料和生产技术资料、计划和统计信息资料等。对于所搜集的资料要进行可靠性、完整性和典型性的检查，还要进行归类、汇总、调整等加工处理，使这些信息资料符合预测需要。

3. 建立预测模型

根据影响预测对象的各个因素之间的相互联系，建立相应的财务预测模型，一般的财务预测模型包括因果关系预测模型、时间序列预测模型及回归分析预测模型等。

4. 实施财务预测

把经过加工整理的财务信息资料代入财务预测模型，选取有效的预测方法，进行定性、定量分析，确定预测结果。

（二）财务决策

财务决策是财务人员根据财务目标的总体要求，从各种备选方案中选择出的最佳方案。财务管理的核心是财务决策，财务预测为财务决策服务，财务决策关系到企业的兴衰。财务决策环节的工作一般包括以下步骤。

1. 确定财务决策目标

因各种不同的财务决策目标所需的决策分析资料不同，所以采取的决策依据也不同。只有明确财务决策目标，才可能有针对性地做好各个阶段的财务决策分析。

2. 提出备选方案

依据财务决策目标，运用一定的财务预测方法，对搜集的资料进行加工、整理，提出实现目标的各种可供选择的方案。

3. 选择最优方案

在各种选择财务方案提出后，根据财务决策目标，采用一定的方法、标准，分析、评价各种方案的经济效益，进行综合权衡，从中选择出最优方案。

（三）财务预算

财务预算是运用科学的技术手段和数量方法，对财务目标进行综合平衡，制订主要的财务计划指标，拟定增产节约措施，协调各项计划指标。财务预算是以财务决策确立的方案和财务预测提供的信息为基础编制的，是财务预测和财务决策的具体化，是控制财务活动的依据。财务预算的编制主要包括以下步骤。

1. 分析财务环境，确定预算指标

根据企业的外部宏观环境和内部微观状况，运用科学方法，分析与所确定的经营目标有关的各种因素，按照总体经济效益的要求，确定出主要的预算指标。

2．协调财务能力，组织综合平衡

企业应合理安排人力、物力、财力，使它们与经营目标的要求相适应，资金运用同资金来源平衡，财务收入同财务支出平衡。应充分挖掘企业潜力，以提高经济效益为中心，对企业各方面的经营活动提出要求，制订好各单位的预算指标。

3．选择预算方法，编制财务预算

以经营目标为核心，以平均先进定额为基础，编制企业的财务预算，并检查各项有关的预算指标是否密切衔接、协调平衡。

（四）财务控制

财务控制是在财务管理的过程中，运用有关信息和财务手段，对企业财务活动进行调节，以实现预算指标、提高经济效益。实行财务控制是落实预算任务、保证预算实现的有效措施。财务控制应经过以下步骤。

1．制定控制标准，分解落实责任

按照责权利相结合的要求，把预算任务以标准和指标的形式分解到车间、科室、班组以及个人，企业内部每个单位、每个职工均有明确的工作要求，便于落实责任、检查考核。

2．实施追踪控制，调整误差

在企业财务活动中，要采取各种手段对资金的收付、费用的支出、物资的占用等实施事先控制。符合标准的应予以支持，并给予机动权限；不符合标准的要加以限制。在预算执行过程中还要对结果与目标的差异进行调整，以使预算顺利执行。要详细记录预算的执行情况，把实际数与预算数或其他标准数进行对比，考察可能出现的变动趋势，确定差异的程度和性质，确定导致差异的责任方，调节实际过程，消除差异，实现预算指标。

3．分析执行差异，搞好考核奖惩

企业在一定时期，要对各责任单位的预算执行情况实施分析、评价，考核各个财务指标的执行结果，将财务指标的考核纳入各级岗位责任制，运用激励机制。

（五）财务分析

财务分析是根据核算资料，运用特定方法，对企业财务活动过程及结果进行分析和评价的工作。通过财务分析，掌握各项财务计划的完成情况，评价财务状况，掌握企业财务活动的规律性，改善财务预测、决策、预算和控制，改善企业经营管理水平，提高企业经济效益。财务分析包括以下几个方面。

1．占有资料，掌握信息

进行财务分析要充分占有相关资料和信息。运用的资料一般包括财务预算等计划资料、本期财务报表等实际资料、财务历史资料及市场调查资料。

2．指标对比，发现问题

对比分析是发现问题的基本方法。应在充分占有资料的基础上，通过数量指标的对比评价企业业绩，发现问题，找出差异。

3．分析原因，明确责任

影响企业财务活动的因素，一般有技术因素、生产因素、经济管理因素、思想政治方面因素；有企业内部的，也有企业外部的。这就要求财务人员要运用一定的方法从各种因素的相互作用中找出影响财务指标的主要因素，分清责任，抓住关键。

4. 提出措施，改进财务工作

应在掌握大量信息资料的基础上，找出各种财务活动及财务活动同其他经济活动之间的内在联系，提出明确具体、切实可行的改进措施，并且通过改进措施的落实，提高企业财务管理。

任务二　财务管理目标的选择

一、企业的目标

企业是以营利为目的的从事经营活动的组织。企业经营活动是在激烈的市场竞争中进行的，充满着风险，有时甚至面临破产倒闭的危机。可见，企业必须先能生存下去才可能获利，同时，公司也只有在不断的发展中才能获得永久的生存。因此，企业的目标可以概括为生存、发展、获利。企业的目标及其对财务管理的要求，如表1－1所示。

表1－1　企业的目标及其对财务管理的要求

企业目标	实现企业目标的条件	对企业财务管理的要求
生存	以收抵支，偿还长期债务	保证企业以收抵支，按期偿还债务，减少破产的风险
发展	研究和开发，扩大市场份额	筹集市场发展所需要的资金
获利	获得盈利，增加公司价值	通过合理、有效地使用资金，提高获利水平

二、企业财务管理目标

财务管理目标是财务学的核心问题之一。财务管理目标是企业理财活动所希望实现的结果，是在特定的经济体制和财务管理环境中，通过对企业财务工作的科学组织和对资源的合理配置达到的具体标准，是评价企业理财活动是否合理的基本标准。

财务管理目标是企业财务管理活动的导向器，它决定着财务管理主体的行为模式。确立合理的财务管理目标，无论是在理论上还是在实践上，都具有重要的意义。企业财务管理目标通常有以下几种代表性理论。

（一）利润最大化

利润最大化就是假定企业财务管理以实现利润最大化为目标。

以利润最大化作为财务管理目标，其主要原因有三：一是人类从事生产经营活动的目的是为了创造更多的剩余产品，在市场经济条件下，剩余产品的多少可以用利润这个指标来衡量；二是在自由竞争的资本市场中，资本的使用权最终属于获利最多的企业；三是只有每个企业都最大限度地创造利润，整个社会的财富才可能实现最大化，从而带

来社会的进步和发展。

利润最大化目标的主要优点是，企业追求利润最大化，就必须讲求经济核算，加强管理，改进技术，提高劳动生产率，降低产品成本。这些措施都有利于企业资源的合理配置，有利于企业整体经济效益的提高。

但是，以利润最大化作为财务管理目标存在以下缺陷：

（1）没有考虑利润实现时间和资金时间价值。比如，今年 100 万元的利润和 10 年后同等数量的利润其实际价值是不一样的，10 年间还会有时间价值的增加，而且这一数值会随着贴现率的不同而有所不同。

（2）没有考虑风险问题。不同行业具有不同的风险，同等利润值在不同行业中的意义也不相同。比如，风险比较高的高科技企业和风险相对较小的制造业企业无法简单比较。

（3）没有反映创造的利润与投入资本之间的关系。

（4）可能导致企业短期财务决策倾向，影响企业长远发展。由于利润指标通常按年计算，因此，企业决策也往往会服务于年度指标的完成或实现。

（二）每股收益（利润）最大化或资本利润率最大化

所有者作为企业的投资者，其投资目标是取得投资收益，具体表现为净利润与出资额或股份数的对比，可以用每股收益（利润）或资本利润率来反映。每股收益（利润）是上市公司的净利润与普通股股数的比值，资本净利率是非上市公司的净利润与资本额的比值。

很明显可以看出，这一目标考虑了所获利润与投入资本或股数之间的关系，可以在不同资本规模的企业或期间进行对比，揭示其营利水平的差异。

但是这种观点也存在两个问题：一是没有考虑资金的时间价值；二是没有考虑风险问题，且也不能避免企业的短期行为。

（三）股东财富最大化

股东财富最大化是指企业财务管理以实现股东财富最大化为目标。在上市公司，股东财富是由其所拥有的股票数量和股票市场价格两方面决定的。在股票数量一定时，股票价格达到最高，股东财富也就达到最大。

与利润最大化相比，股东财富最大化的主要优点是：

（1）考虑了风险因素，因为通常股价会对风险做出较敏感的反应。

（2）在一定程度上能避免企业短期行为，因为不仅目前的利润会影响股票价格，未来的利润也会对股价产生重要影响。

（3）对上市公司而言，股东财富最大化目标比较容易量化，便于考核和奖惩。

以股东财富最大化作为财务管理目标存在以下缺点：

（1）通常只适用于上市公司，非上市公司难以应用，因为非上市公司无法像上市公司一样随时准确获得公司股价。

（2）股价受众多因素影响，特别是企业外部的因素，有些还可能是非正常因素。股价不能完全准确反映企业财务管理状况，如有的上市公司处于破产的边缘，但由于可能存在某些机会，其股票市价还在走高。

（3）强调更多的是股东利益，对其他相关者的利益重视不够。

（四）企业价值最大化

企业价值最大化是指企业财务管理行为以实现企业的价值最大化为目标。企业价值可以理解为企业所有者权益的市场价值，或者是企业所能创造的预计未来现金流量的现值。未来现金流量这一概念，包含了资金的时间价值和风险价值两个方面。因为未来现金流量的预测包含了不确定性因素和风险因素，而现金流量的现值是以资金的时间价值为基础对现金流量进行折现计算得出的。

企业价值最大化要求企业通过采用最优的财务政策，充分考虑资金的时间价值和风险与报酬的关系，在保证企业长期稳定发展的基础上使企业总价值达到最大化。

以企业价值最大化作为财务管理目标，具有以下优点：

（1）考虑了取得报酬的时间，并用时间价值的原理进行计量。

（2）考虑了风险与报酬的关系。

（3）将企业长期、稳定的发展和持续的获利能力放在首位，能克服企业在追求利润上的短期行为，因为不仅目前利润会影响企业的价值，预期未来的利润对企业价值增加也会产生重大影响。

（4）用价值代替价格，克服了外界市场因素的过多干扰，有效地规避了企业的短期行为。

但是，以企业价值最大化作为财务管理目标也存在一些问题：

（1）企业的价值过于理论化，不易操作。尽管对于上市公司，股票价格的变动在一定程度上揭示了企业价值的变化，但是，股价是多种因素共同作用的结果，特别是在资本市场效率低下的情况下，股票价格很难反映企业的价值。

（2）对于非上市公司，只有对企业进行专门的评估才能确定其价值，而在评估企业的资产时，由于受评估标准和评估方式的影响，很难做到客观和准确。

近年来，随着上市公司数量的增加，以及上市公司在国民经济中地位、作用的增强，企业价值最大化目标逐渐得到了广泛认可，成为现代企业管理的最优目标。

（五）相关者利益最大化

在现代企业是多边契约关系的总和的前提下，要确立科学的财务管理目标，首先要考虑哪些利益关系会对企业发展产生影响。在市场经济中，企业的理财主体更加细化和多元化。股东作为企业所有者，在企业中承担着最大的权利、义务、风险和报酬，但是债权人、员工、企业经营者、客户、供应商和政府也为企业承担着风险。比如：

（1）随着举债经营的企业越来越多，举债比例和规模也不断扩大，使得债权人的风险大大增加。

（2）在社会分工细化的今天，由于简单劳动越来越少，复杂劳动越来越多，使得职工的再就业风险不断增加。

（3）在现代企业制度下，企业经理人受所有者委托，作为代理人管理和经营企业，在激烈的市场竞争和复杂多变的形势下，代理人所承担的责任越来越大，风险也随之加大。

（4）随着市场竞争和经济全球化的影响，企业与客户以及企业与供应商之间不再是

简单的买卖关系，更多的情况是长期的伙伴关系，处于一条供应链上，并共同参与同其他供应链的竞争，因而也与企业共同承担一部分风险。

（5）政府不管是作为出资人，还是作为监管机构，都与企业各方的利益密切相关。

综上所述，企业的利益相关者不仅包括股东，还包括债权人、企业经营者、客户、供应商、员工、政府等。因此，在确定企业财务管理目标时，不能忽视这些相关利益群体的利益。

相关者利益最大化目标的具体内容包括如下几个方面：

（1）强调风险与报酬的均衡，将风险限制在企业可以承受的范围内。

（2）强调股东的首要地位，并强调企业与股东之间的协调关系。

（3）强调对代理人即企业经营者的监督和控制，建立有效的激励机制以便企业战略目标的顺利实施。

（4）关心本企业普通职工的利益，创造优美和谐的工作环境和提供合理恰当的福利待遇，培养职工长期努力为企业工作的忠诚度。

（5）不断加强与债权人的关系，培养可靠的资金供应者。

（6）关心客户的长期利益，以便保持销售收入的长期稳定增长。

（7）加强与供应商的协作，共同面对市场竞争，并注重企业形象的宣传，遵守承诺，讲究信誉。

（8）保持与政府部门的良好关系。

以相关者利益最大化作为财务管理目标，具有以下优点：

（1）有利于企业长期稳定发展。这一目标注重企业在发展过程中考虑并满足各利益相关者的利益关系。在追求长期稳定发展的过程中，站在企业的角度进行投资研究，避免了站在股东的角度进行投资可能导致的一系列问题。

（2）体现了合作共赢的价值理念，有利于实现企业经济效益和社会效益的统一。由于兼顾了企业、股东、政府、客户等的利益，企业就不仅仅是一个单纯牟利的组织，还承担了一定的社会责任。企业在寻求其自身的发展和利益最大化过程中，顾及客户及其他利益相关者的利益，就会依法经营，依法管理，正确处理各种财务关系，自觉维护和确实保障国家、集体和社会公众的合法权益。

（3）这一目标本身是一个多元化、多层次的目标体系，较好地兼顾了各利益主体的利益，可使企业各利益主体相互作用、相互协调，并在使企业利益、股东利益达到最大化的同时，也使其他利益相关者利益达到最大化。也就是在将企业财富这块“蛋糕”做到最大化的同时，保证每个利益主体所得的“蛋糕”更多。

（4）体现了前瞻性和现实性的统一。比如，企业作为利益相关者之一，有其一套评价指标，如未来企业报酬贴现值；股东的评价指标可以使用股票市价；债权人可以寻求风险最小、利息最大；工人可以确保工资福利；政府可考虑社会效益，等等。不同的利益相关者有各自的指标，只要合理合法、互利互惠、相互协调，就可以实现所有相关者利益最大化。

因此，相关者利益最大化是企业财务管理最理想的目标。但是鉴于该目标过于理想化，且无法操作，本书后述项目仍采用企业价值最大化作为财务管理的目标。

三、利益冲突的协调

将相关者利益最大化作为财务管理目标，其首要任务就是要协调相关者的利益关系，化解他们之间的利益冲突。协调相关者的利益冲突要把握的原则是：尽可能使企业相关者的利益分配在数量上和时间上达到动态协调平衡。在所有的利益冲突协调中，所有者与经营者、所有者与债权人的利益冲突协调至关重要。

（一）所有者与经营者利益冲突的协调

在现代企业中，经营者一般不拥有占支配地位的股权，他们只是所有者的代理人。所有者期望经营者代表他们的利益工作，实现所有者财富最大化，而经营者则有其自身的利益考虑，二者的目标经常会不一致。通常而言，所有者支付给经营者报酬的多少，在于经营者能够为所有者创造多少财富。经营者和所有者的主要利益冲突，就是经营者希望在创造财富的同时，能够获取更多的报酬、更多的权益；而所有者则希望以较小的代价（支付较少的报酬）实现更多的财富。

为了协调这一利益冲突，通常可采取以下方式解决：

1. 解聘

这是一种通过所有者约束经营者的办法。所有者对经营者予以监督，如果经营者绩效不佳，就解聘经营者；经营者为了不被解聘就需要努力工作，为实现财务管理目标服务。

2. 接收

这是一种通过市场约束经营者的办法。如果经营者决策失误，经营不力，绩效不佳，该企业就可能被其他企业强行接收或吞并，相应经营者也会被解聘。经营者为了避免这种接收，就必须努力实现财务管理目标。

3. 激励

激励就是将经营者的报酬与绩效直接挂钩，以使经营者自觉采取能提高所有者财富的措施。激励通常有两种方式：

（1）股票期权。它是允许经营者以约定的价格购买一定数量的本企业股票，股票的市场价格高于约定价格的部分就是经营者所得的报酬。经营者为了获得更大的股票涨价益处，就必然主动采取能够提高股价的行动，从而增加所有者财富。

（2）绩效股。它是企业运用每股收益、资产收益率等指标来评价经营者绩效，并视绩效大小给予经营者数量不等的股票作为报酬。如果经营者绩效未能达到规定目标，经营者将丧失原先持有的部分绩效股。这种方式使经营者不仅为了多得绩效股而不断采取措施提高经营绩效，而且为了使每股市价最大化，也会采取各种措施使股票市价稳定上升，从而增加所有者财富。但即使由于客观原因股价并未提高，经营者也会因为获得绩效股而获利。

（二）所有者与债权人的利益冲突协调

所有者的目标可能与债权人期望实现的目标发生矛盾。首先，所有者可能要经营者改变举债资金的原定用途，将其用于风险更高的项目，这会增加偿债风险，债权人的负债价值也必然会降低，造成债权人风险与收益的不对称。因为高风险的项目一旦成功，

额外的利润就会被所有者独享；倘若失败，债权人却要与所有者共同负担由此造成的损失。其次，所有者可能在未征得现有债权人同意的情况下，要求经营者举借新债，因为偿债风险相应增大，致使原有债权的价值降低。

所有者与债权人的上述利益冲突，可以通过以下方式解决：

1. 限制性借债

债权人通过事先规定借债用途限制、借债担保条款和借债信用条件，使所有者不能通过以上两种方式削弱债权人的债权价值。

2. 收回借款或停止借款

当债权人发现企业有侵蚀其债权价值的意图时，采取收回债权或不再给予新的借款的措施保护自身权益。

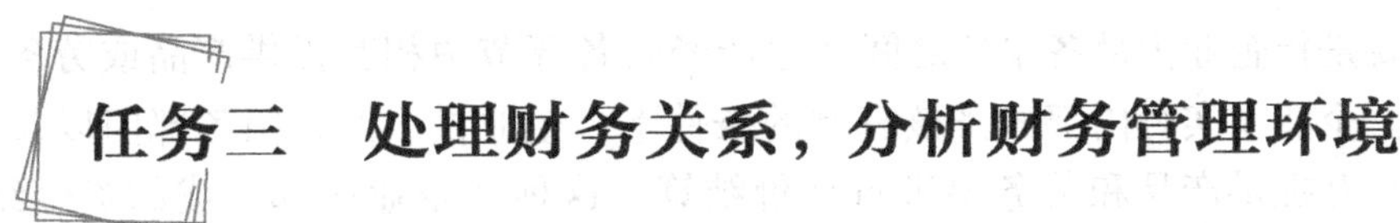

任务三　处理财务关系，分析财务管理环境

一、企业的财务关系

企业财务关系是指企业在组织财务活动过程中与各有关方面发生的经济关系，企业的筹资活动、投资活动、经营活动、利润及其分配活动与企业上下左右各方面有着广泛的联系。企业的财务关系可概括为以下几个方面。

（一）企业与其所有者之间的财务关系

这主要指企业的所有者向企业投入资金，企业向其所有者支付投资报酬所形成的经济关系。企业所有者主要有以下四类：①国家；②法人单位；③个人；④外商。企业的所有者要按照投资合同、协议、章程的约定履行出资义务，以便及时形成企业的资本金。企业利用资本金进行经营，实现利润后，应按出资比例或合同、章程的规定，向其所有者分配利润。企业同其所有者之间的财务关系，体现着所有权的性质，反映着经营权和所有者的关系。

（二）企业与其债权人之间的财务关系

这主要指企业向债权人借入资金，并按借款合同的规定按时支付利息和归还本金所形成的经济关系。企业除利用资本金进行经营活动外，还要借入一定数量的资金，以便降低企业资金成本，扩大企业经营规模。企业的债权人主要有：①债券持有人；②贷款机构；③商业信用提供者；④其他出借资金给企业的单位或个人。企业使用债权人的资金后，要按约定的利息率，及时向债权人支付利息，债务到期时，要合理调度资金，按时向债权人归还本金。企业同其债权人的关系体现的是债务与债权的关系。

（三）企业与其被投资单位的财务关系

这主要是指企业将其闲置资金以购买股票或直接投资的形式向其他企业投资所形成的经济关系。随着经济体制改革的深化和横向经济联合的开展，这种关系将会越来越广泛。企业向其他单位投资，应按约定履行出资义务，参与被投资单位的利润分配。企业与被投资单位的关系是体现所有权性质的投资与受资的关系。

（四）企业与其债务人的财务关系

这主要是指企业将其资金以购买债券、提供借款或商业信用等形式出借给其他单位所形成的经济关系。企业将资金借出后，有权要求其债务人按约定的条件支付利息和归还本金。企业同其债务人的关系体现的是债权与债务关系。

（五）企业与供应商、客户之间的财务关系

企业与供应商、客户之间的财务关系是指企业购买供应商的商品或接受其服务，以及企业向客户销售商品或提供劳务过程中形成的经济关系。

（六）企业内部各单位的财务关系

这主要是指企业内部各单位之间在生产经营各环节中相互提供产品或劳务所形成的经济关系。企业在实行内部经济核算制的条件下，企业供、产、销各部门以及各生产单位之间，相互提供产品和劳务要进行计价结算。这种在企业内部形成的资金结算关系，体现了企业内部各单位之间的利益关系。

（七）企业与职工之间的财务关系

这主要是指企业向职工支付劳动报酬的过程中所形成的经济关系。企业要用自身的产品销售收入，向职工支付工资、津贴、奖金等，按照提供的劳动数量和质量支付职工的劳动报酬。这种企业与职工之间的财务关系，体现了职工和企业在劳动成果上的分配关系。

（八）企业与税务机关之间的财务关系

这主要是指企业要按税法的规定依法纳税而与国家税务机关所形成的经济关系。任何企业都要按照国家税法的规定缴纳各种税款，以保证国家财政收入的实现，满足社会各方面的需要。及时、足额地纳税是企业对国家的贡献，也是对社会应尽的义务。因此，企业与税务机关的关系反映的是依法纳税和依法征税的权利义务关系。

二、财务管理环境

财务管理环境，或称理财环境，是指对企业财务活动和财务管理产生影响作用的企业内外各种条件的统称。环境构成了企业财务活动的客观条件。企业财务活动是在一定的环境下进行的，必然受到环境的影响。企业资金的取得、运用和收益的分配会受到环境的影响，资金的配置和利用效率会受到环境的影响，企业成本的高低、利润的多少、资本需求量的大小也会受到环境的影响，企业的兼并、破产及重整与环境的变化有着千丝万缕的联系。所以，财务管理要获得成功，必须深刻认识和认真研究企业所面临的各种环境。下面仅介绍几个对企业财务活动有重大影响的环境因素。

（一）经济环境

在影响财务管理的各种外部环境中，经济环境是最为重要的。经济环境内容十分广泛，包括经济体制、经济周期、经济发展水平、宏观经济政策及社会通货膨胀水平等。

1．经济体制

在计划经济体制下，国家统筹企业资本，统一投资、统负盈亏，企业利润统一上缴，亏损全部由国家补贴，企业虽然是一个独立的核算单位但无独立的理财权，财务管理活动的内容比较单一，财务管理方法比较简单。在市场经济体制下，企业成为“自主经营、自负盈亏”的经济实体，有独立的经营权，同时也有独立的理财权。企业可以从其自身需要出发，合理确定资本需要量，然后到市场上筹集资本，再把筹集到的资本投放到高效益的项目上获取更大的收益，最后将收益根据需要和可能进行分配，保证企业财务活动自始至终根据自身条件和外部环境做出各种财务管理决策并组织实施。因此，财务管理活动的内容比较丰富，方法也复杂多样。

2．经济周期

市场经济条件下，经济发展与运行带有一定的波动性，大体上经历复苏、繁荣、衰退和萧条几个阶段的循环，这种循环叫作经济周期。

在不同的经济周期，企业应采用不同的财务管理战略。西方财务学者探讨了经济周期中的财务管理战略，现择其要点归纳，如表1－2所示。

表1－2　经济周期中的财务管理战略

复苏	繁荣	衰退	萧条
1．增加厂房设备	1．扩充厂房设备	1．停止扩张	1．建立投资标准
2．实行长期租赁	2．继续建立存货	2．出售多余设备	2．保持市场份额
3．建立存货	3．提高产品价格	3．停产不利产品	3．压缩管理费用
4．开发新产品	4．开展营销规划	4．停止长期采购	4．放弃次要利益
5．增加劳动力	5．增加劳动力	5．削减存货	5．削减存货
		6．停止扩招雇员	6．裁减雇员

3．经济发展水平

财务管理的发展水平是和经济发展水平密切相关的，经济发展水平越高，财务管理水平也越好。财务管理水平的提高，将推动企业降低成本，提高效率，促进效益，从而促进经济发展水平的提高；经济发展水平的提高，将改变企业的财务战略、财务理念、财务管理模式和财务管理的方法手段，从而促进企业财务管理水平的提高。财务管理应当以经济发展水平为基础，以宏观经济发展目标为导向，从业务角度保证企业经营目标和经营战略的实现。

4．宏观经济政策

我国经济体制改革的目标是建立社会主义市场经济体制，进一步解放和发展生产力。在这个目标的指导下，我国目前正在进行财税体制、金融体制、外汇体制、外贸体制、计划体制、价格体制、投资体制、社会保障制度等各项改革。所有这些改革措施，深刻地影响着我国的经济和国民的生活，也深刻地影响着我国企业的发展和财务活动的运行。如金融政策中的货币发行量、信贷规模会影响企业投资的资金来源和投资的预期收益；财税政策会影响企业的资金结构和投资项目的选择等；价格政策会影响资金的投向和投资的回收期及预期收益；会计制度的改革会影响会计要素的确认和计量，进而对企业财务活动的事前预测、决策及事后的评价产生影响；等等。

5．通货膨胀水平

通货膨胀对企业财务活动的影响是多方面的。主要表现在：

（1）引起资金占用的大量增加，从而增加企业的资金需求。

（2）引起企业利润虚增，造成企业资金由于利润分配而流失。

（3）引起利润上升，加大企业的权益资金成本。

（4）引起有价证券价格下降，增加企业的筹资难度。

（5）引起资金供应紧张，增加企业的筹资困难。

为了减轻通货膨胀对企业造成的不利影响，企业应当采取措施予以防范。在通货膨胀初期，货币面临着贬值的风险，这时企业进行投资可以避免风险，实现资本保值；与客户应签订长期购货合同，以减少物价上涨造成的损失；取得长期负债，保持资本成本的稳定。在通货膨胀持续期，企业可以通过采用比较严格的信用条件减少企业债权，或调整财务政策防止和减少企业资本流失等。

（二）金融环境

1．金融机构、金融工具与金融市场

金融机构主要是指银行和非银行金融机构。银行是指经营存款、放款、汇兑、储蓄等金融业务，承担信用中介的金融机构，包括各种商业银行和政策性银行，如中国工商银行、中国农业银行、中国银行、中国建设银行、国家开发银行、中国农业发展银行。非银行金融机构主要包括保险公司、信托投资公司、证券公司、财务公司、金融资产管理公司、金融租赁公司等机构。

金融工具是指融通资金双方在金融市场上进行资金交易、转让的工具，借助金融工具，资金从供给方转移到需求方。金融工具分为基本金融工具和衍生金融工具两大类。常见的基本金融工具有货币、票据、债券、股票等。衍生金融工具又称派生金融工具，是在基本金融工具的基础上通过特定技术设计形成的新的融资工具，如各种远期合约、互换、掉期、资产支持证券等，种类非常复杂、繁多，具有高风险、高杠杆效应的特点。

金融市场是指资金供应者和资金需求者双方通过一定的金融工具进行交易融通资金的场所。金融市场的构成要素包括资金供应者和资金需求者、金融工具、交易价格、组织方式等。金融市场为企业融资和投资提供了场所，可以帮助企业实现长短期资金转换、引导资本流向和流量，提高资本效率。

2．金融市场的分类

金融市场可以按照不同的标准进行分类。

（1）货币市场和资本市场。

以期限为标准，金融市场可分为货币市场和资本市场。货币市场又称短期金融市场，是指以期限在 1 年以内的金融工具为媒介进行短期资金融通的市场，包括同业拆借市场、票据市场、大额定期存单市场和短期债券市场。资本市场又称长期金融市场，是指以期限在 1 年以上的金融工具为媒介，进行长期资金交易活动的市场，包括股票市场和债券市场。

（2）发行市场和流通市场。

以功能为标准，金融市场可分为发行市场和流通市场。发行市场又称为一级市场，主要处理金融工具的发行与最初购买者之间的交易。流通市场又称为二级市场，主要处理现有金融工具转让和变现的交易。

（3）资本市场、外汇市场和黄金市场。

以融资对象为标准，金融市场可分为资本市场、外汇市场和黄金市场。资本市场以货币和资本为交易对象；外汇市场以各种外汇金融工具为交易对象；黄金市场则是集中进行黄金买卖和金币兑换的交易市场。

（4）基础性金融市场和金融衍生品市场。

按所交易金融工具的属性，金融市场可分为基础性金融市场和金融衍生品市场。基础性金融市场是指以基础性金融产品为交易对象的金融市场，如商业票据、企业债券、企业股票的交易市场；金融衍生品交易市场是指以金融衍生品为交易对象的金融市场，如远期、期货、掉期（交换）、期权，以及具有远期、期货、掉期（交换）、期权中一种或多种特征的结构化金融工具的交易市场。

（5）地方性金融市场、全国性金融市场和国际性金融市场。

以地理范围为标准，金融市场可分为地方性金融市场、全国性金融市场和国际性金融市场。

3. 货币市场

货币市场的主要功能是调节短期资金融通。其主要特点是：①期限短。一般为3～6个月，最长不超过1年。②交易目的是解决短期资金周转。资金来源主要是资金所有者暂时闲置的资金，融通资金的用途一般是弥补短期资金的不足。③金融工具有较强的“货币性”，具有流动性强、价格平稳、风险较小等特性。

货币市场主要有拆借市场、票据市场、大额定期存单市场和短期债券市场等。拆借市场是指银行（包括非银行金融机构）同业之间短期性资本的借贷活动。这种交易一般没有固定的场所，主要通过电信手段成交，期限按日计算，一般不超过1个月。票据市场包括票据承兑市场和票据贴现市场。票据承兑市场是票据流通转让的基础；票据贴现市场是对未到期票据进行贴现，为客户提供短期资本融通，包括贴现、再贴现和转贴现。大额定期存单市场是一种买卖银行发行的可转让大额定期存单的市场。短期债券市场主要买卖1年期以内的短期企业债券和政府债券，尤其是政府的国库券交易。短期债券的转让可以通过贴现或买卖的方式进行。短期债券以其信誉好、期限短、利率优惠等优点，成为货币市场中重要的金融工具之一。

4. 资本市场

资本市场的主要功能是实现长期资本融通。其主要特点是：①融资期限长。至少1年以上，最长可达10年甚至10年以上。②融资目的是解决长期投资性资本的需要，用于补充长期资本，扩大生产能力。③资本借贷量大。④收益较高但风险也较大。

资本市场主要包括债券市场、股票市场和融资租赁市场等。

债券市场和股票市场由证券（债券和股票）发行和证券流通构成。有价证券的发行是一项复杂的金融活动，一般要经过以下几个重要环节：①证券种类的选择。②偿还期限的确定。③发售方式的选择。在证券流通中，参与者除了买卖双方外，中介也非常活跃。这些中介主要有证券经纪人、证券商，他们在流通市场中起着不同的作用。

融资租赁市场是通过资产租赁实现长期资金融通的市场，它具有融资与融物相结合的特点，融资期限一般与资产租赁期限一致。

（三）法律环境

1．法律环境的范畴

市场经济是法制经济，企业的经济活动总是在一定法律规范内进行的。法律既约束企业的非法经济行为，也为企业从事各种合法经济活动提供保护。

国家相关法律法规按照对财务管理内容的影响情况可以分为如下几类：

（1）影响企业筹资的各种法规主要有《公司法》《证券法》《金融法》《合同法》等。这些法规可以从不同方面规范或制约企业的筹资活动。

（2）影响企业投资的各种法规主要有《公司法》《企业财务通则》等。这些法规从不同角度规范企业的投资活动。

（3）影响企业收益分配的各种法规主要有《税法》《公司法》《企业财务通则》等。这些法规从不同方面对企业收益分配进行了规范。

2．法律环境对企业财务管理的影响

法律环境对企业的影响是多方面的，影响范围包括企业组织形式、公司治理结构、投融资活动、日常经营、收益分配等。《公司法》规定，企业可以采用独资、合伙、公司制等企业组织形式。企业组织形式不同，业主（股东）权利责任、企业投融资、收益分配、纳税、信息披露等不同，公司治理结构也不同。上述不同种类的法律，分别从不同方面约束企业的经济行为，对企业财务管理产生影响。

案例分析

在风波开始的初期，由于天桥商场的经营不佳，利润滑落到了盈亏临界点。面对严峻的经营形势，公司董事会以利润与股东财富最大化为目标，下决心实行减员增效。但是，当员工们的抵触情绪如此之强，事情已经发展到管理者们难以控制的局面时，公司就以企业价值最大化为目标，平息了这场风波。

青鸟天桥从最初的公司资产重组，一直到重组后员工分流计划的出台，相关政策的逐步实施，乃至最后公司管理层与员工的对抗，我们可以看到市场经济逐步转入正轨的迹象。但社会的变革步骤难以与目前员工思想相一致。正是因为这种不一致，加上措施推进中管理人性化操作的缺位，将这一改革的方向偏离了原来的预计目标，引发了一系列矛盾。所以，企业财务管理的目标要根据具体情况来确定，这一目标不可能是一成不变的，再加上不同的财务管理目标有其各自的优缺点，所以对财务管理目标的适当调整是必要的。只有这样，才能使企业在不断变化的内、外环境中处于比较有利的竞争地位。

青鸟天桥最初的决策，从完全意义上的市场经济运作来看是理性的，也是符合市场规则运作的。但在实际的运作中遇到了困难，没有考虑到固有的铁饭碗丢失和公司改制双重冲击给员工带来的震撼，并且在安抚员工这方面缺乏人性化管理，最初并未提出给予员工的相关补偿。所以公司最初的决策是出于合理的判断，却缺少了人性化操作，导致做出了不合理的安排。

公司的让步措施是基于本身安抚政策出台欠妥当的情况提出的，但是这个急于弥补的心态造成补救行为的乏力，导致公司进退两难。所以让步措施是应该的，但时间和方式不合适。

如果我是青鸟天桥的高级管理人员，可能采取以下措施：

从企业管理者角度来说，加强对企业基层人员的关心，了解他们的需求，充分考虑到相关利益者的权益，加强对企业各级人员的思想教育和素质教育培养工作，在追求财务管理目标或者经营目标的时候，不能简单地设定唯一方向。

从个人角度来说，应提高自身的职业素质，熟悉相关法律法规，有效维护自己的合法利益。

职业能力训练

一、单项选择题

1. 作为企业财务管理目标，每股利润最大化目标较之利润最大化目标的优点在于（　　）。

A. 考虑了资金时间价值因素　　B. 考虑了风险价值因素

C. 反映了创造利润与投入资本之间的关系　　D. 能够避免企业的短期行为

2. 相对于每股利润最大化目标而言，企业价值最大化目标的不足之处是（　　）。

A. 没有考虑资金的时间价值　　B. 没有考虑投资的风险价值

C. 不能反映企业潜在的获利能力　　D. 不能直接反映企业当前的获利水平

3. 下列经济活动中，能够体现企业与其投资者之间财务关系的是（　　）。

A. 企业向国有资产投资公司交付利润　　B. 企业向国家税务机关缴纳税款

C. 企业向其他企业支付货款　　D. 企业向职工支付工资

4. 下列各项经济活动中，属于企业狭义投资的是（　　）。

A. 购买设备　　B. 购买零部件　　C. 购买专利权　　D. 购买国债

5. 在下列各项中，能够反映上市公司价值最大化目标实现程度的最佳指标是（　　）。

A. 总资产报酬率　B. 净资产收益率　　C. 每股市价　　D. 每股利润

6. 假定甲公司向乙公司赊销产品，并持有丙公司债券和丁公司的股票，且向戊公司支付公司债利息。假定不考虑其他条件，从甲公司的角度看，下列各项中属于本企业与债权人之间财务关系的是（　　）。

A. 甲公司与乙公司之间的关系　　B. 甲公司与丙公司之间的关系

C. 甲公司与丁公司之间的关系　　D. 甲公司与戊公司之间的关系

7. 下列各项中，不能协调所有者与债权人之间矛盾的方式是（　　）。

A. 市场对公司强行接收或吞并　　B. 债权人通过合同实施限制性借款

C. 债权人停止借款　　D. 债权人收回借款

8. 企业实施了一项狭义的“资金分配”活动，由此而形成的财务关系是（　　）。

A. 企业与投资者之间的财务关系　　B. 企业与受资者之间的财务关系

C. 企业与债务人之间的财务关系　　D. 企业与供应商之间的财务关系

9. 财务管理的核心工作环节为（　　）。

A. 财务预测　B. 财务决策　C. 财务预算　D. 财务控制

10. 下列能充分考虑资金时间价值和投资风险价值的理财目标的是（　　）。

A. 利润最大化　　B. 资金利润率最大化

C. 每股利润最大化　　D. 企业价值最大化

11. 企业与政府之间的财务关系体现在（　　）。

A. 债权债务关系　　B. 强制和无偿的分配关系

C. 资金结算关系　　D. 风险收益对等关系

12. （　　）是进行财务决策的基础，是编制财务预算的前提。

A. 财务预测　B. 财务核算　C. 财务控制　D. 财务分析

13. 企业筹措和集中资金的财务活动是指（　　）。

A. 分配活动　B. 投资活动　C. 决策活动　D. 筹资活动

14. 企业价值最大化目标强调的是企业（　　）。

A. 预期获利能力　B. 实际获利能力　C. 现有生产能力　D. 潜在销售能力

15. 企业财务关系中最为重要的关系是（　　）。

A. 股东与经营者之间的关系

B. 股东与债权人之间的关系

C. 股东、经营者与债权人之间的关系

D. 企业与作为社会管理者的政府有关部门、社会公众之间的关系

二、多项选择题

1. 下列各项中，属于企业资金营运活动的有（　　）。

A. 采购原材料　B. 销售商品　C. 购买国债　D. 支付利息

2. 下列各项中，属于企业筹资引起的财务活动有（　　）。

A. 偿还借款　B. 购买国债　C. 支付股票股利　D. 利用商业信用

3. 利润最大化的缺陷有（　　）。

A. 没有考虑资金时间价值　　B. 没有反映创造利润与投入资本的关系

C. 没有考虑风险因素　　D. 可能导致企业短期行为

4. 金融市场对企业财务活动的影响，主要表现在（　　）。

A. 金融市场是企业投资和筹资的场所

B. 企业通过金融市场进行长短期资金相互转化

C. 金融市场为企业理财提供有意义的信息

D. 企业是金融市场的主体

5. 影响企业的外部财务环境有各种因素，其中主要有（　　）。

A. 经济环境　B. 商业环境　C. 法律环境　D. 金融市场环境

6. 财务管理是（　　）的一项经济管理工作。

A. 组织企业财务活动　　B. 组织购销活动

C. 处理财务关系　　D. 进行人力资源管理

7. 企业价值最大化在运用时也存在着缺陷，表现在（　　）。

A. 追求企业的价值化，不能使企业资产保值与增值

B. 非上市企业的价值确定难度较大

C. 股票价格的变动只受企业经营因素影响

D. 股票价格的变动，除受企业经营因素影响外，还受其他企业无法控制的因素影响

8. 企业财务活动主要包括（　　）。

A. 筹资活动　　B. 投资活动　　C. 人事管理活动　　D. 分配活动

9. 由于（　　），以企业价值最大化作为财务管理目标，通常被认为是一个较为合理的财务管理目标。

A. 更能揭示市场认可企业的价值　　B. 考虑了资金的时间价值

C. 考虑了投资风险价值　　D. 企业价值难以确定

10. 企业财务管理包括以下（　　）几个环节。

A. 财务预测、决策　　B. 财务预算

C. 财务控制　　D. 财务分析

三、判断题

1. 企业与政府之间的财务关系体现为投资与受资的关系。(　　)

2. 企业股东财富越多，企业市场价值也就越大，但追求股东财富最大化并不一定能达到企业资产保值增值的目的。(　　)

3. 企业财务管理是基于企业再生产过程中客观存在的资金运动而产生的，是企业组织资金运动的一项经济管理工作。(　　)

4. 企业财务活动的内容，也是企业财务管理的基本内容。(　　)

5. 企业组织财务活动中与有关各方所发生的经济利益关系称为财务关系，但不包括企业与职工之间的关系。(　　)

6. 解聘是一种通过市场约束经营者的办法。(　　)

7. 在企业财务关系中最为重要的关系是指企业与作为社会管理者的政府有关部门、社会公众之间的关系。(　　)

8. 在协调所有者与经营者矛盾的方法中，“接收”是一种通过所有者来约束经营者的方法。(　　)

9. 以企业价值最大化作为财务管理目标，有利于社会资源的合理配置。(　　)

10. 民营企业与政府之间的财务关系体现为一种投资与受资关系。(　　)

四、案例分析题

雷曼兄弟破产对企业财务管理目标选择的启示

雷曼兄弟公司正式成立于1850年。在成立初期，公司主要从事利润比较丰厚的棉花等商品的贸易，公司性质为家族企业，且规模相对较小，其财务管理目标自然是利润最大化。在雷曼兄弟公司从经营干洗、兼营小件寄存的小店逐渐转型为金融投资公司的同时，公司的性质也从一个地道的家族企业逐渐成长为在美国乃至世界都名声显赫的上市公司。由于公司性质的变化，其财务管理目标也随之由利润最大化转变为股东财富最大

化。其原因至少有：①美国是一个市场经济比较成熟的国家，建立了完善的市场经济制度和资本市场体系，因此，以股东财富最大化为财务管理目标能够获得更好的企业外部环境支持。②与利润最大化的财务管理目标相比，股东财富最大化考虑了不确定性、时间价值和股东资金的成本，无疑更为科学和合理。③与企业价值最大化的财务管理目标相比，股东财富最大化可以直接通过资本市场股价来确定，比较容易量化，操作上显得更为便捷。因此，从某种意义上讲，股东财富最大化是雷曼兄弟公司财务管理目标的现实选择。

2008年9月15日，拥有158年悠久历史的美国第四大投资银行——雷曼兄弟（Lehman Brothers）公司正式申请依据以重建为前提的《美国破产法》第11章所规定的程序破产，即所谓破产保护。雷曼兄弟公司，作为曾经在美国金融界中叱咤风云的巨人，在此次爆发的金融危机中也无奈破产，这不仅与过度的金融创新和乏力的金融监管等外部环境有关，也与雷曼公司本身的财务管理目标有着某种内在的联系。

试分析：为什么雷曼公司会因为股东财富最大化这样一个现实理财目标的选择而导致破产呢？

项目二 树立理财观念

知识目标

- 理解资金时间价值的含义。
- 掌握终值与现值的计算。
- 理解风险与报酬的关系。
- 了解资本资产定价模型的意义。

能力目标

- 能运用资金时间价值的方法解决具体的财务问题。
- 能进行简单的投资风险分析。

案例导入

富兰克林利用放风筝感受电击，从而发明了避雷针。这位美国著名的科学家死后留下了一份有趣的遗嘱：

“……一千英镑赠给波士顿的居民，如果他们接受了这一千英镑，那么这笔钱应该托付给一些挑选出来的公民，他们得把这些钱按每年 5% 的利率借给一些年轻的手工业者去生息。这些款过了 100 年增加到 131 000 英镑。我希望那时候用 100 000 英镑来建立一所公共建筑物，剩下的 31 000 英镑拿去继续生息 100 年。在第二个 100 年末了，这笔款增加到 4 061 000 英镑，其中 1 061 000 英镑还是由波士顿的居民来支配，而其余的 3 000 000 英镑让马萨诸塞州的公众来管理。在此之后，我可不敢多作主张了！”

◉请思考：

区区 1 000 英镑遗产，竟立下几百万英镑财产分配的遗嘱，是“信口开河”，还是“言而有据”呢？

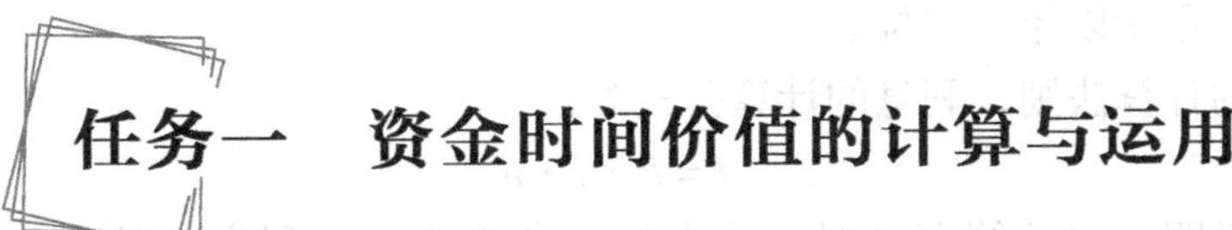

任务一 资金时间价值的计算与运用

资金的时间价值，是现代财务管理的基础概念之一，因其非常重要且涉及企业所有理财活动，有人称之为理财的“第一原则”。

一、资金时间价值的概念

资金的时间价值（Time Value of Money）也称为货币的时间价值，是指货币经历一定时间的投资和再投资所增加的价值。

在商品经济条件下，即使不存在通货膨胀，也有这样一种现象：现在的 100 元钱和 1 年后的 100 元钱在经济上不等值，现在的 100 元钱比 1 年后的 100 元钱经济价值要大些。出现这种现象，是因为将现在的 100 元钱存入银行，在存款利率假定为 10% 的条件下，一年后可得到 110 元。这 100 元钱经过 1 年时间的投资增加了 10 元，这就是资金的时间价值。随着时间的推移，货币发生了增值。这种价值增值量的规定性与时间的长短成正比。

资金时间价值有两种表现形式，一种是绝对数，即利息；另一种是相对数，即利息率。在不考虑通货膨胀和风险的情况下，通常以社会平均资金利润率代表货币的时间价值，在一定条件下可视同于利息率（贷款利率、债券利率、股利率等）；从绝对量上看就是使用货币的机会成本或假设成本，即利息。为便于不同货币之间时间价值的比较，在实际情况下人们习惯用相对数表示资金的时间价值。

由于不同时间单位货币的价值不相等，所以不同时间的货币收入与货币支出不宜直接进行比较，需要把它们换算到相同的时间基础上，才能进行大小的比较和比率的计算。

资金时间价值有两种计算方法：一是只就本金计算利息的单利法；二是不仅本金要计算利息，利息也能生利，即俗称“利上加利”的复利法。

二、终值与现值

终值（Future Value）又称将来值，是现在一定量的现金发生在（或折算为）未来某一特定时间序列终点时的价值，俗称本利和。比如某人存入银行现金 10 000 元，年利率为复利 10%，经过 3 年后一次性取出本利和 13 310 元，这本利和 13 310 元即为终值。

现值（Present Value）又称本金，是指未来某一时点上的一定量的现金折合为现在的价值，或可以理解为发生在时间序列起点处的资金值即为现值。上述 3 年后的本利和 13 310 元折合为现在的价值为 10 000 元，这 10 000 元即为现值。

（一）单利终值和现值的计算

为了便于与复利的计算方式进行比较，加深对复利的理解，先介绍单利的有关计算。在计算中经常使用的符号及其含义为：

P——现值；I——利息；i——利率，指每年利息与本金之比；F——终值；n——计算利息的期数，通常以年为单位。

按照单利的计算法则，利息的计算公式为：

$$I = P \cdot i \cdot n \tag{2-1}$$

除非特别说明，在计算利息时，给出的利息率均为年利率，对于不足一年的利息，以一年等于 360 天来折算。

单利计算方式下，终值的计算公式为：

$$F = P + I = P + P \cdot i \cdot n = P\ (1 + i \cdot n) \tag{2-2}$$

【例1】某人持有一张带息期票，票面额为10 000元，票面利率10%，出票日期为4月20日，到期日为7月19日（共90天），则该持有者到期可得本利和为多少？

$$F=10\ 000\times(1+10\%\times90\div360)=10\ 250\ (元)$$

在单利计息方式下，现值的计算和终值的计算是互逆的，由终值计算现值的过程称为折现。单利现值的计算公式为：

$$P=F/(1+i\cdot n) \qquad (2-3)$$

【例2】某人希望在5年后取得本利和10 000元。则在利率为10%、单利方式计息条件下，此人现在需存入银行的资金为多少？

$$P=10\ 000\div(1+10\%\times5)=6\ 666.67\ (元)$$

（二）复利终值和现值的计算

1. 复利终值

资金时间价值通常是按复利计算的。复利不同于单利，它是指在一定时间（如一年）按一定利率不仅将本金计算利息，而且还要将所生利息计算利息。

复利终值是指一定量的本金按复利计算法计算若干期后的本利和。

例如，某人将10 000元投资于一项事业，年报酬率为10%，1年后本利和为：

$$F=P+P\cdot i=10\ 000\times(1+10\%\times1)=11\ 000\ (元)$$

若此人并不提走现金，而将11 000元继续投资于该企业，1年后（第二年）本利和为：

$$F=[P\cdot(1+i)]\cdot(1+i)=P\cdot(1+i)^2=10\ 000\times(1+10\%)^2=12\ 100\ (元)$$

同样，第三年的期终金额为：

$$F=P\cdot(1+i)^3=10\ 000\times(1+10\%)^3=13\ 310\ (元)$$

第 n 年的期终金额为：

$$F=P\cdot(1+i)^n \qquad (2-4)$$

公式（2-4）是计算复利终值的一般公式，其中 $(1+i)^n$ 是复利终值系数或1元的复利终值，用符号 $(F/P, i, n)$ 表示。因此，公式（2-4）也可写作：

$$F=P\cdot(F/P,\ i,\ n) \qquad (2-5)$$

复利终值系数可通过查“复利终值系数表”（见附录1）取得。该表的第一行是利率 i，第一列是计息期数 n，相应的 $(1+i)^n$ 在其纵横相交处。

该表的作用不仅在于已知 i 和 n 时查找1元的复利终值，而且可在已知1元复利终值和 n 时查找 i，或已知1元复利终值 i 时查找 n。

【例3】现在投入10 000元，在利率为10%的情况下，用复利公式计算10年后的投资收入是多少。

$$F=P\ (1+i)^n=10\ 000\times(1+10\%)^{10}=10\ 000\times2.593\ 7=25\ 937\ (元)$$

或

$$F=P\cdot(F/P,\ i,\ n)=10\ 000\times2.593\ 7=25\ 937\ (元)$$

2. 复利现值

复利现值是复利终值的对称概念，指未来一定时间的特定资金按复利计算的现在价值，或说是为取得将来一定本利和现在所需要的本金。

通过复利终值的计算公式可知，复利现值的计算，是已知 F，i，n，计算 P。

通过复利终值计算已知：

$$F=P\cdot(1+i)^{n}$$

所以：

$$P=\frac{F}{(1+i)^{n}}=F\cdot(1+i)^{-n} \tag{2-6}$$

公式（2-6）是计算复利现值的一般公式，其中 $(1+i)^{-n}$ 是复利现值系数或1元的复利现值，用 $(P/F, i, n)$ 表示。公式（2-6）也可写作：

$$P=F\cdot(P/F, i, n) \tag{2-7}$$

在实际工作中，其值可通过查“复利现值系数表”（见附录2）取得。该表的使用方法与“复利终值系数表”相同。

【例4】某投资项目预计6年后可获得收益800万元，按年利率5%计算，问这笔收益现在的价值是多少？

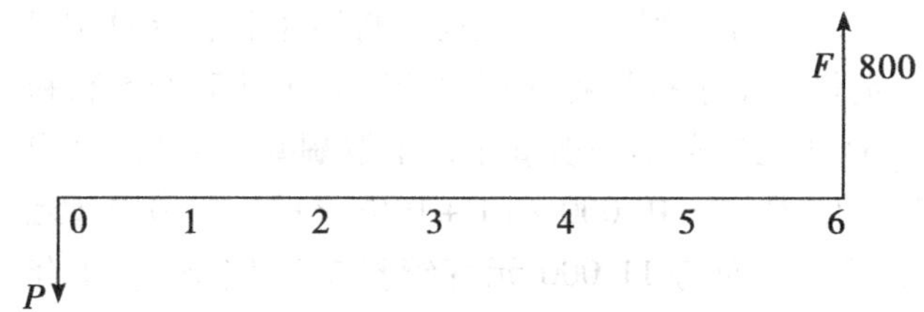

图2-1　例4现金流量图

已知 $F=800$，$i=5\%$，$n=6$，求 P。

根据复利现值计算公式（2-6）或（2-7）可得

$$P=F\cdot(1+i)^{-n}=800\times(1+5\%)^{-6}=800\times0.7462=596.96\ (万元)$$

或　$$P=F\cdot(P/F, i, n)=800\times(P/F, 5\%, 6)=800\times0.7462=596.96\ (万元)$$

即这笔收益的现值为596.96万元。

【例5】某人欲在5年后拥有10 000元，年报酬率为12%，那么现在应存入多少钱？

$$P=F\cdot(P/F, i, n)=10\,000\times(P/F, 12\%, 5)=10\,000\times0.5674=5\,674\ (元)$$

三、年金的终值与现值

年金（Annuity）是定期等额的系列收支款。如分期付款赊购，分期偿还贷款、发放养老金、支付租金、提取折旧等都属于年金的形式。

年金按其每次收付款项发生时点的不同，可分为普通年金、即付年金、递延年金和永续年金。

（一）普通年金（Ordinary Annuity）

普通年金是指从第一期起，在一定时期内每期期末等额发生的收付款项，又称后付年金，如图2-2所示。

图 2－2　普通年金示意图

图 2－2 中，横轴代表时间，用数字标出各期的顺序号，带箭头的竖线表示各时点支付的金额。图中各时点支付用 A 表示的金额即为普通年金。

1. 普通年金终值的计算（已知年金 A，求年金终值 F）

普通年金终值是指在一个时间序列中，在利率为 i 的情况下，连续在每个计息期的期末收入（支出）一笔等额的资金 A，求 n 年后由各年的本利和累计而成的总额 F，即已知 A，i，n，求 F。类似于我们在储蓄中的零存整取，其现金流量图如图 2－3 所示。

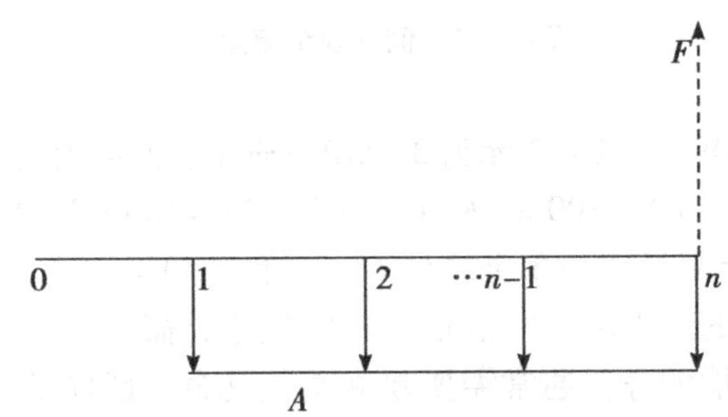

图 2－3　普通年金终值现金流量图

各期期末年金 A 相对于第 n 期期末的本利和，如表 2－1 所示。

表 2－1　普通年金复利终值计算表

期数	1	2	3	…	$n-1$	n
每期末年金	A	A	A	…	A	A
n 期末年金终值	$A(1+i)^{n-1}$	$A(1+i)^{n-2}$	$A(1+i)^{n-3}$	…	$A(1+i)$	A

年金终值的计算公式为：

$$F=A(1+i)^{n-1}+A(1+i)^{n-2}+A(1+i)^{n-3}+\cdots+A(1+i)+A$$

$$=A\cdot\frac{(1+i)^n-1}{i} \qquad (2-8)$$

公式（2－8）即为年金终值（未来值）公式，也可以表示为 $F=A\cdot(F/A,\ i,\ n)$。其中 $\frac{(1+i)^n-1}{i}$ 或（F/A，i，n）称作年金复利终值系数，简称年金终值系数。在实际工作中，其值可通过查“年金终值系数表”（见附录 3）取得。该表的使用方法与“复利终值系数表”相同。

【例 6】某人于每年年末存入银行 500 元，年利率为 8%，存期为 5 年，第五年末的本利和为多少？

已知 $A=500$，$i=8\%$，$n=5$，求 F。

此项目现金流量图如图 2－4 所示，第 5 年虚线表示第 5 年末的本利和。

由年金终值计算公式（2－8）可得

$$F=A\cdot\frac{(1+i)^n-1}{i}=A\times(F/A,\ 8\%,\ 5)=500\times5.8666=2933.3\text{（元）}$$

即第 5 年末的本利和为 2 933. 3 元。

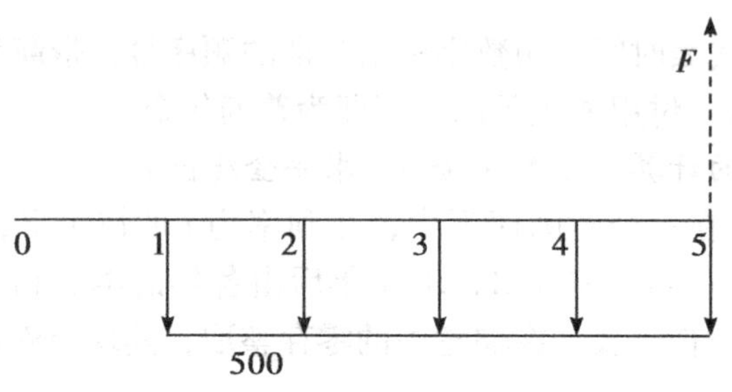

图 2－4　例 6 现金流量图

【例 7】年利率为 10%，以 100 元为 3 年期普通年金的终值是多少？

$$F=A\cdot(F/A,\ i,\ n)=100\times(F/A,\ 10\%,\ 3)=100\times3.3100=331\text{（元）}$$

2. 年偿债基金的计算（已知年金终值 F，求年金 A）

企业有时要在约定的未来某一时点偿还一笔债务，需要积累一定数额的资金，为了保证能够按时足额地清偿债务，通常需要建立偿债基金。偿债基金是分次等额提取的存款准备金，类似于年金存款，因而可以获得按复利计算的利息，所以债务实际上等于年金终值，每年提取的偿债基金等于年金 A。也就是说，企业为了筹集未来 n 年后所需要的一笔资金，在利率为 i 的情况下，求每个计息期末应等额存入的资金额，即已知 F，i，n，求 A，类似于我们日常商业活动中的分期付款业务。偿债基金的计算实际上是年金终值的逆运算。其现金流量图如图 2－5 所示。

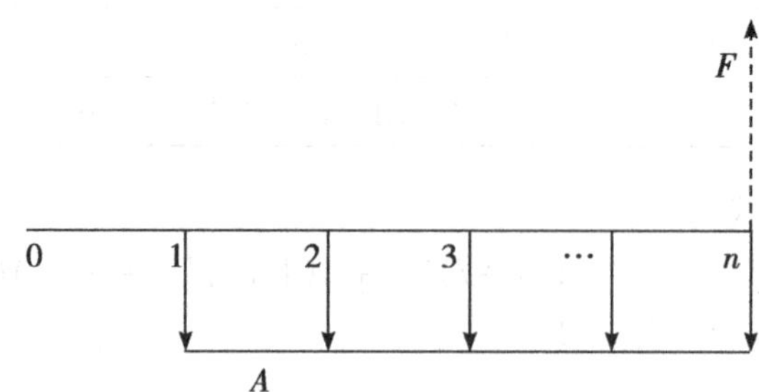

图 2－5　偿债基金现金流量图

由公式（2－8）$F=A\cdot\frac{(1+i)^n-1}{i}$ 可得

$$A=\frac{F}{\frac{(1+i)^n-1}{i}}=\frac{F}{(F/A,\ i,\ n)}$$

或

$$A=F\cdot\frac{i}{(1+i)^{n}-1} \tag{2-9}$$

公式（2－9）即为偿债基金公式，可以表示为 $A=F\cdot(A/F,\ i,\ n)$。式中系数 $\frac{i}{(1+i)^{n}-1}$ 或 $(A/F,\ i,\ n)$ 称作偿债基金系数，它与年金终值系数互为倒数。

【例8】某工厂计划自筹资金于5年后新建一个基本生产车间，预计需要投资5 000万元。若年利率为5%，在复利计息条件下，从现在起每年年末应等额存入银行多少钱？

由公式（2－9）可直接求得：

$$A=F\cdot\frac{i}{(1+i)^{n}-1}=5\,000\times\frac{5\%}{(1+5\%)^{5}-1}$$

$$=5\,000\times0.181=905\text{（万元）}$$

也可查附录3“年金终值系数表”得 $(F/A,\ 5\%,\ 5)=5.525\,6$，求得 $(A/F,\ 5\%,\ 5)\approx0.181$，故可得：

$$A=F\cdot(A/F,\ i,\ n)=5\,000\times(A/F,\ 5\%,\ 5)$$

$$=5\,000\times0.181=905\text{（万元）}$$

3. 普通年金现值的计算（已知年金 A，求年金现值 P）

普通年金现值，是指为在每期期末取得相等金额的款项，现在需要投入的金额。也就是说企业在 n 年内每年等额收支一笔资金 A，在利率为 i 的情况下，求此等额年金收支的现值总额，即已知 A，i，n，求 P，类似于实际商务活动中的整存零取。其现金流量图如图2－6所示。

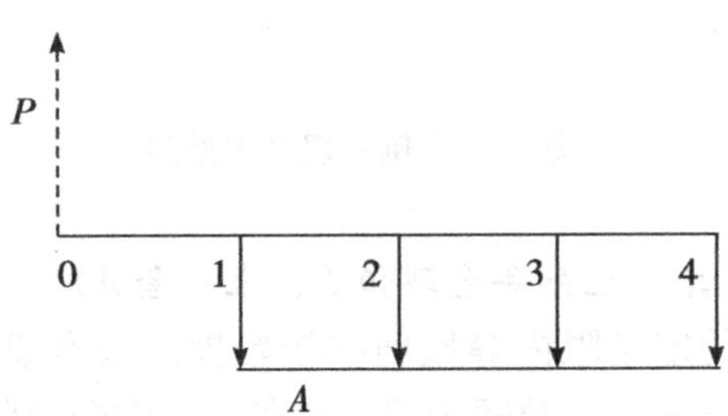

图2－6 普通年金现值现金流量图

各期期末年金 A 相对于期初的现值，如表2－2所示。

表2－2 普通年金复利现值计算表

期数	1	2	3	…	$n-1$	n
每期末年金	A	A	A	…	A	A
年金现值	$A(1+i)^{-1}$	$A(1+i)^{-2}$	$A(1+i)^{-3}$	…	$A(1+i)^{-(n-1)}$	$A(1+i)^{-n}$

年金现值的计算公式为：

$$P=A(1+i)^{-1}+A(1+i)^{-2}+A(1+i)^{-3}+\cdots+A(1+i)^{-(n-1)}+A(1+i)^{-n}$$

整理上式可得到：

$$P = A \cdot \frac{1-(1+i)^{-n}}{i} \tag{2-10}$$

公式（2－10）即为年金现值公式，也可以表示为 $P = A \cdot (P/A, i, n)$。其中 $\frac{1-(1+i)^{-n}}{i}$ 或 $(P/A, i, n)$ 称作年金复利现值系数，简称年金现值系数。在实际工作中，其值可通过查“年金现值系数表”（见附录4）取得。该表的使用方法与“复利终值系数表”相同。

【例9】为了在未来15年中的每年年末回收资金8万元，在年利率为8%的情况下，现需要向银行存入多少钱?

已知 $A=8$，$i=8\%$，$n=15$，求 P。

其现金流量图如图2－7所示。

由年金现值公式（2－10）得

$$P = A \cdot \frac{1-(1+i)^{-n}}{i} = 8 \times \frac{1-(1+8\%)^{-15}}{8\%} = 8 \times 8.559\ 5 = 68.476 \text{（万元）}$$

或 $$P = A \cdot (P/A, i, n) = 8 \times (P/A, 8\%, 15) = 8 \times 8.559\ 5 = 68.476 \text{（万元）}$$

即现在应存入68.476万元的资金。

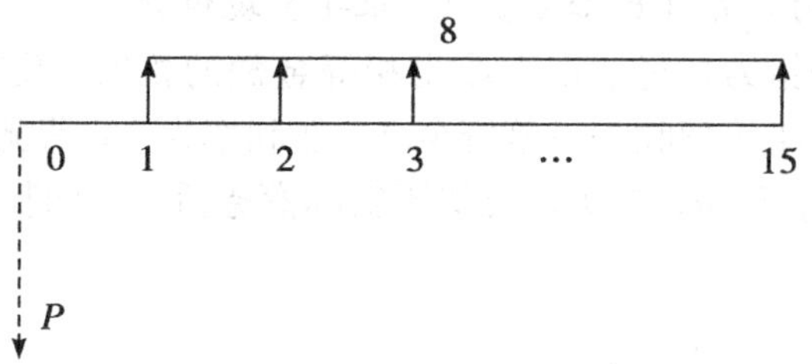

图2－7　例9现金流量图

4. 年资本回收额的计算（已知年金现值 P，求年金 A）

年资本回收额是指在约定年限内等额回收初始投入资本或清偿所欠债务的金额。换句话说，是指在期初一次投入资金数额为 P，欲在 n 年内全部收回，则在利率为 i 的情况下，求每年年末应等额回收的资金，即已知 P，i，n，求 A。年资本回收额的计算是年金现值的逆运算。其现金流量图如图2－8所示。

由公式 $P = A \cdot \frac{1-(1+i)^{-n}}{i}$ 可得：

$$A = P \cdot \frac{i}{1-(1+i)^{-n}} \tag{2-11}$$

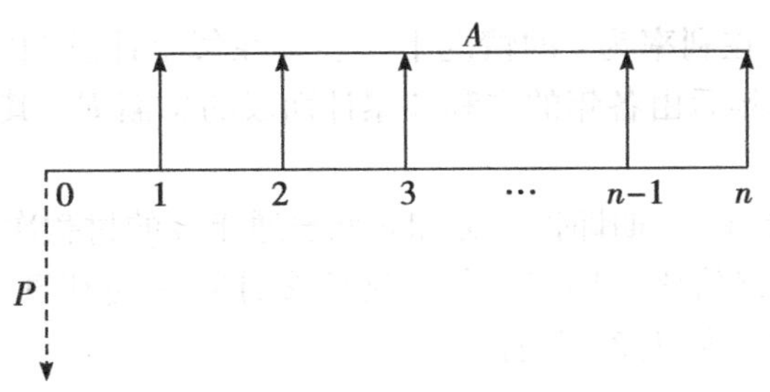

图 2-8　年资本回收额现金流量图

公式（2-11）称作年资本回收额计算公式，可表示为 $A=P\cdot(A/P, i, n)$，式中系数 $\frac{i}{1-(1+i)^{-n}}$ 或（A/P, i, n）称作资本回收系数，可以利用年金现值系数的倒数求得。上式也可写作：

$$A=P\cdot(A/P, i, n) \tag{2-12}$$

或　$$A=P/(P/A, i, n)$$

【例10】假设以10%的利率借款20 000元，投资于某个周期为10年的项目，每年至少要收回多少现金才是有利的？

已知 $P=20\ 000$，$i=10\%$，$n=10$，求 A。

由年资本回收额公式（2-11）可得

$$\begin{aligned} A &= P\cdot\frac{i}{1-(1+i)^{-n}} \\ &= 20\ 000\times\frac{10\%}{1-(1+10\%)^{-10}} \\ &= 20\ 000/(P/A, 10\%, 10)=20\ 000/6.144\ 6 \\ &= 3\ 254.89\ (元) \end{aligned}$$

即每年至少要收回3 254.89元现金才是有利的。

（二）即付年金（Annuity Due）

即付年金是指在一定时期内，各期期初等额的系列收付款项，又称先付年金。它与普通年金的区别在于付款时间的不同，如图2-9所示。

图2-9中，横轴代表时间，用数字标出各期的顺序号，带箭头的竖线表示各时点支付的金额。图中各时点支付用 A 表示的金额即为即付年金。

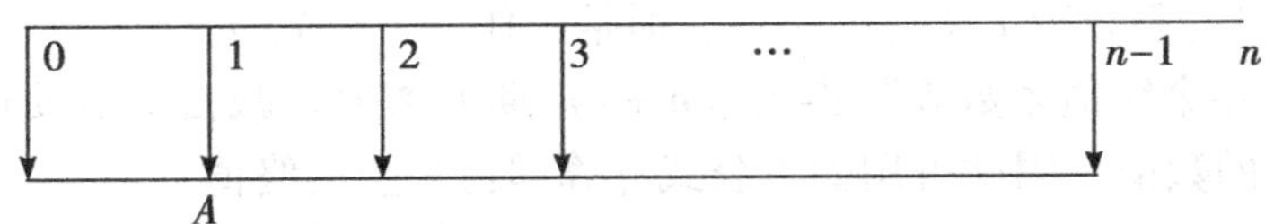

图 2-9　即付年金示意图

1. 即付年金终值的计算

即付年金的终值是其在最后一期期末时的本利和，是各期收付款项的复利终值之和。

即在一个时间序列中，在利率为 i 的情况下，连续在每个计息期的期初收入（支出）一笔等额的资金 A，求 n 年后由各年的本利和累计而成的总额 F。其现金流量图如图 2－10 所示。

从图 2－10 可以看出，n 期即付年金和 n 期普通年金的付款次数相同，但由于付款时间不同，n 期即付年金终值比 n 期普通年金终值多计算一期利息。各期期初年金 A 相对于第 n 期期末的本利和，如表 2－3 所示。

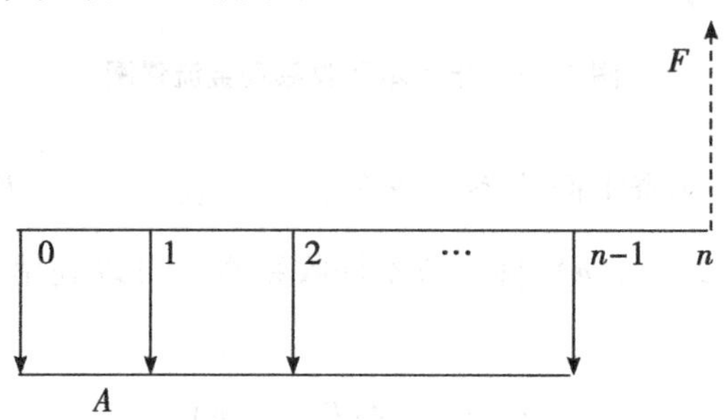

图 2－10　即付年金终值现金流量图

表 2－3　即付年金复利终值计算表

期数	0	1	2	…	$n-2$	$n-1$
每期末年金	A	A	A	…	A	A
n 期末年金终值	$A(1+i)^{n}$	$A(1+i)^{n-1}$	$A(1+i)^{n-2}$	…	$A(1+i)^{2}$	$A(1+i)$

即付年金终值的计算公式为：

$$F=A(1+i)^{n}+A(1+i)^{n-1}+A(1+i)^{n-2}+A(1+i)^{n-3}+\cdots+A(1+i)$$

从上式的计算可以看出，在普通年金终值计算的基础上乘以 $(1+i)$ 就是 n 期即付年金的终值。即付年金终值的计算公式为：

$$\begin{aligned}F&=A\cdot\frac{(1+i)^{n}-1}{i}\cdot(1+i)\\&=A\cdot\frac{(1+i)^{n+1}-(1+i)}{i}\\&=A\cdot\left[\frac{(1+i)^{n+1}-1}{i}-1\right]\end{aligned}\qquad(2-13)$$

式（2－13）中方括号内的内容称作即付年金终值系数，它是在普通年金终值系数的基础上，期数加 1、系数减 1 所得的结果。通常记作 $[(F/A, i, n+1)-1]$。其值可以通过查阅“一元年金终值系数表”得出 $(n+1)$ 期的数值，减去 1 后便可得出对应的即付年金终值系数的数值。因此可用如下公式计算即付年金的终值：

$$F=A\cdot[(F/A, i, n+1)-1]\qquad(2-14)$$

【例 11】某人于每年年初存入银行 5 000 元，年利率为 8%，存期为 5 年，第 5 年末的本利和？

已知 $A=5\ 000$，$n=5$，$i=8\%$，求 F。

此项目现金流量图如图 2－11 所示，第 5 年虚线表示第 5 年末的本利和。

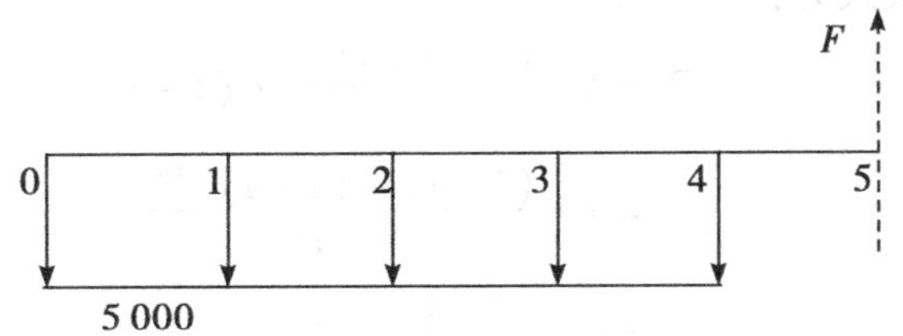

图 2－11　例 11 现金流量图

由即付年金终值计算公式（2－14）可得

$$F = A \cdot [(F/A, i, n+1) - 1] = 5\,000 \times [(F/A, 8\%, 5+1) - 1]$$
$$= 5\,000 \times (7.335\,9 - 1)$$
$$= 5\,000 \times 6.335\,9$$
$$= 31\,679.5 \text{（元）}$$

即第 5 年末的本利和为 31 679.5 元。

大家想想还有没有其他解法？

如：$F = A \cdot (F/A, i, n)(1+i) = 5\,000 \times (F/A, 8\%, 5)(1+8\%)$

$$= 5\,000 \times 5.866\,6 \times (1+8\%) \approx 31\,679.64 \text{（元）}$$

2. 即付年金现值的计算

n 期即付年金现值与 n 期普通年金现值的付款期限相同，但由于其付款时间不同，即付年金是在期初付款而普通年金是在期末付款，因此，n 期即付年金现值比 n 期普通年金现值少折现一期。其现金流量图如图 2－12 所示。

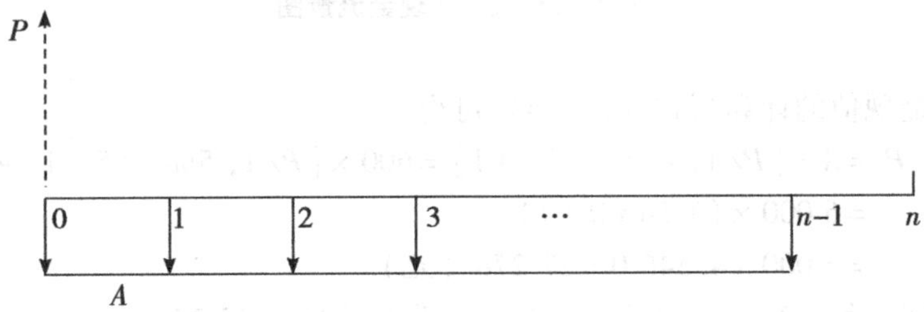

图 2－12　即付年金现值现金流量图

各期期初年金 A 相对于期初的现值，如表 2－4 所示。

表 2－4　即付年金复利现值计算表

期数	0	1	2	3	…	$n-1$
每期末年金	A	A	A	A	…	A
年金现值	A	$A(1+i)^{-1}$	$A(1+i)^{-2}$	$A(1+i)^{-3}$	…	$A(1+i)^{-(n-1)}$

即付年金现值的计算公式为：

$$P = A + A(1+i)^{-1} + A(1+i)^{-2} + A(1+i)^{-3} + \cdots + A(1+i)^{-(n-1)}$$

从上式的计算可以看出，在普通年金现值计算的基础上乘以（$1+i$）就是 n 期即付年金的现值。其计算公式为：

$$P = A \cdot \frac{1-(1+i)^{-n}}{i} \cdot (1+i)$$
$$= A \cdot \frac{(1+i)-(1+i)^{-(n-1)}}{i}$$
$$= A \cdot \left[\frac{1-(1+i)^{-(n-1)}}{i}+1\right] \quad (2-15)$$

式（2－15）中方括号内的内容称作“即付年金现值系数”，它是在普通年金现值系数的基础上，期数减1、系数加1所得的结果。通常记作［（P/A，i，n－1）+1］。其值可以通过查阅“一元年金现值系数表”得出（n－1）期的值，加上1后便可得出对应的即付年金现值系数的数值。因此可用如下公式计算即付年金的现值：

$$P = A \cdot [(P/A, i, n-1)+1] \quad (2-16)$$

【例12】5年分期付款购物，每年年初付款6 000元，假设银行利率为5%，该项分期付款相当于一次性现金支付的购买价格是多少？

已知 $A=6\ 000$，$n=5$，$i=5\%$，求 P。

此项目现金流量图如图2－13所示，第0年虚线表示期初的购买价格。

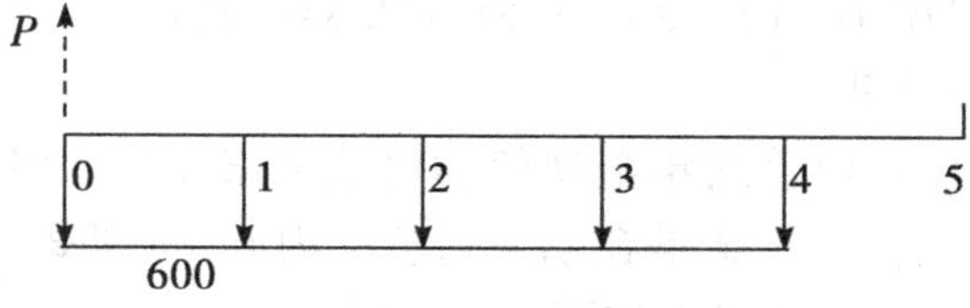

图2－13 例12现金流量图

由即付年金现值的计算公式（2－16）可得

$$P = A \cdot [P/A, i, (n-1)+1] = 600 \times [P/A, 5\%, (5-1)+1]$$
$$= 6\ 000 \times (3.546\ 0+1)$$
$$= 6\ 000 \times 4.546\ 0 = 27\ 276 \text{（元）}$$

即该项分期付款相当于一次性现金支付的购买价格是27 276元。

大家想想还有没有其他解法？

如：$P = A \cdot (P/A, i, n) \cdot (1+i) = 6\ 000 \times (P/A, 5\%, 5) \times (1+5\%)$
$= 6\ 000 \times 4.329\ 5 \times 1.05 \approx 27\ 276$（元）

（三）递延年金（Deferred Annuity）

递延年金又称延期年金，是指在最初若干期没有收付款项的情况下，后面若干期等额的系列收付款项。它是普通年金的特殊形式，凡不是从第一期开始的年金都是递延年金。其现金流量图如图2－14所示。

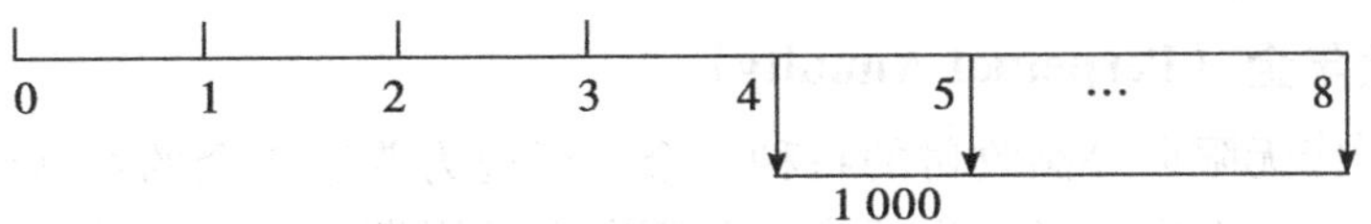

图 2-14 递延年金现金流量图

从图 2-14 中可以看出，前 3 期没有发生支付，一般用 m 表示递延期数，本例的 $m=3$。第一次支付发生在第 4 期期末，连续支付 5 次，即 $n=5$。

1. 递延年金终值的计算

递延年金的终值大小与递延期无关，计算方法与普通年金终值相同。

若图 2-14 利率为 10%，其终值等于：

$$
\begin{aligned}
F &= A \cdot (F/A,\ i,\ n) \\
&= 1\,000 \times (F/A,\ 10\%,\ 5) \\
&= 1\,000 \times 6.105\,1 \\
&= 6\,105.1 \text{（元）}
\end{aligned}
$$

【例 13】某人从第 4 年末起，每年年末支付 600 元，利率为 10%，问第 7 年末共支付多少元?

$$
\begin{aligned}
F &= A \cdot (F/A,\ i,\ n) = 600 \times (F/A,\ 10\%,\ 4) \\
&= 600 \times 4.641\,0 = 2\,784.60 \text{（元）}
\end{aligned}
$$

2. 递延年金现值的计算

递延年金现值的计算方法有两种：

第一种方法：把递延年金视为 n 期普通年金，求出递延期末（即图 2-14 中 3 的位置）的现值，然后再将此现值调整到第一期期初（即图 2-14 中 0 的位置）。

$$P = A \cdot (P/A,\ i,\ n) \cdot (P/F,\ i,\ m) \tag{2-17}$$

第二种方法：假设递延期中也进行支付，先求出 $(m+n)$ 期的年金现值，然后将并未支付的递延期 (m) 的年金现值予以扣除，即可得出最终结果。

$$P = A \cdot [(P/A,\ i,\ m+n) - (P/A,\ i,\ m)] \tag{2-18}$$

【例 14】某企业年初存入一笔资金，从第 4 年年末起每年取出 10 000 元，至第 9 年取完，年利率为 10%。要求计算最初一次存入的款项是多少钱?

已知 $A=10\,000$，$m+n=9$，$m=3$，$i=10\%$，求 P。

根据公式（2-17）可得

$$
\begin{aligned}
P &= A \cdot (P/A,\ i,\ n) \cdot (P/F,\ i,\ m) = 10\,000 \times (P/A,\ 10\%,\ 6) \times (P/F,\ 10\%,\ 3) \\
&= 10\,000 \times 4.355\,3 \times 0.751\,3 \\
&= 32\,721.37 \text{（元）}
\end{aligned}
$$

或根据公式（2-18）可得

$$
\begin{aligned}
P &= A \cdot [(P/A,\ i,\ m+n) - (P/A,\ i,\ m)] \\
&= 10\,000 \times [(P/A,\ 10\%,\ 9) - (P/A,\ 10\%,\ 3)] \\
&= 10\,000 \times (5.759\,0 - 2.486\,9) \\
&= 32\,721 \text{（元）}
\end{aligned}
$$

即最初一次存入的款项应是 32 721 元。

（四）永续年金（Perpetual Annuity）

永续年金是指无限期等额收付的特种年金，可视为普通年金的特殊形式，即期限趋于无穷的普通年金。在实际经济生活中，并不存在无限期永远支付的永续年金，但可以将利率较高、持续期限较长的年金、存本取息视同永续年金计算。其现金流量图如图2－15所示。

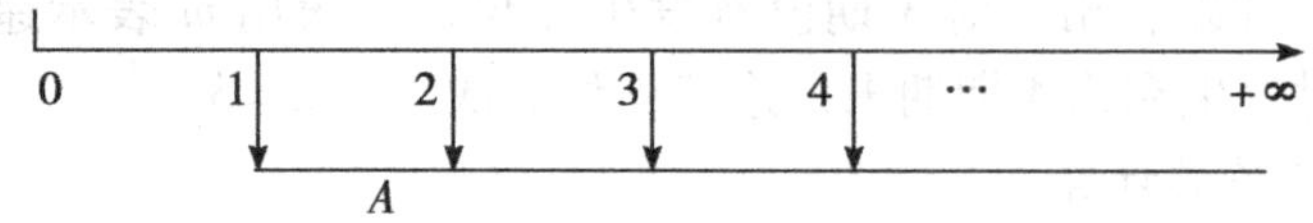

图2－15　永续年金现金流量图

永续年金没有终点，所以就没有终值，只能计算其现值。其现值的计算可以通过普通年金现值的计算公式导出：

$$P=A\cdot\frac{1-(1+i)^{-n}}{i}$$

当 $n\to\infty$ 时，$(1+i)^{-n}$ 的极限为零，故上式可写成：

$$P=A\cdot\frac{1}{i} \tag{2-19}$$

【例15】某企业持有的B公司的股票每年每股股利收益为5元，假定该企业打算长期持有该股票，而且B公司的预期效益良好，在利率为10%的情况下，要求对该股票投资进行估价。

这是一个求永续年金现值的问题，即假设该股票每年股利固定且持续较长时间，计算出这些股利的现值之和，即为该股票估价。

已知 $A=5$，$i=10\%$，求 P。

根据公式（2－19）可得

$$P=A\cdot\frac{1}{i}=\frac{5}{10\%}=50\text{（元）}$$

该股票的估价为50元。

◆ 注意几种呈倒数关系的系数：

①复利终值系数与复利现值系数。

②偿债基金系数与普通年金终值系数。

③资本回收系数与普通年金现值系数。

四、折现率、期间和利率的推算

（一）折现率（Discount Rate）的推算

对于一次性收付款项，根据其复利终值（或现值）的计算公式可得折现率的计算公式为：

$$i=\left(\frac{F}{P}\right)^{1/n}-1 \tag{2-20}$$

因此，若已知 F，P，n，不用查表便可直接计算出一次性收付款项的折现率（利

率）i。

【例16】现有800元，欲在12年后使其达到原来的2倍，选择投资机会时最低可接受的报酬率为多少？

已知 $F=800\times2=1\ 600$，$P=800$，$n=12$。

根据公式（2－20）可得

$$i=\left(\frac{F}{P}\right)^{1/n}-1=\left(\frac{1\ 600}{800}\right)^{1/12}-1=\sqrt[12]{2}-1=0.06$$

或根据公式（2－4）可得

$$F=P\cdot(1+i)^n=P\cdot(F/P,\ i,\ n)$$

$$1\ 600=800\times(1+i)^{12}$$

$$(1+i)^{12}=2$$

$$(F/P,\ i,\ 12)\ =2$$

通过查“复利终值系数表”，在 $n=12$ 的行中寻找2，对应的 i 值为6%，即（F/P，6%，12）=2。

所以 $i=6\%$，即投资机会的最低报酬率为6%，才能使现有货币在12年后达到原来的2倍。

【例16】中的第二种计算方法是利用了系数表来进行折现率的推算。对于一次性收付款项，若应用查表法求 i，可先计算出 F/P 的值，设其为 α，然后查“复利终值系数表”（见附录1）；或计算 P/F 的值，设其为 α，然后查“复利现值系数表”（见附录1）。若系数能够直接在表中查到，此法较为简单；若不能直接查到，还需采用内插法来进行计算。

永续年金折现率（利率）i 的计算很方便。若 P，A 已知，则根据公式 $P=A/i$，即可得到 i 的计算公式为：

$$i=A/P \tag{2-21}$$

普通年金折现率（利率）的推算较为复杂，无法直接套用公式，必须利用有关的系数表，有时还会涉及内插法的运用。下面着重对此加以介绍。

根据普通年金终值 F、年金现值 P 的计算公式可推算出年金终值系数（F/A，i，n）和年金现值系数（P/A，i，n）的算式为：

$$(F/A,\ i,\ n)=F/A \tag{2-22}$$

$$(P/A,\ i,\ n)=P/A \tag{2-23}$$

根据已知的 F，A 和 n，可先求出 F/A 的值，然后通过查“年金终值系数表”（见附录3），有可能在表中找到等于 F/A 的系数值，只要读出该系数所在列的 i 值，即为所求的 i。

同理，根据已知的 P，A 和 n，可先求出 P/A 的值，然后通过查“年金现值系数表”，就有可能求出 i 值。必要时可采用内插法求得。

若已知 P，A，n，计算 i，可按下列程序进行：

（1）计算出 P/A 的值，设 $P/A=\alpha$。

（2）查“普通年金现值系数表”。沿着已知 n 所在行横向查找，若恰好能找到某一数值等于 α，则该数值所在列相对应的利率即为所求的 i 值。

（3）若无法找到恰好等于 α 的系数值，就应在表中 n 行中找与 α 最接近的两个左右临界系数值，设为β_1，β_2（$\beta_1>\alpha>\beta_2$，或$\beta_1<\alpha<\beta_2$）。读出β_1，β_2所对应的临界利率i_1，i_2，然后进一步运用内插法。

（4）在内插法下，假定利率i同相关的系数在较小的范围内线性相关，因而可以根据临界系数β_1，β_2和根据临界利率i_1，i_2计算出i，其公式为：

$$\begin{array}{ll} i_1 & \beta_1 \\ i & \alpha \\ i_2 & \beta_2 \end{array}$$

$$\frac{i_1-i}{i_1-i_2}=\frac{\beta_1-\alpha}{\beta_1-\beta_2}$$

$$i=i_1+\frac{\beta_1-\alpha}{\beta_1-\beta_2}(i_2-i_1) \tag{2-24}$$

【例17】某企业于第一年初借款10 000元，每年年末还本付息额均为2 500元，连续5年还清。问借款利率为多少？

已知$P=10\ 000$，$A=2\ 500$，$n=5$，求i。

根据公式（2－23）可得

$$(P/A,\ i,\ n)=P/A=10\ 000\div 2\ 500=4$$

查$n=5$的“年金现值系数表”。在$n=5$一行中无法找到恰好为α的系数值，只能在该行找大于和小于α的临界系数值，分别为$\beta_1=4.100\ 2>4$，$\beta_2=3.992\ 7<4$。同时读出临界利率为$i_1=7\%$，$i_2=8\%$。则：

$$\frac{7\%-i}{7\%-8\%}=\frac{4.100\ 2-4}{4.100\ 2-3.992\ 7}$$

解方程得：

$$i=7\%+\frac{4.100\ 2-4}{4.100\ 2-3.992\ 7}\times(8\%-7\%)\approx 7.93\%$$

对于即付年金利率i的推算，仍可遵照上述方法。先求出F/A的值，令$\alpha=(F/A)+1$，然后沿（$n+1$）所在的行横向在“普通年金终值系数表”中查找，若恰好等于找到的α，则该系数值所在列对应的利率便为所求的i，否则需查找临界系数值和对应的临界利率，并应用内插法求出利率i。

（二）期间（Number of Period）的推算

期间n的推算，其原理和计算步骤与折现率（利率）i的推算类似。现以普通年金为例，说明在已知P，A，i的情况下，推算期间n的基本步骤：

（1）计算出P/A的值，并设$P/A=\alpha$。

（2）查“普通年金现值系数表”。沿着已知i所在列纵向查找，若恰好能找到某一数值等于α，则该数值所在的行相对应的n值即为所求的期间值。

（3）若无法找到恰好等于α的系数值，就应在该列中找与α最接近的上下两个临界系数值，设为β_1，β_2以及相对应的临界期间n_1，n_2，然后进一步运用内插法求n。其公式为：

$$n=n_1+\frac{\beta_1-\alpha}{\beta_1-\beta_2}(n_2-n_1) \tag{2-25}$$

上述在折现率以及期间推算的过程中，均有共同的特征，那就是对系数表的运用。系数表除了能够在已知利率、期限的条件下查找系数外，还能有哪些用途？请大家思考。

（三）名义利率（Nominal Interest Rate）与实际利率（Effective Interest Rate）的换算

前面讨论的有关计算均有一个假定，那就是利率均为年利率，每年复利一次。但实际上，复利的计息期间不一定是一年，有可能是半年、季度、月份或日。比如某些债券半年计息一次；有的抵押贷款每月计息一次；银行之间拆借资金均为每天计息一次。当每年计息次数超过一次时，给出的年利率叫名义利率，每年只复利一次的年利率才是实际利率。

对于一年内多次复利的情况，可采用两种方法计算时间价值。

第一种方法是运用计算公式将名义利率调整为实际利率，然后按实际利率计算时间价值。其计算公式是：

$$i=(1+r/m)^m-1 \qquad (2-26)$$

式中：i——实际利率；r——名义利率；m——每年复利次数。

【例 18】本金 1 000 元，投资 5 年，年利率为 8%，每季度复利一次，计算到期本利和。

已知 $P=1\,000$，$n=5$，$r=8\%$，$m=4$

根据公式（2－26）可得

$$i=(1+r/m)^m-1=(1+8\%/4)^4-1=8.24\%$$

$$F=P(1+i)^n=1\,000\times(1+8.24\%)^5=1\,485.73\text{（元）}$$

5 年后到期本利和为 1 485.73 元。

此种方法在计算过程中的缺点是经过调整的实际利率往往带有小数点，不利于查表进行计算。因此我们还可以尝试采用其他方法。

第二种方法是不计算实际利率，而是直接调整有关指标，通过调整，利率变为 r/m，期数相应变为 $m\times n$。此种做法可以直接利用系数表进行计算，容易操作。其计算公式为：

$$F=P(1+r/m)^{m\times n} \qquad (2-27)$$

利用例 18 的有关数据，用第二种方法计算本利和。可以看作利率为 2%，期数为 20 期，本金 1 000 元，求本利和。

根据公式（2－27）可得

$$\begin{aligned}F&=P(1+r/m)^{m\times n}=1\,000\times(1+8\%/4)^{5\times4}=1\,000\times(1+2\%)^{20}\\&=1\,000\times1.485\,9\\&=1\,485.9\text{（元）}\end{aligned}$$

则本利和为 1 485.9 元。

任务二 风险的衡量与风险报酬的计算

风险是一个非常重要的财务概念。任何决策都有风险，这使得风险观念在理财中更具有普遍意义。财务活动经常是在有风险的情况下进行的，承担风险，就要求得到相应的额外收益。投资者由于冒风险进行投资而要求的超过资金时间价值的额外收益，就称为投资的风险价值，也称为风险收益或风险报酬。我们这里所讲的风险，主要是指投资风险，与投资活动密切相关。投资活动是一种典型的风险活动，而且这种风险属于投机性风险，既有可能获得收益，也有可能发生损失。投资活动之所以具有风险，是因为投资活动具有以下风险特征：

（1）投资收益具有不确定性。

（2）投资活动具有周期性与时滞性。

（3）投资活动具有投资预测的不准确性。

企业理财时，必须研究风险，计量风险并设法控制风险，以求最大限度地扩大企业财富。因此，有人说“时间价值和风险价值是财务管理中最重要的两个基本原则”，也有人说“时间价值是理财的第一原则，风险价值是理财的第二原则”。那么，什么是风险？投资的风险如何计量？特定的风险需要多少报酬来补偿？这些是本任务主要讨论的内容。

一、风险的概念与类别

（一）风险的概念

风险（Risk）是指某一行动的结果具有多样性。在风险存在的情况下，人们只能实现估计到采取某种行动可能导致的结果，以及每种结果出现可能性的大小，而行动的真正结果如何，事先无法预知。例如，我们在预计一个投资项目报酬时，不可能十分精确，也没有百分之百的把握，而且可能会发生人们预想不到同时还无法控制的变化，这就是风险。

（二）风险的类别

1. 按投资主体的不同，风险分为市场风险和公司特有风险两类

市场风险又称为系统风险或不可分散风险，是影响所有资产的、不能通过风险分散而消除的风险。这部分风险是由那些影响整个市场的风险因素所引起的。这些因素包括宏观经济形势的变动、国家经济政策的变化、税制改革、企业会计准则改革、世界能源状况、政治因素等。

公司特有风险又称为非系统性风险或可分散风险，是指可以通过资产组合而分散掉的风险。它是由于某种特定原因对某种特定资产收益率造成影响的可能性。它是特定企业或特定行业所特有的，与政治、经济和其他影响所有资产的市场因素无关。

2. 按形成原因的不同，风险分为经营风险和财务风险两类

经营风险是指因生产经营方面的原因给企业目标带来不利影响的可能性，如由于原材料供应地的政治经济情况变动、新材料的出现等因素给企业带来的供应风险，由于生产组织的不合理而带来的生产方面的风险，由于销售决策的失误带来的销售方面的风险。

财务风险又称筹资风险，是指由于举债而给企业目标可能带来的影响。企业举债经营，全部资金除自有资金外还有部分借入资金，这会对自有资金的获利能力造成影响；同时，借入资金还需还本付息，一旦企业无力偿还到期的债务本息，便会陷入财务困境甚至破产。当企业息税前资金利润率高于借入资金利息率时，使用借入资金获得的利润还有剩余，因而使自有资金利润率提高。但是，若企业息税前资金利润率低于借入资金利息率时，使用借入资金获得的利润还不够支付利息，这就需要动用自有资金来支付利息，从而使自有资金利润率降低。用自有资金偿付利息，可能使企业产生亏损。若亏损严重，财务状况恶化，丧失支付能力，就会出现无法还本付息甚至导致破产的危险。

二、风险衡量

风险客观存在并广泛影响着企业的财务和经营活动。因此正视风险并量化风险程度，对风险进行较为准确的衡量，便成为企业财务管理中的一项重要工作。由于风险本身不易计量，要计算在一定风险条件下的投资收益，通常会采用概率论的方法，通过概率分布的确定、期望值以及离散程度的计算来进行衡量。

（一）确定概率分布（Probability）

在经济活动中，某一事件在相同条件下可能发生也可能不发生，这类事件称为随机事件。概率就是用百分数或小数来表示随机事件发生可能性大小的数值。必然发生为1，不可能发生为0。例如，抛一个硬币，50%的机会是正面朝上，那就有50%的机会是反面朝上。如果把所有可能的实践或结果都列示出来，且每一事件都给予一种概率，把它们列示在一起，便构成了概率分布。抛硬币的概率分布如表2－5所示。

表2－5　抛硬币概率分布图

可能出现的结果（i）	概率（P_i）
正面朝上	0.5＝50%
反面朝上	0.5＝50%
合　　计	1.00＝100%

概率分布必须符合以下两个要求：

（1）所有的概率 P_i 都应在0和1之间，即 $0 \leq P_i \leq 1$。

（2）所有的结果概率之和应等于1，即 $\sum_{i=1}^{n} P_i = 1$，这里 n 为可能出现的结果的个数。

（二）计算期望值

期望值是一个概率分布中的所有可能结果，以各自相应的概率为权数计算的加权平均值，是加权平均的中心值，是反映集中趋势的一种量度。通常用符号 $\overline{E}$ 表示，其计算公式如下：

$$\overline{E} = \sum_{i=1}^{n} X_i P_i \tag{2-28}$$

【例19】ABC公司有两个投资机会，甲投资机会是一个高科技项目，该领域竞争很激烈，如果经济发展迅速，并且该项目搞得好，取得较大市场占有率，利润会很大，否则利润会很小甚至亏损。乙投资机会是一个老产品且是必需品，销售前景可以准确预测出来，假设未来的经济情况只有三种：繁荣、正常、衰退。有关的概率分布和预期报酬率如表2－6所示。

表2－6 甲、乙投资机会报酬率的概率分布

经济情况	发生概率	甲的预期报酬率	乙的预期报酬率
繁荣	0.3	90%	20%
正常	0.4	15%	15%
衰退	0.3	－60%	10%
合计	1.0	—	—

要求：计算并分析应进行哪一项投资。

根据公式（2－28）可得

$$\overline{E}_{甲} = \sum_{i=1}^{n} X_i P_i = 0.3 \times 0.9 + 0.4 \times 0.15 + 0.3 \times (-0.6) = 15\%$$

$$\overline{E}_{乙} = \sum_{i=1}^{n} X_i P_i = 0.3 \times 0.2 + 0.4 \times 0.15 + 0.3 \times 0.1 = 15\%$$

从计算结果看，两种方案的期望报酬率相同，那是否可以认为两个项目是等同的呢？我们还需要进一步了解哪种投资方案的风险程度小，在期望报酬相同条件下风险小的方案才是最优方案。如何反映风险程度的大小呢？我们还需要了解概率分布的离散情况，即计算标准差和标准离差率。

（三）离散程度

离散程度是用以衡量风险大小的统计指标。一般来说，离散程度越大，风险越大；离散程度越小，风险越小。反映随机变量离散程度的指标通常有平均差、方差、标准差、全距，常用的主要有标准离差和标准离差率。

1．标准离差（Standard Deviation）

标准离差也叫均方差，是各种可能的报酬率偏离期望报酬率的综合差异，是反映离散程度的一种量度。其计算公式为：

$$\sigma = \sqrt{\sum_{i=1}^{n} (X_i - \overline{E})^2 \cdot P_i} \tag{2-29}$$

【例20】仍以例19中的数据为例，计算甲、乙两个方案预计报酬率与期望报酬率的标准离差。

根据公式（2－29）可得

$$\sigma_{甲} = \sqrt{\sum_{i=1}^{n}(X_i - \overline{E})^2 \cdot P_i}$$

$$= \sqrt{(0.9-0.15)^2 \times 0.3 + (0.15-0.15)^2 \times 0.4 + (-0.6-0.15)^2 \times 0.3}$$

$$= 58.09\%$$

$$\sigma_{乙} = \sqrt{\sum_{i=1}^{n}(X_i - \overline{E})^2 \cdot P_i}$$

$$= \sqrt{(0.2-0.15)^2 \times 0.3 + (0.15-0.15)^2 \times 0.4 + (0.10-0.15)^2 \times 0.3}$$

$$= 3.87\%$$

从计算结果可以看出，甲方案的标准离差为58.09%，乙方案的标准离差为3.87%，在期望值均为15%的情况下，乙方案的标准离差较小，意味着风险较小，所以应选择乙方案。

在这里需要注意的是：标准离差是以绝对数衡量决策方案的风险，在期望值相同的情况下，标准离差越大，风险越大；反之，标准离差越小，风险越小。

2. 标准离差率（Rate of Standard Deviation）

标准离差率是标准离差同期望值之比，通常用符号 V 表示，其计算公式为：

$$V = \sigma / \overline{E} \times 100\% \tag{2-30}$$

标准离差是一个反映随机变量离散程度的绝对值指标，若期望值相同，可以比较不同的方案的 σ，但它不能用来比较期望值不同的方案的风险程度。对于期望值不同的方案风险程度的比较，只能借助于标准离差率这一相对指标。在期望值不同的情况下，标准离差率越大，风险越大；反之，标准离差率越小，风险越小。

【例21】仍以例19中的有关数据为依据，分别计算甲、乙投资机会的标准离差率。

根据公式（2-30）可得

$$V_{甲} = 58.09\% \div 15\% \times 100\% = 387.27\%$$

$$V_{乙} = 3.87\% \div 15\% \times 100\% = 25.8\%$$

据计算结果，乙方案风险较小。

在此例中甲投资机会和乙投资机会的期望报酬率均为15%，可以直接根据标准离差来比较两个项目的风险水平。但若比较项目的期望收益率不同，则一定要计算标准离差率才能进行比较。

三、风险报酬系数和风险报酬率

资金的时间价值是投资者在无风险条件下进行投资所要求的报酬率。它是以确定的报酬率为计算依据的，也就是以肯定的收益为条件的。但是企业的理财活动总是处于或大或小的风险之中，风险程度的大小虽然能够通过标准离差衡量，但它不能准确计算出企业冒风险投资所获得的报酬的大小，即风险报酬率。因此，我们还需要运用一个指标将对风险的评价转化为报酬率指标，这个指标就是风险报酬系数，也叫风险价值系数。

风险报酬率、风险报酬（价值）系数和标准离差率之间的关系，如公式（2-31）所示。

$$R_R = b \cdot V \tag{2-31}$$

式中：R_R——风险报酬率；b——风险报酬（价值）系数；V——标准离差率。

在不考虑通货膨胀的情况下，投资的总收益率 R 可表示为：

$$R = R_F + R_R = R_F + bV \tag{2-32}$$

式中：R——投资报酬率；R_F——无风险报酬率。

无风险报酬率就是加上通货膨胀补贴后的资金时间价值，西方一般把投资于国库券的报酬视为无风险报酬率。

风险报酬（价值）系数是将标准离差率转化为风险报酬的一种系数。其数学意义是指该项投资的风险报酬率占该项投资的标准离差率的比率。

【例22】仍用例19的数据，并假设无风险报酬率为10%，风险报酬系数为10%，两个项目的风险报酬率和投资报酬率为：

项目甲的风险报酬率 $= bV = 10\% \times 387.27\% = 38.727\%$

项目甲的投资报酬率 $= R_F + bV = 10\% + 38.727\% = 48.727\%$

项目乙的风险报酬率 $= bV = 10\% \times 25.8\% = 2.58\%$

项目乙的投资报酬率 $= R_F + bV = 10\% + 2.58\% = 12.58\%$

从计算结果可以看出，项目甲的投资报酬率高于项目乙的投资报酬率，如果仅从投资报酬率来看项目甲是一个更好的选择。

在实际工作中，关于风险报酬（价值）系数的确定，有如下几种方法：

（1）根据以往的同类项目加以确定。风险报酬（价值）系数 b，可以参照以往同类投资项目的历史资料，运用前述有关公式来确定。例如，某企业准备进行一项投资，此类项目含风险报酬率的投资报酬率为20%左右，其报酬率的标准离差率为120%，无风险报酬率为8%，则由公式 $R = R_F + bV$ 可得：

$$b = \frac{R - R_F}{V} = \frac{20\% - 8\%}{120\%} = 10\%$$

需要注意的是，此种方法必须是在历史资料比较充分的情况下才能使用。

（2）由企业领导或企业组织有关专家确定。这种方法的使用是因为缺乏历史资料，所以就由企业领导，如总经理、财务副总经理、总会计师、财务主任等根据经验加以确定，也可由企业组织有关专家确定。实际上，风险价值系数的确定，在很大程度上取决于各公司对风险的态度。敢于承担风险的公司往往把 b 值定得低些；反之，较为稳健的公司常常将 b 值定得高些。

（3）由国家有关部门组织专家确定。国家有关部门如财政部、国家银行等组织专家，根据各行业的条件和有关因素，确定各行业的风险价值系数，由国家定期公布，作为国家参数供投资者参考。

四、风险对策

风险对策是在风险识别和风险评估的基础上，根据投资主体的风险态度，制定应对风险的策略和措施。

任何一个投资项目都会有风险，如何面对风险，人们有不同的选择。一是不畏风险，为了获取高收益而甘愿冒高风险；二是一味回避风险，绝不干有风险的事，因此也就失去了获得高收益的机会；三是客观地面对风险，采取措施，设法降低、规避、分散或防

范风险。即使是做第一种选择，也不是盲目地冒风险，而是要尽可能地降低、规避、分散或防范风险。就投资项目而言，应对风险的常用策略和措施有以下四种。

（一）风险回避

风险回避是投资主体完全规避风险的一种做法，即断绝风险的来源。对于投资项目的决策而言，风险回避意味着否决项目或推迟项目的实施。例如，风险分析显示某产品的市场存在严重风险，若采取回避风险的对策，就会做出缓建或放弃项目的决策。这样在规避风险损失的同时也丧失了获取潜在收益的可能性。因此，只有在对风险的存在和发生，对风险损失的严重性有把握的情况下才考虑采用风险回避对策。一般来说，风险回避可用于以下情况：

（1）风险可能造成的损失相当大，项目实现的收益根本无法抵补，且发生的频率相当高。

（2）风险损失无法转移，或者其他风险防范对策的代价非常昂贵。

（3）存在可以实现同样目标的其他方案，且风险较低。

（4）投资主体厌恶风险。

（二）风险控制

风险控制是针对风险采取的防止风险发生、减少风险损失的对策。风险控制不是放弃风险，而是通过制订计划和采取各项有效措施来降低风险出现的可能性或减少风险造成的损失。风险控制是绝大多数项目广泛采用的主要风险对策。

风险控制必须根据项目的具体情况提出有针对性的措施。通常，风险控制措施可以按控制阶段分为事前控制、事中控制和事后控制。事前控制的目的在于降低风险出现的概率，事中控制和事后控制的目标主要是减少风险损失的程度。

（三）风险转移

风险转移是指通过一定的方式将可能面临的风险转移给他人，以降低甚至减免投资主体的风险程度。风险转移有两种方式：一是将风险源转移出去，二是将风险损失转移出去。就投资项目而言，第一种方式实质上是风险回避的一种特殊形式。第二种方式包括向专业性保险公司投保，采取合资、联营、增发新股、发行债券、联合开发等措施实现风险共担，通过技术转让、特许经营、战略联盟、租赁经营和业务外包等方式实现风险转移。风险转移的主要形式是保险和合同。

（四）风险自留

风险自留就是投资主体将风险损失留给自己承担。风险自留适用于以下两种情况：

（1）已知有风险，但由于冒风险可能获得相应的利益，必须保留和承担这种风险。如股票投资，投资者知道投资股票有风险，但冒风险可能获得高额收益，所以还要保留和承担这个风险。

（2）已知有风险，但若采取某种风险对策措施，其费用支出高于自留风险的损失，投资主体常常会自动自留风险。

案例分析

事实上，只要借助于复利公式，同学们完全可以通过计算而做出判断。

在第一个100年末富兰克林的财产应增加到 $F=1\ 000\times(F/P,\ 5\%,\ 100)=131\ 501$（英镑），比遗嘱中写的还多出501英镑。在第二个100年末，遗产就更多了，达到 $F=31\ 501\times(F/P,\ 5\%,\ 100)=4\ 142\ 421$（英镑）。可见富兰克林的遗嘱是有科学根据的。

遗嘱故事启示我们：在指数效应下，微薄的财产，低廉的利率，经过时间可以产生巨大的变化。

职业能力训练

一、单项选择题

1. 某人希望在5年末取得本利和20 000元，则在年利率为2%、单利计息的方式下，此人现在应当存入银行（　　）元。

A. 18 114　　B. 18 181.82　　C. 18 004　　D. 18 000

2. 某人目前向银行存入1 000元，银行存款年利率为2%，在复利计息的方式下，5年后此人可以从银行取出（　　）元。

A. 1 100　　B. 1 104.1　　C. 1 204　　D. 1 106.1

3. 某人进行一项投资，预计6年后会获得收益880元，在年利率为5%的情况下，这笔收益的现值为（　　）元。

A. 4 466.62　　B. 656.66　　C. 670.56　　D. 4 455.66

4. 企业有一笔5年后到期的贷款，到期值是15 000元，假设贷款年利率为3%，则企业为偿还借款建立的偿债基金为（　　）元。

A. 2 825.34　　B. 3 275.32　　C. 3 225.23　　D. 2 845.34

5. 某人分期购买一辆汽车，每年年末支付10 000元，分5次付清，假设年利率为5%，则该项分期付款相当于现在一次性支付（　　）元。

A. 55 256　　B. 43 259　　C. 43 295　　D. 55 265

6. 某企业进行一项投资，目前支付的投资额是10 000元，预计在未来6年内收回投资，在年利率是6%的情况下，为了使该项投资是合算的，那么企业每年至少应当收回（　　）元。

A. 1 433.63　　B. 1 443.63　　C. 2 023.64　　D. 2 033.64

7. 某一项年金前4年没有流入，后5年每年年初流入1 000元，则该项年金的递延期是（　　）年。

A. 4　　B. 3　　C. 2　　D. 1

8. 某人拟进行一项投资，希望进行该项投资后每半年都可以获得1 000元的收入，年收益率为10%，则目前的投资额应是（　　）元。

A. 10 000　　B. 11 000　　C. 20 000　　D. 21 000

9. 某人在第1年、第2年、第3年年初分别存入1 000元，年利率2%，单利计息的情况下，在第3年年末此人可以取出（　　）元。

A. 3 120　　B. 3 060.4　　C. 3 121.6　　D. 3 130

10. 已知利率为10%的一期、两期、三期的复利现值系数分别是0.909 1，0.826 4，

0.751 3，则可以判断利率为10%，3年期的年金现值系数为（　　）。

A. 2.543 6　　B. 2.486 8　　C. 2.855　　D. 2.434 2

11. 某人于第1年年初向银行借款30 000元，预计在未来每年年末偿还借款6 000元，连续10年还清，则该项贷款的年利率为（　　）。

A. 20%　　B. 14%　　C. 16.13%　　D. 15.13%

12. 某人拟进行一项投资，投资额为1 000元，该项投资每半年可以给投资者带来20元的收益，则该项投资的年实际报酬率为（　　）。

A. 4%　　B. 4.04%　　C. 6%　　D. 5%

13. 甲项目收益率的期望值为10%，标准差为10%，乙项目收益率的期望值为15%，标准差为10%，则可以判断（　　）。

A. 由于甲乙项目的标准差相等，所以两个项目的风险相等

B. 由于甲乙项目的期望值不等，所以无法判断二者的风险大小

C. 由于甲项目期望值小于乙项目，所以甲项目的风险小于乙项目

D. 由于甲项目的标准离差率大于乙项目，所以甲项目风险大于乙项目

14. 资金的时间价值是指（　　）。

A. 现在所拥有的资金在将来投资时所能获得的收益

B. 资金随着时间的推移本身能够增值

C. 资金在生产和流通过程中随时间推移而产生的增值

D. 可用于储蓄或贷款的资金在储蓄或贷款时所产生的利息

15. 某投资者购买了1 000元的债券，期限3年，年利率10%，到期一次还本付息，按照复利法，则3年后该投资者可获得的利息是（　　）元。

A. 220　　B. 300　　C. 100　　D. 331

16. 某项目计息周期为半年，名义年利率为8%，则项目的实际年利率为（　　）。

A. 4%　　B. 8%　　C. 8.16%　　D. 16.64%

17. 某企业于年初存入银行10 000元，期限为5年，假定年利息率为12%，每年复利两次。已知（F/P，6%，5）=1.338 2，（F/P，6%，10）=1.790 8，（F/P，12%，5）=1.762 3，（F/P，12%，10）=3.105 8，则第5年末可以收到的利息为（　　）元。

A. 17 908　　B. 17 623　　C. 7 908　　D. 7 623

18. 在下列各项资金时间价值系数中，与资本回收系数互为倒数关系的是（　　）。

A.（P/F，i，n）　　B.（P/A，i，n）

C.（F/P，i，n）　　D.（F/A，i，n）

19. 已知（F/A，10%，9）=13.579，（F/A，10%，11）=18.531。则10年、10%的即付年金终值系数为（　　）。

A. 17.531　　B. 15.937　　C. 14.579　　D. 12.579

20. 在10%利率下，一至五年期的复利现值系数分别为0.909 1，0.826 4，0.751 3，0.683 0，0.620 9，则5年期的即付年金现值系数为（　　）。

A. 3.790 7　　B. 4.790 7　　C. 5.229 8　　D. 4.169 8

21. 有一项年金，前4年无流入，后6年每年年初流入100万元，假设年利率为10%，其现值为（　　）万元。

A. 297.47　　B. 327.21　　C. 435.53　　D. 316.99

二、多项选择题

1. 年金是指一定时期内每期等额收付的系列款项，下列各项中属于年金形式的是（　　）。

A. 按照直线法计提的折旧　　B. 等额分期付款

C. 融资租赁的租金　　D. 养老金

2. 某人决定在未来5年内每年年初存入银行1 000元（共存5次），年利率为2%，则在第5年年末能一次性取出的款项额计算正确的是（　　）。

A. 1 000×(F/A, 2%, 5)

B. 1 000×(F/A, 2%, 5)×(1+2%)

C. 1 000×(F/A, 2%, 5)×(F/P, 2%, 1)

D. 1 000×[(F/A, 2%, 6) −1]

3. 某项年金前3年没有流入，从第4年开始每年年末流入1 000元共计4次，假设年利率为8%，则该递延年金现值的计算公式正确的是（　　）。

A. 1 000×(P/A, 8%, 4)×(P/F, 8%, 4)

B. 1 000×[(P/A, 8%, 8)−(P/A, 8%, 4)]

C. 1 000×[(P/A, 8%, 7)−(P/A, 8%, 3)]

D. 1 000×(F/A, 8%, 4)×(P/F, 8%, 7)

4. 下列说法正确的是（　　）。

A. 普通年金终值系数和偿债基金系数互为倒数

B. 普通年金终值系数和普通年金现值系数互为倒数

C. 复利终值系数和复利现值系数互为倒数

D. 普通年金现值系数和资本回收系数互为倒数

5. 递延年金具有如下特点（　　）。

A. 年金的第一次收付发生在若干期以后　　B. 没有终值

C. 年金的现值与递延期无关　　D. 年金的终值与递延期无关

6. 下列递延年金现值的计算式中正确的有（　　）。

A. $P=A\times(P/A, i, n)\times(P/F, i, m)$

B. $P=A\times(P/A, i, n)\times(1+i)^{-m}$

C. $P=A\times[(P/A, i, m+n)-(P/A, i, m)]$

D. $P=A\times(F/A, i, n)\times(P/F, i, n+m)$

三、判断题

1. 资金时间价值相当于没有风险情况下的社会平均资金利润率。(　　)

2. 利率不仅包含时间价值，而且也包含风险价值和通货膨胀补偿率。(　　)

3. 每半年付息一次的债券利息是一种年金的形式。(　　)

4. 即付年金的现值系数是在普通年金的现值系数的基础上系数加1、期数减1得到的。(　　)

5. 递延年金有终值，终值的大小与递延期是有关的，在其他条件相同的情况下，递延期越长，则递延年金的终值越大。(　　)

6. 已知（F/P，3%，6）=1.1941，则可以计算出（P/A，3%，6）=3.47。(　　)

7. 某人贷款5 000元，该项贷款的年利率是6%，每半年计息一次，则3年后该项贷款的本利和为5 955元。(　　)

8. (F/A，10%，4)+(F/P，10%，4)=(F/A，10%，5)。(　　)

四、计算题

1. 某人决定分别在2002年、2003年、2004年和2005年各年的1月1日分别存入5 000元，按10%利率，每年复利一次，要求计算2005年12月31日的余额是多少?

2. 某公司拟租赁一间厂房，期限是10年，假设年利率是10%，出租方提出以下几种付款方案：

(1) 立即付全部款项共计20万元；

(2) 从第4年开始每年年初付款4万元，至第10年年初结束；

(3) 第1到第8年每年年末支付3万元，第9年年末支付4万元，第10年年末支付5万元。

要求：通过计算回答该公司应选择哪一种付款方案比较合算。

3. 某公司拟进行一项投资。目前有甲、乙两种方案可供选择。如果投资于甲方案，其原始投资额会比乙方案高60 000元，但每年可获得的收益比乙方案多10 000元。假设该公司要求的最低报酬率为12%，方案的持续年限为n年，分析n处于不同取值范围时应当选择哪一种方案。

4. 某企业有甲、乙两个投资项目，计划投资额均为1 000万元，其收益率的概率分布如表2－7所示：

表2－7

市场状况	概率	收益率	
		甲项目	乙项目
好	0.3	20%	30%
一般	0.5	10%	10%
差	0.2	5%	－5%

要求：

(1) 分别计算甲、乙两个项目收益率的期望值；

(2) 分别计算甲、乙两个项目收益率的标准差；

(3) 比较甲、乙两个投资项目风险的大小；

(4) 如果无风险收益率为6%，甲项目的风险价值系数为10%，计算甲项目投资的总报酬率。

五、案例分析题

周教授是中国科学院院士，某天收到一家上市公司的邀请函，邀请他担任公司的技术顾问，指导开发新产品。邀请函的具体条件有如下几点。

（1）每个月来公司指导工作一天。

（2）每年聘金 10 万元。

（3）提供公司所在地住房一套，价值 100 万元。

（4）在公司至少工作 5 年。

周教授对上述工作待遇很感兴趣，对公司开发的新产品也很有研究，决定接受这份工作。但他不想接受住房，因为每月工作一天，只需要住公司招待所就可以了。因此，他向公司提出，能否将住房改为住房补贴。公司研究了周教授的请求，决定可以每年年初给周教授补贴 25 万元住房补贴。

收到公司的通知后，周教授又犹豫起来。如果向公司要住房，可以将其出售，扣除售价 5% 的契税和手续费，他可以获得 95 万元；而若接受住房补贴，则可于每年年初获得 25 万元。

请结合案例资料讨论下列问题：

1．假设每年存款利率为 2%，则周教授应如何选择呢？

2．如果周教授本身是一个企业的业主，其企业的投资回报率为 32%，则周教授又应如何选择呢？

项目三 财务预算

知识目标

- 理解财务预算的概念、分类和作用。
- 了解固定预算、弹性预算等各种财务预算编制方法的含义及特征。
- 掌握财务预算的编制方法和程序。

能力目标

- 能够利用固定预算法和弹性预算法编制财务预算。
- 能够编制现金预算表。

案例导入

华润（集团）有限公司（下称“华润”）是隶属于国务院国资委管理的一家有 72 年发展历史的企业。在经过多年的实践和不断改进后，华润总结了一套旨在贯彻全面预算管理的运行体系，即 6S 管理体系。具体是指利润中心的编码体系、管理报告体系、预算体系、评价体系、审计体系和经理人考核体系等。

6S 管理体系的系统化构想是：以专业化管理为基本出发点，把集团及属下所有业务及资产分成多个利润中心，并逐一编制号码；每个利润中心按规定格式和内容编制管理会计报告，并汇总成为集团总体管理报告；在利润中心推行全面预算管理，将经营目标层层分解，落实到每个责任人每个月的经营上；根据不同利润中心的业务性质和经营现状，建立切实可行的业务评价体系，按评价结果确定奖惩；对利润中心经营及预算执行情况进行审计，确保管理信息的真实性；最后，对利润中心负责人进行每年一次的考核，逐步建立起选拔管理人员的科学程序。

6S 管理体系保证了集团全面预算管理的运行，是华润目前运用得最为成功的管理系统。2009 年年底，华润业绩再创新高，总资产达到 4 169 亿港元，营业额达 1 607 亿港元。这些成绩的取得都与华润不断推进专业化和加强竞争力的努力分不开。其中，6S 管理体系为华润管理的逐步形成发挥了重要作用。

企业财务管理是企业为了实现自己的经营目标，在一个时期内对企业内部的人财物进行统一调配和集中管理，并进行计划、协调、控制和业绩评价的一项重要的管理制度，它已成为现代企业管理中不可或缺的重要组成部分，是企业实现战略目标的重要手段之一。

20 世纪 20 年代，美国通用电器、杜邦与通用汽车等公司率先采用全面预算管理模式。这种管理模式迅速成为当时美国大型工商企业的标准作业程序。在美国，90% 以上的企业都要求实施预算管理；欧洲一些国家甚至要求 100% 的企业都做预算。近 10 年来，我国的大中型企业也逐步认识到全面预算管理的重要价值。据不完全统计，目前我国进入全球 500 强的 15 家企业绝大多数采用了全面预算管理制度，国有大中型企业实行全面预算管理的将近1/3。由此可见，预算管理已成为现代企业管理中不可或缺的重要组成部分。

◉请分析：

预算管理的目的和意义何在？

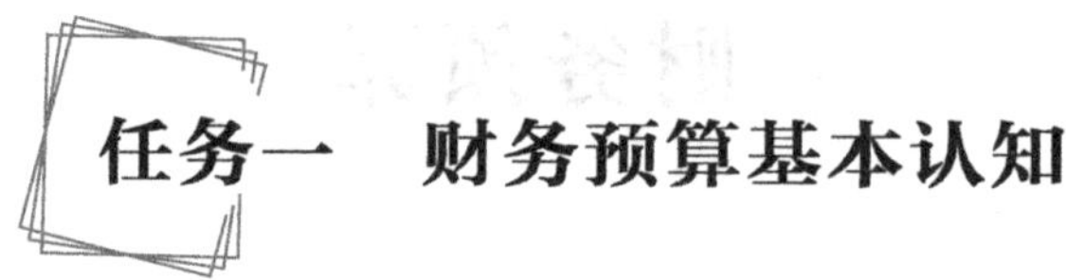

任务一　财务预算基本认知

一、财务预算的定义

预算是计划工作的成果，是在预测、决策的基础上，以金额和数量的形式反映企业未来一定时期内经营、投资、财务等活动的具体计划，是为实现企业目标而对各种资源和企业活动做的详细规划。预算作为一种数量化的详细规划，是对未来活动细致、周密的安排，是未来经营活动的依据。

企业在一定期间内生产经营活动的全面预算，是企业经营决策所定目标的数量表现，企业全面预算体系是由业务预算、专门决策预算和财务预算组成的一个有机联系的整体。

财务预算又称总预算，是一系列专门反映企业未来一定预算期内预计财务状况和经营成果，以及现金收支等价值指标的各种预算的总称。财务预算作为全面预算体系的重要组成部分，它从价值方面总括地反映企业业务预算和专门决策预算的结果，在全面预算体系中占有举足轻重的地位。

二、财务预算的作用

（一）财务预算有助于促进经营目标的实现

进行财务预算可以有效控制实际经营过程，及时发现问题并调整不良偏差，防止经营活动随心所欲，通过有效的方式实现预期目标。财务预算具有规划、控制、引导企业经济活动有序进行，以最经济有效的方式实现预定目标的功能。

（二）财务预算可以实现企业内部各部门之间的协调

在现代企业财务管理中，财务预算能全面、综合地协调与规划企业内部各部门的经济关系与职能，使之统一服从于未来经营总体目标的要求，财务预算能使决策目标具体化、系统化和定量化，能够明确规定企业有关生产经营人员的职责和奋斗目标。

（三）财务预算可以作为经营业绩考核的标准

财务预算作为企业财务活动的行为标准，使各项活动的实际执行有章可循。财务预算可以作为各部门业务责任考核的依据，经过分解落实的预算规划目标能与部门、责任人的业绩考评结合起来，成为奖勤罚懒、评估优劣的准绳。

三、财务预算的分类

（一）根据内容不同，企业预算可以分为业务预算、专门决策预算和财务预算

业务预算是指与企业日常经营活动直接相关的经营业务的各种预算，它主要包括销售预算、生产预算、直接材料预算、直接人工预算、制造费用预算、产品成本预算、销售费用预算和管理费用预算等。

专门决策预算是指企业不经常发生的、一次性的重要决策预算。专门决策预算直接反映相关决策的结果，是实际中选方案的进一步规划，如资本支出预算。

财务预算是企业在计划期内反映有关预计现金收支、财务状况和经营成果的预算，主要包括现金预算和预计财务报表。

（二）按预算指标覆盖的时间长短，财务预算可以分为短期预算和长期预算

通常将预算期在1年以内（含1年）的预算称为短期预算，预算期在1年以上的预算称为长期预算。预算的编制时间可以视预算的内容和实际需要而定，可以是1周、1月、1季或若干年等。在预算过程中，往往应该结合各项预算的特点，将长期预算和短期预算结合使用。一般情况下，企业的业务预算和财务预算多为1年期的短期预算，年内再按季或月细分，而且预算期间往往与会计期间保持一致。

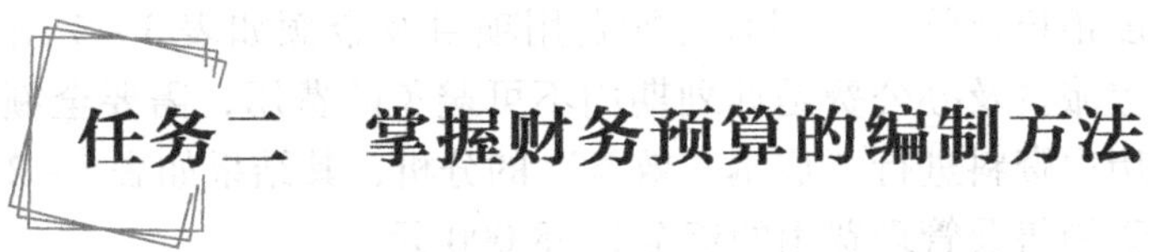

任务二　掌握财务预算的编制方法

一、增量预算法和零基预算法

按其出发点的特征不同，编制预算的方法可以分为增量预算法和零基预算法。

（一）增量预算法

增量预算法是指以基期成本费用水平为基础，结合预算期业务量水平及有关降低成本的措施，通过调整有关费用项目编制预算的方法。

增量预算法以过去的费用发生水平为基础，主张不需要在预算内容上做较大的调整，它的编制必须遵循一定的假设前提：

（1）企业现有业务活动是合理的，不需要进行调整。

（2）企业现有各项业务的开支水平是合理的，在预算期内予以保持。

（3）以现有业务活动和各项活动的开支水平，确定预算期各项活动的预算数。

增量预算法的缺点是可能导致无效费用开支项目无法得到有效的控制。因其受原有费用项目限制，可能导致保护落后，容易滋生预算中的“平均主义”和“简单化”，不利于企业未来的发展。增量预算法主要适用于在预算期由于某些采购项目的实现而相应增加的支出项目，如预算单位计划在预算年度采购汽车，从而引起的相关燃油费、保险费等采购项目支出预算的增减。

【例1】某公司上年的制造费用为100 000元，预计本年度生产任务增加10%，按增量预算法编制计划年度的制造费用。

计划年度制造费用预算 = 100 000 ×（1 + 10%）= 110 000（元）

（二）零基预算法

零基预算法是以零为基础的编制计划和预算的方法的简称，它不考虑以往会计期间所发生的费用项目或费用数额，而是一切以零为出发点，根据实际需要逐步审议预算期内各项费用的内容及开支标准是否合理，在综合平衡的基础上编制费用预算。

零基预算法编制的程序如下：

（1）企业各部门根据计划期的生产经营目标和任务，详细列出在计划期内需要发生哪些费用项目，明确说明费用开支的目的性以及需要开支的费用数额。

（2）划分不可避免费用项目和可避免费用项目。在编制预算时，对于不可避免费用项目必须保证资金供应，对于可避免费用项目则需要逐项进行成本与效益分析，尽量控制可避免费用项目纳入预算当中。

（3）划分不可延缓费用项目和可延缓费用项目。在编制预算时，应该把预算期内可供支配的资金在各费用项目之间进行分配，应该优先安排不可延缓费用项目的支出，然后再根据需要按照费用项目的轻重缓急确定可延缓费用项目的开支。

【例2】经过相关部门根据下年度企业的战略目标和本部门的任务反复研讨，一致认为远达公司的年度销售及管理费用有可能费用项目及金额如表3－1所示。通过讨论研究，房屋租金、差旅费及办公费是计划期内不可避免的费用，需要全额得到保证。广告费和培训费根据历史资料进行“成本—效益”的分析，其结果如表3－2所示，假定公司在预算期内可用于销售及管理费用的资金为38 000元。

表3－1　远达公司销售及管理费用

费用项目	广告费	培训费	房屋租金	差旅费	办公费
金额/元	10 000	8 000	10 000	9 000	8 000

表3－2　成本—效益分析表

明细项目	成本金额/万元	收益金额/万元	成本收益率/%
广告费	100	20	20
培训费	100	30	30

首先，将表3－1五项费用按其具体性质和轻重缓急，排出如下层次与顺序：

第一层次：房屋租金、差旅费及办公费属于不可避免费用项目，需要全额保证。

不可避免费用总额 = 10 000 + 9 000 + 8 000 = 27 000（元）

尚可分配资金总额 = 38 000 － 27 000 = 11 000（元）

第二层次：培训费和广告费属于可避免费用项目，可根据计划期间企业财力状况酌情增减，因为培训费的收益率大于广告费的收益率，所以培训费应该排在第二位，广告费排在第三位。

将企业尚可分配的资金总额按成本收益率的比例分配给培训费和广告费：

培训费可分配资金 = 11 000 × 30/(20 + 30) = 6 600（元）

广告费可分配资金 = 11 000 × 20/(20 + 30) = 4 400（元）

零基预算法的主要优点是：

（1）不受现有费用项目和开支水平的限制，可以促使企业合理有效地进行资源分配。

（2）能够调动企业各部门降低费用的积极性，有利于促使各部门合理使用资金。

（3）有利于推动企业未来发展。

零基预算法这种方法是一切从零出发，需要对企业现状和市场进行大量的调查研究，需要耗费大量的人力、物力和财力，编制工作量大。

二、固定预算法和弹性预算法

按其业务量基础的数量特征不同，编制预算的方法可以分为固定预算法和弹性预算法。

（一）固定预算法

固定预算法又称静态预算法，是指在编制预算时，只根据预算期内正常、可实现的某一固定业务量（如生产量、销售量）水平作为唯一基础来编制预算的方法。例如，某企业预计业务量为销售 60 000 件产品，按此业务量给销售部门的预算费用为 40 000 元，如果该销售部门实际销售量达到 64 000 件，超出了预算业务量，固定预算下的费用预算仍为 40 000 元。固定预算一般适用于固定费用或数额比较稳定的财务预算。

固定预算法虽然简便易行，但是它过于呆板，灵活性太差。在这种方法下，不管未来预算期内实际业务量水平是否发生波动，都只按事先预计的某一个确定的业务量水平作为编制预算的基础。同时这种方法可比性较差，当实际的业务量与编制预算所依据的业务量发生较大差异时，有关预算指标的实际数和预算数就会因业务量基础不同而失去可比性。

（二）弹性预算法

弹性预算法又称动态预算法，是在成本性态分析的基础上，依据业务量、成本和利润之间的联动关系，按照预算期内可能的一系列业务量（如生产量、销售量、工时等）水平编制系列预算的方法。

弹性预算法在按照成本习性分类的基础上，根据本量利之间的依存关系，考虑到预算期业务量可能发生的变动，编制出一套适应多种业务量的财务预算，以便分别反映在多种业务量情况下各预算项目的水平。弹性预算并不是只适用一个业务量的单一预算，而是能够随业务量水平变动而变动的一组预算。

弹性预算法是为了弥补固定预算法的缺陷而产生的，其适用范围较宽，且易于与实际业务量进行对比。弹性预算法适用于编制全面预算中所有与业务量有关的预算，实际中主要用于编制成本费用预算和利润预算。编制弹性预算所依据的业务量可以是生产量、销售量、材料消耗量、直接人工工时和机器工时等。

运用弹性预算法编制预算的基本步骤：

第一步：选择业务量的计量单位。选择一个最能代表企业或部门生产经营水平的业务量计量单位。制造单一产品的企业或部门可以选择产品实物量；制造多种产品的企业或部门可以选择人工工时、机器工时等。

第二步：确定适用的业务量范围。根据企业或部门业务量变化的实际情况，选择弹性预算的业务量范围。弹性预算的业务量范围一般限定在正常业务量能力的 70% ~ 110%，也可以用历史最高业务量和最低业务量作为其上限和下限。

第三步：逐项研究并确定各项成本和业务量之间的数量关系。

第四步：计算各项预算成本，并用一定的方式来表达。

弹性预算法又分为公式法和列表法两种具体方法：

1. **公式法**

公式法是运用总成本性态模型，根据成本与业务量之间的线性关系来编制弹性预算的方法。成本可以分为固定成本和变动成本，成本与业务量之间的线性关系，如式（3－1）所示：

$$Y = a + bx \tag{3-1}$$

式中：Y——总成本；x——业务量；b——单位变动成本；a——固定成本总额。

其中，如果确定了业务量 X 的变动范围，就可以在确定参数 a 和 b 的基础上，计算业务量允许范围内的任何水平的各项预算成本 Y。

【例 3】A 公司经过分析得出某种产品的制造费用与人工工时密切相关，采用公式法编制的制造费用预算表如表 3－3 所示。

表 3－3　制造费用预算（公式法）

业务量范围	520 ~ 760（人工工时）	
费用项目	固定费用/（元·月$^{-1}$）	变动费用/（元·人工工时$^{-1}$）
运输费用		0.3
电力费用		1.2
材料费用		0.3
修理费用	95	0.9
油料费用	120	0.2
折旧费用	400	
人工费用	200	
合计	815	2.9
备注	当业务量超过 700 工时后，修理费中的固定费用将由 95 元上升为 195 元	

本例中，针对制造费用而言：

（1）在业务量为 520 ~ 700 人工工时的情况下，$Y = 815 + 2.9x$

（2）在业务量为 700 ~ 760 人工工时的情况下，$Y = 915 + 2.9x$

如果业务量为 600 人工工时，则制造费用预算为 $815 + 2.9 \times 600 = 2\,555$（元）

如果业务量为 750 人工工时，则制造费用预算为 $915 + 2.9 \times 750 = 3\,090$（元）

公式法的优点是便于在一定范围内计算任何业务量的预算成本，可比性和适应性强，编制预算的工作量相对较小。缺点是按这种方法进行成本分解比较麻烦，对每个费用子

项目甚至细目逐一进行成本分解，工作量较大。另外，对于阶梯成本和曲线成本只能先用数学方法修正为直线，才能应用公式法。必要时，还需要在“备注”中说明适用不同业务量范围的固定费用和单位变动费用。

2. 列表法

列表法是在预计的业务量范围内将业务量分为若干个水平，然后按不同的业务量水平编制预算。列表法先要计算业务量范围内不同业务量的预算成本，然后将所计算的不同业务量预算成本用预算表列示出来。

【例4】根据表3－3，A公司采用列表法编制的2014年6月制造费用预算如表3－4所示。

表3－4 制造费用预算（列表法）

单位：元

业务量（直接人工工时）	520	580	640	700	760
占正常生产能力百分比/%	70	80	90	100	110
变动成本：					
运输费用（$b=0.2$）	104	116	128	140	152
电力费用（$b=1$）	520	580	640	700	760
材料费用（$b=0.1$）	52	58	64	70	76
合计	676	754	832	910	988
混合成本：					
修理费用	563	617	671	725	879
油料费用	224	236	248	260	272
合计	787	853	919	985	1 151
固定成本：					
折旧费用	400	400	400	400	400
人工费用	200	200	200	200	200
合计	600	600	600	600	600
总计	2 063	2 207	2 351	2 495	2 739

在表3－4中，分别列示了5种业务量水平的成本预算数据（根据企业情况，也可以按更多的业务量水平来列示）。这样，无论实际业务量达到何种水平，都有适用的一套成本数据来发挥控制作用。

采用固定预算法：当实际业务量为700小时时，成本总额为2 495元。当实际业务量为600小时时，不能用2 495元评价实际成本的高低，也不能按业务量变动的比例调整后的预算成本2 139元（2 495×600/700）考核实际成本，因为并不是所有的成本都一定同业务量成同比例关系。

采用弹性预算法，就可以根据各项成本与业务量的不同关系，采用不同的方法确定“实际业务量的预算成本”，评价和考核实际成本。

当实际业务量为600小时时，运输费等变动成本可用实际工时数乘以单位业务量变动成本计算，即变动总成本为$600\times0.2+600\times1+600\times0.1=780$（元）。固定成本不随业务量的变动而变动，仍为600元。混合成本可用插值法逐项计算：600小时处在580小时和640小时两个水平之间，修理费用应该在617元和671元之间，设实际业务量的预算修理费为X元，则：

$$(600-580)/(640-580)=(X-617)/(671-617)$$

$$X=635\text{（元）}$$

油料费用在580小时和640小时分别为236元和248元，用插值法计算600小时应该为240元。可见：

600小时预算成本为$(0.2+1+0.1)\times600+635+240+600=2\ 255$（元）

从例4可以看出，列表法计算出来的预算成本比较符合成本变动规律，可以用来评价和考核实际成本，比较确切并容易让被考核人接受。不管实际业务量多少，不必经过计算就可找到与业务量相近的预算成本；混合成本中的阶梯成本和曲线成本，可按总成本性态模型计算填列，不必用数学方法修正为近似的直线成本。但是，运用列表法编制预算，在评价和考核实际成本时，往往需要使用插值法来计算“实际业务量的预算成本”，比较烦琐。

三、定期预算法和滚动预算法

按预算期时间特征的不同，编制预算的方法可以分为定期预算法和滚动预算法。

（一）定期预算法

定期预算法是指在编制预算时，以不变的会计期间（如日历年度）作为预算期的一种编制方法。这种方法的优点是能够使预算期间与会计期间相对应，便于将实际数和预算数进行对比，也有利于对预算执行情况进行评价。但是这种方法固定以1年为预算期，在执行一段时期之后，往往会使管理人员只考虑剩下来几个月的业务量，缺乏长远打算，导致一些短期行为的出现。

（二）滚动预算法

滚动预算法又称连续预算法或永续预算法，是指在编制预算时，将预算期与会计期间相分离，随着预算的执行不断补充预算，逐期向后滚动，使预算期始终保持为一个固定长度（一般为12个月）的一种预算方法。滚动预算的基本做法是使预算期始终保持为12个月，每过1个月或1个季度，立即在期末增列1个月或1个季度的预算。逐期往后滚动，因而任何一个时期都保持为12个月的时间长度。这种预算能够保证企业的经营管理工作稳定而有序进行，有利于管理人员对预算资料做经常性的分析研究，并能根据当时预算的执行情况加以调整。它能够保持预算的持续性，有利于结合企业近期目标和长期目标，也有利于充分发挥预算的指导和控制作用。但是这种方法预算工作量大，尤其适用于连续性强的业务或项目的预算安排，如基本建设工程项目和大型机器设备采购安装项目。

采用滚动预算法编制预算，按照滚动的时间单位不同可分为逐月滚动、逐季滚动和混合滚动三种方式。

任务三 编制财务预算

财务预算包括现金预算和报表预算，而这些预算是以业务预算（日常经营预算）和专门决策预算为基础编制的，也就是说其他预算在编制时要为财务预算做好数据准备。专门决策预算主要是长期投资预算（又称资本支出预算），通常是指与项目投资决策相关的专门预算。它往往涉及长期建设项目的资金投放与筹集，并经常跨越多个年度。为了简化核算，本章仅重点介绍日常经营业务预算对财务预算编制的影响，下面通过举例来说明财务预算的编制过程。

一、业务预算的编制

（一）销售预算

销售预算是根据预计销售水平规划预算期销售活动的一种业务预算。在编制销售预算时，应根据年度内各季度市场预测或销售合同以及企业生产能力来确定销售量，通过价格决策确定单价，然后按销售量与单价的乘积确定预计销售收入，并根据各季销售收入与收回前期应收账款反映现金收入额，以便为编制现金收支预算提供资料。

由于企业其他预算的编制都必须以销售预算为基础，因此，销售预算是编制全面预算的起点。

企业在实际编制销售预算时，应分别按产品的名称、数量、金额、销售地区和销售对象等项目加以编制，以下例5对此进行了简化，仅以季度销售数据加以编制，目的是便于掌握原理。

【例5】假定A公司在计划年度内（2014年）只生产并销售一种产品，据估计，产品每季的销售收入中有60%于当季收到现金，其余40%要到下季收回。基期末（2013年）的应收账款余额为60 000元，该公司2014年度销售预算如表3－5所示。

表3－5 销售预算

单位：元

项 目	第一季度	第二季度	第三季度	第四季度	全年
预计销售量/件	1 500	1 800	2 000	1 600	6 900
预计单价/（元/件）	100	100	100	100	100
销售收入	150 000	180 000	200 000	160 000	690 000
预计现金收入					
上年应收账款	60 000				60 000
第一季度（销货150 000）	90 000①	60 000②			150 000

① 150 000×60%＝90 000

② 150 000×40%＝60 000

续上表

项　目	第一季度	第二季度	第三季度	第四季度	全年
第二季度（销货 180 000）		108 000	72 000		180 000
第三季度（销货 200 000）			120 000	80 000	200 000
第四季度（销货 160 000）				96 000	96 000
现金收入合计	150 000	168 000	192 000	176 000	686 000

（二）生产预算

生产预算是根据销售预算规划预算期生产数量的一种业务预算。生产预算以销售预算为基础而编制，并作为编制材料采购预算和生产成本预算的依据。生产预算一般只使用实物量指标，不使用价值量指标，因而无法直接为现金预算提供资料，即不涉及现金收支。

实际工作中，企业应根据各种产品预计的销售量分别编制各种产品的生产预算。由于企业的生产和销售不能做到“同步同量”，必须设置一定的存货，以保证均衡生产。因此，预算时除必须备有充足的产品以供销售外，还应考虑预算期初存货和预算期末存货等因素。

根据销售预算确定的预计销售量，结合产成品的期初结存量和预计期末结存量编制生产预算。产品的生产量和销售量之间的关系，可按式（3－2）计算：

预计生产量＝预计销售量＋预计期末存货－预计期初存货　　（3－2）

【例6】承例5，假定A公司各季度末的产成品存货按下一季度销售量的10%计算，2013年年末产成品存货为150件，2014年年末产成品存货为180件。

要求：根据销售预算的资料，结合期初和期末的存货要求，编制预算期分季度生产预算表。

编制的生产预算表如表3－6所示：

表3－6　生产预算

单位：元

项　目	第一季度	第二季度	第三季度	第四季度	全年
预计销售量	1 500	1 800	2 000	1 600	6 900
加：预计期末存货	180	200	160	180	180
预计存货需要量合计	1 680	2 000	2 160	1 780	7 080
减：预计期初存货	150	180	200	160	150
预计生产量	1 530	1 820	1 960	1 620	6 930

注：预计期末存货＝下季度销售量×10%；预计期初存货＝上季度期末存货。

生产预算在实际编制时比较复杂，产量受到生产能力的限制，产成品存货数量受到仓库容量的限制，只能在此范围内来安排产成品存货数量和各期生产量。此外，有的季度可能销量很大，可以用赶工的方法增产，为此要多付加班费。如果提前在淡季生产，

会因增加产成品存货而多付资金利息。因此，要权衡两者得失，选择成本最低的方案。

（三）直接材料预算

直接材料预算是预算期产品生产直接耗用原材料及原材料采购的预算。它是以生产预算为基础编制的，同时考虑原材料的存货水平。其主要内容有直接材料的单位产品用量、生产需用量、期初和期末存量等。预计各季度“采购量”根据公式计算确定：

$$预计采购量=生产需用量+期末存量-期初存量 \quad (3-3)$$

式中：

$$生产需用量=单位产品材料用量\times 预计产量$$

由于直接材料采购过程中必然要发生现金支出，所以在编制直接材料预算时可以直接编制与其相关的现金支出计算表，为编制现金预算提供资料。表中每个季度的现金支出包括本期现金采购支付的现金，也包括偿还上期应付账款所支付的现金。直接材料预算以生产预算为基础编制，同时要考虑原材料的存货水平。

【例7】承例5和例6，假定A公司生产的产品只耗用一种直接材料，单位产品耗用材料定额为10千克，材料单价为4元，每季度末的材料库存量为下季度生产需要量的30%，已知2013年年末材料的库存量为4 295千克，预计2014年年末材料的库存量为4 670千克。预计每季度采购金额中，有50%在当季度付款，其余在下季度支付。2014年年初应付采购款为10 000元。

要求：根据前述资料编制2014年度分季度采购预算及现金支出预算表。

编制的直接材料预算表如表3－7所示：

表3－7 直接材料预算

项　目	第一季度	第二季度	第三季度	第四季度	全年
预计生产量/件	1 530	1 820	1 960	1 620	6 930
材料单耗/（千克·件$^{-1}$）	10	10	10	10	10
预计生产需要量/千克	15 300	18 200	19 600	16 200	69 300
加：期末存料量/千克	5 460	5 880	4 860	4 670	4 670
预计需要量合计/千克	20 760	24 080	24 460	20 870	73 970
减：期初存料量/千克	4 295	5 460	5 880	4 860	4 295
预计采购量/千克	16 465	18 620	18 580	16 010	69 675
材料单价/（元·千克$^{-1}$）	4	4	4	4	4
预计采购金额/元	65 860	74 480	74 320	64 040	278 700
预计现金支出					
期初应付账款	10 000				10 000
第一季度（采购65 860元）	32 930	32 930			65 860
第二季度（采购74 480元）		37 240	37 240		74 480
第三季度（采购74 320元）			37 160	37 160	74 320
第四季度（采购64 040元）				32 020	32 020
合　计	42 930	70 170	74 400	69 180	256 680

“预计生产量”的数据来自生产预算，“材料单耗”的数据来自标准成本资料或消耗定额资料。年初和年末的材料存货量是根据当前情况和长期销售预测估计的。各季度“期末存料量”根据下季度生产量的一定百分比确定，各季度“期初存料量”等于上季度的期末存料量。

（四）直接人工预算

直接人工预算是预算期产品生产直接耗用人工及费用的预算。直接人工预算是一种既能反映预算期内人工工时消耗水平，又规划人工成本开支的业务预算。直接人工预算也是以生产预算为基础编制的，其主要内容有预计产量、单位产品工时、人工总工时、每小时人工成本和人工总成本。基本计算公式为：

$$\text{预计直接人工成本} = \text{小时工资率} \times \text{预计直接人工总工时} \quad (3-4)$$

式中：

$$\text{预计直接人工总工时} = \text{单位产品直接人工的工时定额} \times \text{预计生产量}$$

由于人工工资都需要使用现金支付，所以，不需要另外预计现金支出，可直接参加现金预算的汇总。

【例8】承例5～例7，假定A公司生产产品的直接人工的工时定额为5小时，小时工资率为6元。

要求：根据生产预算编制人工预算表。

编制的直接人工预算表如表3－8所示：

表3－8　直接人工预算

项　目	第一季度	第二季度	第三季度	第四季度	全年
预计产量/件	1 530	1 820	1 960	1 620	6 930
单位产品工时/（时·件$^{-1}$）	5	5	5	5	5
人工总工时/时	7 650	9 100	9 800	8 100	34 650
每小时人工成本/（元·时$^{-1}$）	6	6	6	6	6
人工总成本/元	45 900	54 600	58 800	48 600	207 900

（五）制造费用预算

制造费用预算是指用于规划除直接材料和直接人工预算以外的其他一切生产费用的一种业务预算。制造费用预算通常分为变动制造费用预算和固定制造费用预算两部分。变动制造费用预算以生产预算为基础来编制。如果有完善的标准成本资料，用单位产品的标准成本与产量相乘，即可得到相应的预算金额。如果没有标准成本资料，就需要逐项预计计划产量需要的各项制造费用。固定制造费用需要逐项进行预计，通常与本期产量无关，按每季实际需要的支付额预计，然后求出全年数。

【例9】承例5～例8，假定A公司生产产品的制造费用按成本性态分为变动制造费用和固定制造费用，变动制造费用有间接人工、单位材料、修理费和其他费用，固定制造费用包括修理费、折旧、管理人员工资、保险费和财产税。

要求：编制制造费用预算表。

编制的制造费用预算表如表3－9所示：

表3－9　制造费用预算

单位：元

项　　目	第一季度	第二季度	第三季度	第四季度	全年
变动制造费用：					
间接人工（1元/件）	1 530	1 820	1 960	1 620	6 930
间接材料（1元/件）	1 530	1 820	1 960	1 620	6 930
修理费（2元/件）	3 060	3 640	3 920	3 240	13 860
水电费（1元/件）	1 530	1 820	1 960	1 620	6 930
小计	7 650	9 100	9 800	8 100	34 650
固定制造费用：					
修理费	1 000	1 140	900	900	3 940
折旧	1 000	1 000	1 000	1 000	4 000
管理人员工资	200	200	200	200	800
保险费	75	85	110	190	460
财产税	100	100	100	100	100
小计	2 375	2 525	2 310	2 390	9 600
合计	10 025	11 625	12 110	10 490	44 250
减：折旧	1 000	1 000	1 000	1 000	4 000
现金支出的费用	9 025	10 625	11 110	9 490	40 250

变动制造费用小时费用率＝34 650÷34 650＝1（元/时）

固定制造费用小时费用率＝9 600÷34 650＝0.28（元/时）

为了便于以后编制现金预算，需要预计现金支出。制造费用中，除折旧费外都需要支付现金，所以，根据每个季度制造费用数额扣除折旧费后，即可得出“现金支出的费用”。

（六）产品成本预算

产品成本预算，是销售预算、生产预算、直接材料预算、直接人工预算、制造费用预算的汇总。其主要内容是产品的单位成本和总成本。单位成本的有关数据来自前述三个预算，生产量、期末存货量来自生产预算，销售量来自销售预算。生产成本、存货成本和销货成本等数据，根据单位成本和有关数据计算得出。

【例10】承例5～例9，编制A公司产品成本预算表。

表 3－10　产品成本预算

项　目	单位成本			生产成本（6 930 件）	期末存货（180 件）	销货成本（6 900 件）
	每千克或每小时	投入量	成本/元			
直接材料	4	10 千克	40	277 200	7 200	276 000
直接人工	6	5 时	30	207 900	5 400	207 000
变动制造费用	1	5 时	5	34 650	900	34 500
固定制造费用	0. 28	5 时	1. 4	9 702	252	9 660
合计			76. 4	529 452	13 752	527 160

（七）销售及管理费用预算

销售费用预算是指为了实现销售预算所需支付的费用预算，它是以销售预算为基础，分析销售收入、销售利润和销售费用的关系，力求实现销售费用的最有效使用。在安排销售费用时，要利用本量利分析方法，费用的支出应能获取更多的收益。在草拟销售费用预算时，要对过去的销售费用进行分析，考察过去销售费用支出的必要性和效果。销售费用预算应该和销售预算相配合，应有按品种、地区、用途加以区分的具体预算数据。

管理费用是搞好一般管理业务所必需的费用。在编制管理费用预算时，要分析企业的业务成绩和一般经济状况，务必做到费用合理化。管理费用多属于固定成本，所以一般以过去的实际开支为基础，按预算期的可预见变化来调整。重要的是要充分考察每种费用是否必要，以便提高费用效率。

【例 11】资料同例 5 ~ 例 10，编制 A 公司的销售及管理费用预算表。

表 3－11　销售及管理费用预算

单位：元

项　目	金额
销售费用：	
销售人员工资	2 000
广告费	5 500
包装费、运输费	3 000
保管费	2 700
折旧	1 000
管理费用：	
福利费	800
保险费	600
办公费	1 400
折旧	1 500

续上表

项　　目	金额
管理人员工资	4 000
合计	22 500
减：折旧	2 500
每季度支付现金（20 000÷4）	5 000

二、现金预算的编制

现金预算是以业务预算和专门决策预算为依据编制的，专门反映预算期内预计现金收入与现金支出，以及为满足理想现金余额而进行筹资或归还借款等的预算。现金预算编制的主要目的在于合理地处理现金收支业务，正确调度资金，保证企业资金的正常运转。现金预算主要由现金收入、现金支出、现金收支差额和资金融通四部分组成。

（1）现金收入：包括期初的现金结存和预算期内发生的现金收入，其数据主要来源于销售收入预算。

（2）现金支出：包括预算期内预计可能发生的一切现金支出，如材料采购支出、直接人工支出、制造费用支出、销售及管理费用支出和缴纳税金支出等。

（3）现金收支差额：指现金收入合计和现金支出合计的差额。差额为正，说明收入大于支出，现金多余，可用于偿还过去的借款或用于对外投资；差额为负，说明收入小于支出，现金不足，要筹集新的资金。

（4）资金融通：指预算期内根据现金收支的差额与企业有关资金管理的各项政策，确定筹资或运用资金的数额。

【例12】承例5～例11，假定A公司2014年年初现金余额为8 000元，该公司规定月末现金余额不低于5 000元，当现金不足时，可以向银行申请短期借款，银行的要求是，借款额必须是1 000元的整数倍。本例中借款利息按季支付，作为现金预算时假设新增借款发生在季度的期初，归还借款本金及利息发生在季度的期末，如果需要归还短期借款，归还的数额为100元的整数倍。当现金溢余时，企业必须优先归还借款，还有溢余的情况下可以投资交易性金融资产，但是每次投资数额必须是5 000元的整数倍。

要求：编制A公司的现金预算表。

表3－12　现金预算表

单位：元

项　目	第一季度	第二季度	第三季度	第四季度	全年	数据来源
期初现金余额	8 000	6 145	9 750	5 240	8 000	
加：现金收入	150 000	168 000	192 000	176 000	686 000	销售预算表3－5
可供使用现金	158 000	174 145	201 750	181 240	694 000	
减：现金支出						

续上表

项　目	第一季度	第二季度	第三季度	第四季度	全年	数据来源
直接材料	42 930	70 170	74 400	69 180	256 680	直接材料预算表 3－7
直接人工	45 900	54 600	58 800	48 600	207 900	直接人工预算表 3－8
制造费用	9 025	10 625	11 110	9 490	40 250	制造费用预算表 3－9
销售及管理费用	5 000	5 000	5 000	5 000	20 000	销售及管理费用预算表 3－11
所得税费用	4 000	4 000	4 000	4 000	16 000	预计数
购买设备			90 000		90 000	专门决策
股利支付				8 000	8 000	专门决策
现金支出合计	106 855	144 395	243 310	144 270	638 830	
现金余缺	51 145	29 750	(41 560)	36 970	55 170	
现金筹措与运用						
取得短期借款			48 000		48 000	
归还短期借款				30 700	30 700	
短期借款利息（年利 10%）			1 200	1 200	2 400	
购入交易性金融资产	45 000	20 000			65 000	
期末现金余额	6 145	9 750	5 240	5 070	5 070	

表中：可供使用现金＝期初现金余额＋现金收入

现金余缺＝可供使用现金－现金支出

期末现金余额＝现金余缺＋现金筹措－现金运用

其中：

期初现金余额：下一季度的期初现金余额＝上一季度的期末现金余额，全年的期初现金余额指的是年初的现金余额，所以等于第一季度的期初现金余额。

第一季度的期末现金余额为 6 145 元：

因为：现金余缺＝158 000－106 855＝51 145（元），即出现现金溢余。企业可用于购入交易性金额资产，由于每次投资数额必须是 5 000 元的整数倍，所以 A 公司最多可购买 45 000 元。如果购买金额超过 45 000 元，则企业现金持有量将低于 5 000 元。

第二季度的期末现金余额为 9 750 元：

因为：现金余缺＝174 145－144 395＝29 750（元），即出现现金溢余。企业可用于购入交易性金额资产，由于每次投资数额必须是 5 000 元的整数倍，所以 A 公司最多可购买 20 000 元。如果购买金额超过 20 000 元，则企业现金持有量将低于 5 000 元。

第三季度的期末现金余额为 5 240 元：

因为：现金余缺＝201 750－243 310＝－41 560（元），即出现现金短缺。企业可以

向银行申请短期借款，由于银行的要求借款额必须是1 000元的整数倍，所以A公司最多可借48 000元。因为本例中借款利息按季支付，作为现金预算时假设新增借款发生在季度的期初，归还借款本金及利息发生在季度的期末，所以本季度要计算短期借款的利息，48 000×10%÷4=1 200（元），如果借款金额超过48 000元，则企业现金持有量将低于5 000元。

第四季度的期末现金余额为5 070元：

因为：现金余缺=181 240－144 270=36 970（元），即出现现金溢余。企业必须优先归还短期借款，由于归还的数额为100元的整数倍，同时考虑第四个季度的短期借款利息为1 200元，企业短期借款的最多还款额为30 700元，如果还款金额超过30 700元，则企业现金持有量将低于5 000元。

全年的期末现金余额指的是年末的现金余额，即第四季度末的现金余额，所以应该是5 070元。

三、财务报表预算的编制

（一）利润表预算的编制

预计利润表用来综合反映企业在计划期的预计经营成果，是企业最主要的财务预算表之一。通过编制利润表预算，可以了解企业预期的营利水平。如果预算利润与最初编制方针中的目标利润有较大的不一致，就需要调整部门预算，设法达到目标，或者经企业领导同意后修改目标利润。编制预计利润表的依据是各业务预算、专门决策预算和现金预算。

【例13】承例5～例12，编制A公司预算年度预计利润表。

表3－13　利润表预算

单位：元

项目	金额	数据来源
销售收入	690 000	销售预算表3－5
销售成本	527 160	产品成本预算表3－10
毛利（销售收入－销售成本）	162 840	
销售及管理费用	22 500	销售及管理费用预算表3－11
利息	2 400	现金预算表3－12
利润总额	137 940	
所得税费用（估计）	16 000	现金预算表3－12
净利润	121 940	

注："所得税费用"项目是在利润规划时估计的，并已列入现金预算。它通常不是根据"利润总额"和所得税税率计算出来的。

（二）资产负债表预算的编制

预计资产负债表用来反映企业在计划期末预计的财务状况。编制预计资产负债表的目的在于判断预算反映的财务状况的稳定性和流动性。如果通过预计资产负债表的分析，发现某些财务比率不佳，必要时可修改有关预算，以改善财务状况。预计资产负债表需要以计划期开始日的资产负债表为基础，结合计划期间各项业务预算、专门决策预算、现金预算和预计利润表进行编制，它是编制全面预算的终点。

【例14】承例5～例13，编制A公司预算年度预计资产负债表。

表3－14　资产负债表预算

单位：元

资产	年初余额	年末余额	负债和所有者权益	年初余额	年末余额
流动资产：			流动负债：		
货币资金（表3－12）	8 000	5 070	短期借款（表3－12）	0	17 300
交易性金融资产（表3－12）	0	65 000	应付账款（表3－7）	10 000	32 020
应收账款（表3－5）	60 000	64 000①	应付股利	0	8 000
存货（表3－7、表3－10）	28 640	32 432	流动负债合计	10 000	57 320
流动资产合计	96 640	166 502	长期借款	190 000	182 102
非流动资产：			非流动负债合计	190 000	182 102
固定资产	43 750	127 250	负债合计	200 000	239 422
在建工程	100 000	100 000	股东权益：		
非流动资产合计	143 750	227 250	股本	20 000	20 000
			资本公积	7 390	7 390
			盈余公积	10 000	22 194
			未分配利润	3 000	104 746
			股东权益合计	40 390	154 330
资产合计	240 390	393 752	负债和所有者权益合计	240 390	393 752

“货币资金”的数据来源于表3－12中的现金的年初和年末余额。

存货包括直接材料和产成品，直接材料年初余额＝4 295×4＝17 180（元），年末余额＝4 670×4＝18 680（元）；产成品年初余额＝（180＋6 900－6 930）×76.4＝11 460（元），年末余额＝180×76.4＝13 752（元），存货年初余额＝17 180＋11 460＝28 640（元），存货年末余额＝18 680＋13 752＝32 432（元）。

固定资产和在建工程期初余额来源于A公司上年末的资产负债表。

固定资产年末余额：43 750＋90 000－6 500＝127 250（元），其中6 500＝4 000＋1 000＋1 500，指的是本年计提的折旧，90 000是指企业购买设备，数字来源于表3－9、表3－11和表3－12。

短期借款年末余额：48 000－30 700＝17 300（元），数字来源于表3－12。

应付账款期初余额10 000元来源于表3－7的“期初应付账款”。年末余额32 020＝

① 64 000＝160 000×40%

64 040×50%。

未分配利润本年增加额 101 746 = 本年净利润 121 940（表 3－13）－本年股利 8 000（表 3－12）－提取的盈余公积 12 194。

表 3－14 中未指明的相关项目的期初余额均来自上年末资产负债表的数据。

案例分析

通过本案例可以看出，实行预算管理是为了提高经营绩效。在工作实践中要及时总结、发现问题，及时分析、纠正偏差，通过实现预算管理的有效监控与考评，促使企业各项经济活动有序进行，最终达到提高经营绩效之目的。

职业能力训练

一、单项选择题

1. 固定预算编制方法的致命缺点是（　　）。

A. 过于机械呆板　　B. 可比性差

C. 计算量大　　D. 可能导致保护落后

2. 关于预算的编制方法下列各项中正确的是（　　）。

A. 零基预算编制方法适用于非营利组织编制预算时采用

B. 固定预算编制方法适用于产出较难辨认的服务性部门费用预算的编制

C. 固定预算编制方法适用于业务量水平较为稳定的企业预算的编制

D. 零基预算编制方法适用于业务量水平较为稳定的企业预算的编制

3. 增量预算方法的假定条件不包括（　　）。

A. 现有业务活动是企业必需的　　B. 原有的各项开支都是合理的

C. 增加费用预算是值得的　　D. 所有的预算支出以零为出发点

4. 固定预算的优点是（　　）。

A. 远期指导性强　　B. 连续性好

C. 便于考核预算执行结果　　D. 灵活性强

5. 销售预算中“某期经营现金收入”的计算公式正确的是（　　）。

A. 某期经营现金收入 = 该期期初应收账款余额 + 该期含税销售收入 – 该期期末应收账款余额

B. 某期经营现金收入 = 该期含税收入 × 该期预计现销率

C. 某期经营现金收入 = 该期预计销售收入 + 该期销项税额

D. 某期经营现金收入 = 该期期末应收账款余额 + 该期含税销售收入 – 该期期初应收账款余额

6.（　　）是只使用实物量计量单位的预算。

A. 产品成本预算　　B. 生产预算

C. 管理费用预算　　D. 直接材料预算

7. 下列说法错误的是（　　）。

A. 应交税金及附加预算需要根据销售预算、生产预算和材料采购预算编制

B. 应交税金及附加＝销售税金及附加＋应交增值税

C. 销售税金及附加＝应交营业税＋应交消费税＋应交资源税＋应交城市维护建设税＋应交教育费及附加

D. 应交增值税可以使用简捷法和常规法计算

8. 某企业编制“直接材料预算”，预计第四季度期初存量600千克，该季度生产需用量2 400千克，预计期末存量为400千克，材料单价（不含税）为10元，若材料采购货款有60%在本季度内付清，另外40%在下季度付清，增值税税率为17%，则该企业预计资产负债表年末“应付账款”项目为（　　）元。

A. 8 800　　B. 10 269　　C. 10 296　　D. 13 000

9. 某企业编制“销售预算”，已知上上期的含税销售收入为600万元，上期的含税销售收入为800万元，预计预算期含税销售收入为1 000万元，含税销售收入的20%于当期收现，60%于下期收现，20%于下下期收现，假设不考虑其他因素，则本期期末应收账款的余额为（　　）万元。

A. 760　　B. 860　　C. 660　　D. 960

10. （　　）编制的主要目标是通过制定最优生产经营决策和存货控制决策来合理地利用或调配企业经营活动所需要的各种资源。

A. 投资决策预算　　B. 经营决策预算　　C. 现金预算　　D. 生产预算

二、多项选择题

1. 下列各项中属于总预算的是（　　）。

A. 投资决策预算　　B. 销售预算　　C. 现金预算　　D. 预计利润表

2. 弹性预算编制方法的优点是（　　）。

A. 预算范围宽　　B. 可比性强　　C. 及时性强　　D. 透明度高

3. 弹性成本预算的编制方法包括（　　）。

A. 公式法　　B. 因素法　　C. 列表法　　D. 百分比法

4. 增量预算编制方法的缺点包括（　　）。

A. 可能导致保护落后　　B. 滋长预算中的“平均主义”

C. 工作量大　　D. 不利于企业的未来发展

5. 滚动预算按照预算编制和滚动的时间单位不同分为（　　）。

A. 逐月滚动　　B. 逐季滚动　　C. 逐年滚动　　D. 混合滚动

6. 滚动预算的优点包括（　　）。

A. 透明度高　　B. 及时性强　　C. 连续性好　　D. 完整性突出

7. 现金预算的编制基础包括（　　）。

A. 销售预算　　B. 投资决策预算　　C. 销售费用预算　　D. 预计利润表

8. 下列（　　）是在生产预算的基础上编制的。

A. 直接材料预算　　B. 直接人工预算　　C. 产品成本预算　　D. 管理费用预算

三、判断题

1. 财务预算具有资源分配的功能。（　　）

2. 滚动预算又称滑动预算，是指在编制预算时，将预算期与会计年度脱离，随着预算的执行不断延伸补充预算，逐期向后滚动，使预算期永远保持为一个固定期间的一种预算编制方法。（　　）

3. 弹性利润预算编制的百分比法适用于单一品种经营或采用分算法处理固定成本的多品种经营的企业。（　　）

4. 增量预算与零基预算相比能够调动各部门降低费用的积极性。（　　）

5. 生产预算是预算编制的起点。（　　）

6. 根据“以销定产”原则，某期的预计生产量应当等于该期预计销售量。（　　）

7. 经营决策预算除个别项目外一般不纳入日常业务预算，但应计入与此有关的现金预算与预计资产负债表。（　　）

8. 预计资产负债表是以货币形式综合反映预算期内企业经营活动成果计划水平的一种财务预算。（　　）

9. 弹性成本预算编制的列表法不能包括所有业务量条件下的费用预算，适用面较窄。（　）

四、计算题

某企业现着手编制2017年6月的现金收支计划。预计2017年6月月初现金余额为8 000元；月初应收账款4 000元，预计月内可收回80%；本月销货50 000元，预计月内收款比例为50%；本月采购材料8 000元，预计月内付款70%；月初应付账款余额5 000元需在月内全部付清；月内以现金支付工资8 400元；本月制造费用等间接费用付现16 000元；其他经营性现金支出900元；购买设备支付现金10 000元。企业现金不足时，可向银行借款，借款金额为1 000元的倍数；现金多余时可购买有价证券。要求月末现金余额不低于5 000元。

要求：

（1）计算经营现金收入。

（2）计算经营现金支出。

（3）计算现金余缺。

（4）确定最佳资金筹措或运用数额。

（5）确定现金月末余额。

五、综合题

资料一：甲企业根据销售预测，对某产品预算年度的销售量做如下预计：第一季度为5 000件，第二季度为6 000件，第三季度为8 000件，第四季度为7 000件；每个季度的期末结存量，应为下一季度预计销售量的10%（该条件仅适用于第一问）；若年初结存量为750件（该条件仅适用于第一问），年末结存量为600件（该条件仅适用于第一问）。单位产品材料消耗定额为2千克/件，单位产品工时定额为5时/件，单位工时的工资额为 0.6 元/时。

资料二：若甲企业每季度材料的期末结存量为下一季度预计消耗量的 10%，年初结存量为 900 千克，年末结存量为 1 000 千克，计划单价为 10 元。材料款当季付 70%，余款下季度再付，期初应付账款为 40 000 元。

要求：（1）根据资料一，编制该企业的生产预算、材料消耗预算和直接人工预算。

表 3-15　生产预算和材料消耗预算

项　目	第一季度	第二季度	第三季度	第四季度	全年合计
预计销售量/件					
加：预计期末结存/件					
预计需要量/件					
减：预计期初结存/件					
预计生产量/件					
材料定额单耗/（千克·件$^{-1}$）					
预计直接材料消耗量/千克					

表 3-16　直接人工预算

项　目	第一季度	第二季度	第三季度	第四季度	全年合计
预计生产量/件					
单耗工时/（时·件$^{-1}$）					
直接人工时数/时					
单位工时的工资率/（元·时$^{-1}$）					
预计直接人工成本/元					

（2）根据资料一和资料二的有关资料，编制材料采购预算。

表 3-17　材料采购预算

单位：元

项　目		第一季度	第二季度	第三季度	第四季度	全年合计
直接材料采购预算	预计生产量/件					
	材料定额单耗/（千克·件$^{-1}$）					
	预计生产需要量/千克					
	加：期末结存量/千克					
	减：期初结存量/千克					
	预计材料采购量/千克					
	材料计划单价					
	预计购料金额					
预计现金支出	应付账款期初余额					
	第一季度购料付现					
	第二季度购料付现					
	第三季度购料付现					
	第四季度购料付现					
	现金支出合计					

项目四 筹资管理

知识目标

- 理解各种筹资方式的优缺点。
- 掌握企业资金需要量预测方法。
- 掌握权益资本、债务资本的各种筹资方式和决策。
- 掌握个别资本成本和综合资本成本的计算。
- 掌握经营杠杆、财务杠杆和综合杠杆的计算。
- 掌握资本结构的确定方法。

能力目标

- 能够预测企业资金需要量。
- 能够合理选择筹资方式和渠道。
- 能够在企业筹资过程中正确运用资本成本做出相应决策。
- 能够运用杠杆原理衡量企业经营和财务风险。
- 能够对企业资本结构进行优化。

案例导入

小方是一家电子商务公司的财务骨干。近年来公司销售增长迅速，2014 年营业额与上年相比增加 30%，公司急需资金增加销售服务网点和物流区域中心的建立。经财务部门测算，2015 年度资金缺口在 2 000万元左右。公司领导要求小方尽快制定筹集资金的方案。现时公司股本 1 200 万元；资本公积 300 万元，盈余公积 300 万元，未分配利润 200 万元。短期负债 200 万元，长期负债 2 800 万元。各部门骨干开会商议，以下为开会提出的方案。

A 方案：发行 3 年期公司债券 2 000 万元，年利率为 12%，假设公司股票的资金成本能保持目前的 9.5%。但该方案下由于提升了企业的资产负债率超过 70%，股票市场价格可能出现下跌。

B 方案：增发普通股 2 000 万元，预期股利为 2 元，普通股当前市价为 20 元，股东要求每年股利增长率按经验推算约为 3%。

假定公司筹资过程中的筹资费用忽略不计，所得税为 25%。

◉思考讨论：

如果你是小方，你将如何选择筹资方案？

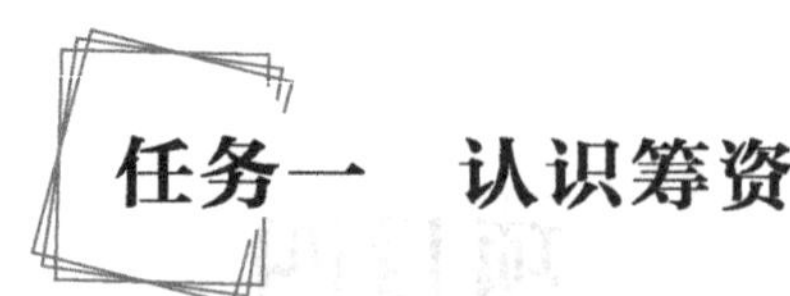

任务一　认识筹资

企业要顺利开展生产经营，必须有足够的资金来维持日常开支以及购买经营所需的设备和原料。能否得到足够的资金支持将成为企业生存和发展的关键。因此在众多财务活动中，筹资活动是最基础和重要的行为。企业财务管理人员如何从众多的筹资方式和筹资渠道做出理性选择，一方面要满足企业发展需要，另一方面要让筹资成本最低和风险最小，是企业管理人员迫切需要解决的问题。

一、筹资的含义与动机

企业筹资，是指企业作为筹资主体，根据其生产经营、对外投资和调整资本结构等需要，通过筹资渠道和金融市场，运用筹资方式，经济有效地筹措和集中资本的活动。总体而言，企业筹资是为了自身的经营发展，但从具体筹资活动上看却存在特定的动机。特定的动机归纳起来包括新建筹资动机、扩张性筹资动机、调整性筹资动机和混合性筹资动机。

（一）新建筹资动机

企业的经营活动需要以资金到位为条件。尽管我国《公司法》取消有限责任公司和股份有限公司的最低法定资本限制，但并不等于企业在初创阶段无须筹资。新设企业为满足生产经营活动所需的铺底资金，例如原料和机器的购买、办公场所租赁及办公设备添置等均产生筹资动机。

（二）扩张性筹资动机

企业扩张具体表现为生产规模的扩大或者对外投资，这类决策需要投放大量的资金。前景良好、处于发展期的企业通常会产生这种动机。例如产品热销需要增加市场供应，筹集资金用于扩大生产场所和增加生产线，或者并购同行企业实现规模扩张；此外，开拓有发展前途的新领域也需要追加筹资。

（三）调整性筹资动机

企业基于资本结构调整引发的筹资需要称为调整性筹资动机。资本结构是指企业各种筹资构成及其比例关系，资产负债表右方的债务与所有者权益比例是常见的资本结构。例如，企业现有的债务比例过高，财务风险过高，企业的偿债压力较大，企业需要通过股权筹资来降低债务资金的比例。

（四）混合性筹资动机

企业在扩张规模的同时又调整资本结构产生的筹资动机，称为混合性筹资动机。该动机包含了扩张性筹资和调整性筹资两种动机。在混合性筹资动机下，企业通过筹资达到扩大生产规模和资本结构优化的双重目的。

二、筹资的类型

（一）按资金来源渠道不同，可分为权益资本和债务资本

权益资本一般由投资者自有资金组成，是企业依法取得并长期持有的资本。按照我国相关法规，企业的权益资本由实收资本（股本）、资本公积、盈余公积和未分配利润组成。企业采取自有资金方式筹集资金，除法定减资情形外，一般不需要还本，财务风险较小，但需要付出的资金成本相对较高。

债务资本是企业通过向金融机构或其他经济实体借入资金形成的资本。企业通过负债方式筹集资金，需要到期支付利息和偿还本金，承担较大的财务风险和偿还压力；但相较于权益资本，该方式资金成本较低。

（二）按筹集资金使用期限的长短，可分为长期资本与短期资本

长期资本是指企业使用年限在 1 年以上或超过 1 年的一个营业周期以上的资金。长期资本主要用于生产规模的扩大、厂房和设备的更新等。企业的长期资本包括各种权益类筹资和长期借款、应付债券等负债类筹资。这是广义的长期资本。

短期资本是指企业使用年限在 1 年以内的资本。短期资本主要用于企业日常生产经营过程中的资金周转。一般的短期资本包括短期借款、应付账款、应付票据等项目，通常通过金融机构借款或者商业信用的方式取得。

（三）按全部筹资资本来源的范围，可分为内部筹资和外部筹资

内部筹资是指企业通过内部留存利润形成的筹资。内部筹资源于企业内部，因此无须花费筹资费用，其数量通常根据企业的股利分配政策和可供分配利润规模所决定。

外部筹资是指企业通过外部经济组织获得的资金。当内部筹资不足以满足企业需要时，企业就需要向企业外部寻找所需资金。一般而言，外部筹资均需要支付筹资费用。

（四）按筹集资金是否经过银行等金融机构，可分为直接筹资和间接筹资

直接筹资是指企业不借助银行等金融机构，直接与资本所有者协商而获得资本的筹资活动。

间接筹资则是指借助银行等金融机构融通资本的筹资活动。

三、筹资的渠道与方式

（一）企业筹资渠道

企业筹资渠道是指企业取得资金的来源，体现着资本的源泉和流量。筹资渠道主要由社会资金提供者的分布所决定。目前，我国企业筹资渠道主要包括以下几种。

1. 国家财政资金

国家财政资金是我国国有企业的主要资金来源。现有的国有企业，包括国有独资公司，大部分的筹资均为政府通过财政部门以拨款的方式投资形成。国家财政资金具有稳定的基础，今后仍是国有企业和国有独资公司的重要筹资渠道。

2. 银行信贷资金

银行信贷资金是目前我国各类企业筹资的重要来源。银行一般分为商业性银行和政

策性银行。在我国，企业等经济组织可以从商业性银行获得各种商业性贷款；符合相关法规和资质的企业可以从政策性银行获得政策性贷款。

3．非银行金融机构资金

除银行以外，证券公司、保险公司、信托投资公司、租赁公司以及企业集团财务公司等也可为企业提供一定的资金，该类组织被称为非银行金融机构。该类机构提供的资金规模虽比银行小，但融资方式较为灵活。企业除了可以获得资金之余，还能得到各种金融服务，如证券承销和信托理财等，该渠道已成为企业筹资的重要来源。

4．其他企业资金

其他企业也可以作为企业的筹资渠道。其他企业用于投资的资金、已提取折旧但未使用的资金、未动用的企业公积金等均可作为企业之间的资金融通。其他企业通过联营、入股、购买债券或者提供商业信用等方式向有用资需求的企业提供融资，促进资金的使用效率和企业之间的经济联系。

5．民间资金

民间资金可以成为企业筹资的来源。我国企事业单位职工和广大城乡居民持有的节余货币可以对企业进行直接投资，为企业提供筹资来源。

6．企业留存资金

企业留存资金主要是从历年利润中提取盈余公积和保留未分配利润而形成的资本。这类资金无须企业通过特定方式筹集，直接由历年盈利形成。

（二）筹资的方式

在了解现有筹资渠道的基础上，企业管理人员是否能以较小的成本顺利获取资金，取决于企业筹资的方式。企业筹资方式是指企业筹集资本时所采用的具体形式和工具，体现资本的属性和期限。目前，我国常见的筹资方式有以下几种。

1．吸收直接投资

吸收直接投资是企业以协议形式筹集政府、法人、自然人、外资等直接投入的资金，从而形成企业的所有者权益。吸收直接投资一般适用于非股份制企业，是非股份制企业取得资金的主要形式。

2．发行股票

发行股票筹资是股份有限公司依照公司章程和相关法规发行股票获得所需资金的方式。股票是具有权益资本性质的有价证券，其适用于股份有限公司，是股份公司筹集资金的基本方式。

3．发行债券

发行债券筹资是指符合相关法定条件的企业通过对外发行债券取得资金的方式。发行债券是企业债务筹资的重要方式。

4．银行借款

银行借款是各类企业通过与银行等金融机构订立借款合同获取所需资金的筹资方式。该方式下企业负有按期还本付息的义务，广泛适用于各类企业筹集长期和短期债务资金。

5．利用留存收益

留存收益是指企业从净利润中提取的盈余公积和未分配利润。利用留存收益筹资是

指企业将留存收益用于投资的过程，它是一种筹集权益性资本的内部筹资方式。

6. 商业信用

商业信用筹资是指企业在商品买卖过程中通过延迟付款或预先收款而形成的短期资本筹集方式。这是企业之间的信用授予行为。由于该方式比较灵活，是各类企业筹集短期资金的重要形式。

7. 融资租赁

融资租赁是指承租人通过与出租人订立租赁合同，由出租人根据承租人需求购入所需资产后出租给承租人使用，向承租人收取租金，承租人由此形成企业债务资本的筹资方式。该方式有别于经营性租赁，通常租赁期在 1 年以上。

四、筹资的原则

（一）筹资规模合理

企业筹集资金需要合理确定所需筹资的数量。一方面避免由于资金不足而影响正常的生产营运，另一方面要防止资金筹措过多而造成资金闲置。

（二）资金筹措及时

企业资金的筹集必须与相关项目的资金投放时点相一致，及时获得所需资本，确保筹资活动与投资活动相协调。

（三）筹资来源合法

企业的筹资活动涉及各资金主体的经济权益。因此，企业在筹资过程中必须遵守国家有关法律法规，接受国家监督与调控，维护各利益主体的合法权益。

（四）筹资方式经济

企业筹集资金需要向资金提供方支付一定的成本并承担相应风险，不同的筹资方式在成本与风险上存在差别。企业管理人员做出筹资决策时需要对成本和风险进行比较分析，择优选择，以提高资金使用的效益。

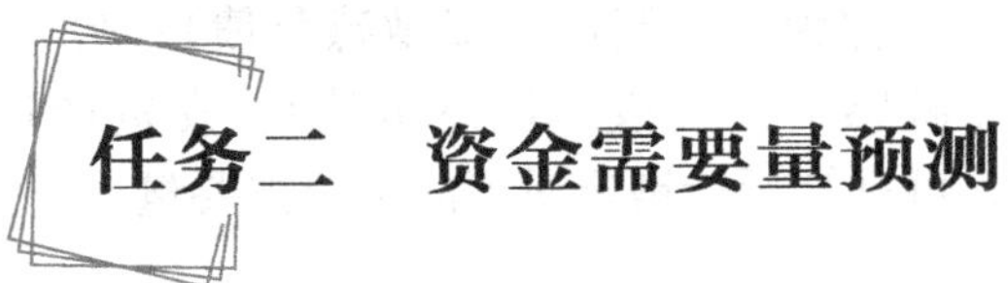

任务二　资金需要量预测

为确保筹资规模的合理性，企业需要在开展筹资活动之前通过一定的方法预测资金需要量，确保所筹集的资金满足预期生产经营所需，同时避免过量筹资带来资金闲置。企业资金需要量预测按性质分为定性预测法和定量预测法。

一、定性预测法

定性预测法是指企业管理人员利用直观资料，根据个人经验和主观分析判断，对未来资金需要量进行预测的方法。该方法步骤为：首先，由熟悉财务情况和生产经营状况的企业人员根据过往经验对目前计划进行分析，提出资金需要量预测的初步意见。然后，通过召开横向部门会议或发送表格等形式对初步意见进行分析和修改。这样来回几次之后，得到预测的最终结果。

定性预测法的优点在于简单实用，但它不能揭示资金量与产销量之间的数量关系，预测结果难免存在误差，不够精确。

二、定量预测法

定量预测法是指根据资金需要量与相关因素之间的数量关系来预测资金需要量的一种方法。企业确定资金需要量的定量预测方法介绍如下。

（一）因素分析法

因素分析法是以相关资本项目上年度的实际平均需要量为基础，根据预测年度的生产任务和资本周转的要求进行分析调整，进而得到预测资本需要量的一种方法。这种方法比较简单，容易掌握，但预测结果不太精确，适用于用量较小、价格较低的资金项目预测。这种方法以上年度资本平均占用额为基础，先剔除其中不合理部分，然后根据预测期的生产经营和资本周转要求进行测算。基本公式如下：

资本需要量=(上年资本实际平均占用量－不合理平均占用额)×
(1±预测年度销售额增减率)×(1±预测期资本周转速度变动率)

【例1】某企业上年度资本实际平均占用量为5 000万元，其中不合理部分为1 000万元，预计本年度销售增长10%，资本周转速度加快5%。则预测年度资本需要量为：

(5 000－1 000)×(1+10%)×(1－5%)=4 180(万元)

（二）销售百分比法

1. 基本原理

销售百分比法属于常见的比率预测方法，是根据销售额与资产负债表和利润表项目之间的比例关系，预测各项目短期资本需要量的方法。例如，某企业每增加100元的销售收入，需有20元存货，即存货与销售的百分比是20%（20÷100）。该预测方法下需要根据资产负债表项目与销售收入变动关系将资产负债项目分为两类：一类是与销售额的变动成比例变动的项目，称为敏感资产（或敏感负债）；另一类则是不随销售额的变动而变动的项目，称为非敏感资产（或非敏感负债）。在资产负债项目分类的基础上，做出预计的资产负债表，可推算预计销售量下的资金需要量。

2. 基本步骤

（1）将资产负债表中的资产负债项目划分为敏感项目和非敏感项目。常见的敏感项目包括货币资金、应收账款、存货等流动资产项目和应付账款、应付票据、应交税费等流动负债项目。常见的非敏感项目如固定资产、长期投资、短期借款、长期负债和实收资本等，它们都不会在短期内随销售规模的变化而改变。

（2）确定敏感资产与敏感负债项目和销售额的比例关系。其计算公式为：

某变动项目销售百分比 = 该项目金额/销售额 × 100%

资产销售百分比 = 各敏感资产项目销售百分比之和

= 敏感资产项目总金额/销售额 × 100%

自发性负债销售百分比 = 各敏感负债项目销售百分比之和

= 敏感负债项目总金额/销售额 × 100%

（3）计算预计留存收益增加额（Δ留存收益），其计算公式为：

预计留存收益 = 预计销售额 × 销售净利率 ×（1 − 股利支付率）

（4）确定需要增加的外部筹资额，预计由于销售增长而资金需求增加，扣除自发负债和内部利润留存后，即为所需要的外部筹资额。即

外部筹资额 = Δ资产 − Δ自发性负债 − Δ留存收益

$$= \frac{A}{S_1} \times \Delta S - \frac{B}{S_1} \times \Delta S - P \times E \times S_2$$

式中：A 为敏感性资产，B 为敏感性负债；S_1 为基期销售额；S_2 为计划期销售额；ΔS 为销售变动额；P 为销售净利率；E 为利润留存率；$\frac{A}{S_1}$为敏感资产占销售额的百分比；$\frac{B}{S_1}$为敏感负债占销售额的百分比。

【例2】新海公司2015年12月31日的资产负债表如表4－1所示。

表4－1　新海公司资产负债表

2015年12月31日　　单位：万元

资产	年末余额	负债及所有者权益	年末余额
货币资金	4 000	短期借款	25 000
应收账款	20 000	应付账款	15 000
存货	30 000	应付费用	14 000
固定资产	80 000	应付债券	10 000
		实收资本	60 000
		留存收益	10 000
资产合计	134 000	负债和所有者权益合计	134 000

2015年新海公司销售收入为100 000万元，销售净利率为10%，股利支付率为50%，公司现有生产能力尚未饱和，增加销售无须追加固定资产投资。2016年预计销售收入将提高到150 000万元，公司销售净利率和利润分配政策保持不变。

要求运用销售百分比法预测企业外部筹资额。

（1）计算销售百分比，如表4－2所示。

表4－2　2015年新海公司销售百分比

资产	年末余额/万元	敏感项目占销售收入百分比/%
货币资金	4 000	4
应收账款	20 000	20

续上表

资产	年末余额/万元	敏感项目占销售收入百分比/%
存货	30 000	30
固定资产	80 000	不变
资产合计	134 000	54
短期借款	25 000	不变
应付账款	15 000	15
应付费用	14 000	14
应付债券	10 000	不变
实收资本	60 000	不变
留存收益	10 000	特殊
负债和所有者权益合计	134 000	29

（2）代入公司计算外部筹资额：

外部筹资额 =（150 000 − 100 000）×（54% − 29%）− 150 000 × 10% ×（1 − 50%）

=5 000（万元）

（三）资金习性预测法——高低点法

资金习性预测法是根据历史上企业资金占用总额与产销量之间的关系，把资金划分为不变资金和变动资金两部分，然后结合预计的销售量来预测资金需要量的一种方法。

资金习性预测法的基本预测模型为：$Y = a + bX$

式中：Y 为资金占用量；X 为产销量；a、b 分别为不变资金和单位产销量所需的变动资金。

通过历史数据代入模型，采用高低点法得出 a、b 值后，再将预计销售量代入已知模型，即可计算出预计资金需要量。

值得注意的是，高低点法是在相关范围内，根据资金量的最高点和产销量的最高点之间的线性关系，以及资金量的最低点和产销量的最低点之间的线性关系，推算出不变资金（a）和单位产销量所需的变动资金（b）的数值，进而计算出预期的资金需要量。

【例3】长江公司近年资金占用与销售收入之间的关系如表4－3所示。

表4－3　长江公司销售收入与资金占用表

年度	销售收入/元	资金占用/元
1	120 000	80 000
2	140 000	90 000
3	136 000	88 000
4	160 000	100 000
5	158 000	110 000

要求：采用高低点法计算不变资金和单位变动资金。

当第 6 年的销售收入为 190 000 元时，预测其需要占用的资金数额。

解答：

根据高低点选取原则，应选择第 1 年和第 4 年作为低点和高点。

$$b=(100\ 000-80\ 000)\div(160\ 000-120\ 000)=0.5$$

$$a=80\ 000-120\ 000\times0.5=20\ 000$$

$$Y=20\ 000+0.5x$$

第 6 年资金需要量预测为

$$Y=20\ 000+0.5\times190\ 000=115\ 000\ 元$$

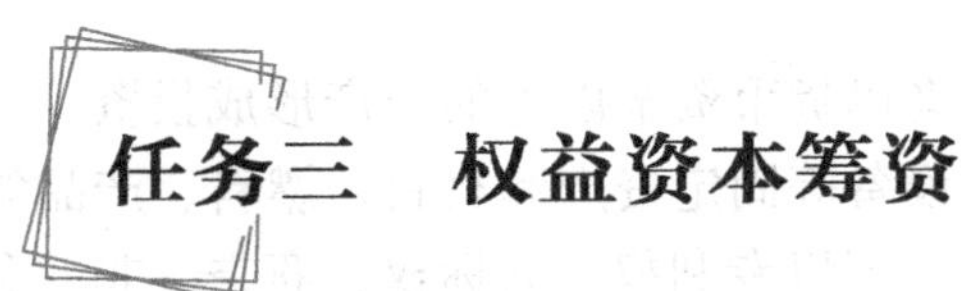

任务三　权益资本筹资

企业的全部资产由两部分构成，即投资人提供的所有者权益和债权人提供的负债。所有者权益是企业资金的最主要来源，是企业筹集债务资金的前提与基础。所有者权益是指投资人对企业净资产的所有权，包括投资者投入企业的资本金及企业在经营过程中形成的积累，如盈余公积金、资本公积金和未分配利润等。通常企业以吸收直接投资、发行股票、内部留存收益积累等方式筹集权益资金。由于无须还本，实务中也将权益资金称为自有资金。

一、吸收直接投资

吸收直接投资是公司以协议等形式吸收国家、其他企业、个人和外商等直接投入的资本，以形成公司资本金的一种筹资方式。值得注意的是，吸收直接投资不需公开发行证券。出资者均为企业的所有者，并按约定比例分享利润、承担损失。

（一）吸收直接投资的渠道

企业通过吸收直接投资的方式筹集资金有以下四种渠道。

1. 吸收国家投资

国家投资是指有权代表国家投资的政府部门或者机构以国有资产投入企业，从而形成国家资本金。吸收国家投资是国有企业筹集自有资金的主要方式。其特点在于产权属于国家，资金使用带有一定约束。

2. 吸收法人投资

法人投资是指其他企业、事业单位以其可支配的资产投入企业，由此形成法人资本金。通常法人投资作为一种投资活动发生在法人单位之间，以参与分配企业利润为目的。

3. 吸收个人投资

个人投资是指城乡居民或本企业内部职工以其个人合法财产投入企业，形成个人资本金。

4. 吸收外商投资

外商投资是指外国投资者或中国港澳台地区投资者的资金投入企业，形成外商资本金。

（二）直接投资的出资方式

按照投资者出资方式的不同，企业吸收直接投资可分为吸收现金投资和吸收非现金投资两大类。

1. 吸收现金投资

现金投资是指投资者以投入货币资金的形式出资，它是企业吸收直接投资的最主要形式之一。现金的筹集可用于购置资产、支付服务，用途灵活方便。一般各国法规都对企业现金出资比例做出规定。

2. 吸收非现金投资

非现金投资是指投资者以货币资金以外的资产形成投资。一是投资者以实物资产投资，即以房屋、建筑物、设备等固定资产和材料、燃料、产品等流动资产作为投资。二是投资者以无形资产投资，即以专利权、商标权、商誉、非专利技术、土地使用权等作为投资。

（三）吸收直接投资的优缺点

1. 吸收直接投资的优点

（1）筹资方式简便，筹资速度快。投资与受资双方直接协商，只要双方协商一致，筹资即可成功。

（2）吸收直接投资有利于提高企业信誉。吸收直接投资所筹集的资金属于自有资金，与借入资金相比更能够提高企业的信誉和借款能力。

（3）吸收直接投资有利于尽快形成生产能力。吸收直接投资可直接获得现金、先进设备和先进技术，相比起采用有价证券间接融资，其能尽快形成产能，尽快开拓市场。

（4）吸收直接投资有利于降低财务风险。针对吸收直接投资部分的资本金，企业可以根据经营情况进行收益分配，并无固定的财务负担，比较灵活，财务风险较小。

2. 吸收直接投资的缺点

（1）资金成本较高。企业向投资者支付的报酬是根据企业实现的净利润和投资者的出资计算的，不能减免企业所得税。另外，由于所有者的索偿权在债权人之后，因而承担较大风险，要求的资金成本相对较高。

（2）企业控制权分散。吸收直接投资的新投资者一般要求获得与投资比例相当的经营管理权，从而导致企业控制权分散。

二、发行股票

股票是股份公司为筹集主权资金而发行的有价证券，是持股人拥有公司股份的凭证，其表示持股人在股份公司中拥有的权利和应承担的义务。股票按股东权利和义务，分为普通股和优先股。

（一）普通股筹资

普通股是股份有限公司依法发行的无特别权利的股份，也是最基本、标准的股份，它代表了股东对股份制公司的所有权。

1. 普通股股东权利

(1) 公司经营管理权。主要体现为普通股股东在事务决策时的投票权、查账权、阻止越权经营等权利。

(2) 分享盈余权。即普通股股东能从企业净利润中分得股息和红利的权利。

(3) 股份转让权。股东持有的股份可以自由转让。

(4) 优先认股权。普通股股东拥有优先于其他投资者购买公司增发新股票的权利。

(5) 剩余财产要求权。当公司清算、解散时，公司财产变价收入首先用于偿还债务，然后支付优先股股东，最后才分给普通股股东。

2. 普通股的种类

(1) 按股票有无记名，可以分为记名股票和不记名股票。向发起人、国家授权投资的机构、法人发行的股票，应为记名股票。

(2) 按股票是否标明金额，可分为面值股票和无面值股票。目前我国《公司法》不承认无面值股票，规定股票应记载票面的面额，并且其发行价不得低于票面金额。

(3) 按照投资主体不同，可以分为国家股、法人股、个人股等。

(4) 按股票发行时间的先后，可以分为始发股和新股。始发股是股份公司设立时发行的股票，也称原始股。新股则是已成立的股份公司为募集新的资金而发行的股票。

(5) 按发行对象和上市地区不同，可分为A股、B股、H股和N股等。A股是供我国内地地区个人或法人买卖，以人民币标明票面金额并以人民币认购和交易的股票。B股、H股和N股是专供外国和中国港澳台地区投资者买卖，以人民币标价但以外币认购和交易的股票。其中，B股在上海、深圳上市，H股在中国香港上市，N股在纽约上市。

3. 普通股筹资的优点

(1) 普通股筹资能增加股份公司的信誉。当自有资金增加时，企业就能为债权人提供较大的偿债保障，这有助于提高公司的信誉，增加公司的举债能力。

(2) 普通股筹资能减少股份公司的风险。由于普通股没有到期日，是公司的永久性资本，因此不存在不能偿付的风险。

(3) 普通股筹资没有固定的股息负担。只有公司有盈利并且认为适合分配股利时才进行股息支付，这一点与债券和优先股不同。

4. 普通股的缺点

(1) 资金成本较高。一般而言，普通股筹资的成本要高于借入资金。主要是由于投资与普通股的风险较高，相应地，股东要求较高的报酬。另外，普通股发行成本的存在也是导致资金成本较高的原因。

(2) 利用普通股筹资，增加新股东，可能会分散公司的控制权。

(3) 新股东的增加，有可能降低原股东的收益水平，从而导致股票价格的下跌。

(二) 优先股筹资

优先股是股份公司发行的具有一定优先权的股票。它既具有普通股的某些特征，又与债券有相似之处。从法律上讲，企业对优先股不承担还本义务，因此它是企业自有资金的一部分。

1. 优先股的特点

优先股的特点是相比较普通股有某些优先权利，包括优先分配股利和优先分配公司剩余财产。优先股与普通股比较一般具有如下特征：

（1）优先分配固定的股利。优先股股东通常优先于普通股股东分配股利，且其股利一般是固定的，受公司经营状况和营利水平的影响较少。优先股类似固定利息的债券。

（2）优先分配公司剩余财产。当公司破产清算时，优先股股东优先于普通股股东分配公司的剩余财产。

（3）优先股股东一般无表决权。在公司股东大会上，优先股股东一般没有表决权，通常也无权过问公司的经营管理。

（4）优先股可由公司赎回。发行优先股的公司，按照公司章程的有关规定，根据公司的需要，可以以一定的方式将所发行的优先股收回，以调整公司的资本结构。

2．优先股筹资的优点

（1）没有固定的到期日，不用偿还本金。

（2）股利支付率虽然固定，但无约束性。当公司财务状况不佳时，也可暂不支付，不像债券存在到期偿还本息的义务。

（3）优先股属于自有资金，能增强公司信誉及借款能力。

3．优先股筹资的缺点

（1）资金成本高。优先股股利虽低于普通股，但高于一般债券。

（2）优先股较普通股限制条款多。例如，企业需要优先保证优先股股东获得股利。

（三）留存收益筹资

1．留存收益筹资的渠道

留存收益筹资来源渠道有两个：

（1）盈余公积。盈余公积是指有指定用途的留存净利润，它是公司按照《公司法》规定从净利润中提取的积累资金，包括法定盈余公积和任意盈余公积。

（2）未分配利润。未分配利润是指未限定用途的留存净利润。这里有两层含义：一是这部分净利润没有分给公司的股东，二是这部分净利润未指定用途。

2．留存收益筹资的优点

（1）资金成本较普通股低。用留存收益筹资时不用考虑筹资费用，资金成本较普通股成本低。

（2）保持普通股股东的控制权。用留存收益筹资不用对外发行股票，不会稀释原有股东的控制权。

（3）可增强公司的信誉。留存收益筹资能够使企业保持较大的可支配的现金流，既可解决企业经营发展的资金需要，又能提高企业举债的能力。

3．留存收益筹资的缺点

（1）筹资数额有限制。留存收益筹资最大可能的数额是企业当期的税后利润和上年未分配利润之和。如果企业经营亏损，则不存在这一渠道的资金来源。

（2）资金使用受制约。留存收益中某些项目的使用，如法定盈余公积等，要受到国家有关规定的制约。

任务四 债务资本融资

债务资本融资是指通过负债筹集资金。债务融资资金具有时效性，到期需要偿还，并且无论企业盈亏均按期支付利息。就筹集方式而言，企业可以通过银行借款、发行公司债券、融资租赁、商业信用等方式筹集到所需的债务资金。

一、银行借款

银行借款是指企业根据借款合同向银行或其他金融机构借入的需要还本付息的款项。

（一）银行借款的种类

1. 按借款期限长短分类

银行借款按借款期限长短可分为短期借款和长期借款。短期借款是指借款期限在1年以内的借款，长期借款是指借款期限在1年以上的借款。

2. 按借款担保条件分类

银行借款按借款担保条件分为信用借款和担保借款。

3. 按借款用途分类

银行借款按借款用途可分为基本建设借款、专项借款和流动资金借款。

4. 按提供借款的机构分类

银行借款按提供借款的机构可分为政策性银行借款和商业银行借款。

（二）银行借款筹资的程序

1. 企业提出借款申请

企业要向银行借入资金，必须向银行提出申请，填写包括借款金额、借款用途、偿还能力、还款方式等内容的“借款申请书”，并提供有关资料。

2. 银行进行审查

银行对企业的借款申请要从企业的信用等级、基本财务情况、投资项目的经济效益、偿债能力等多方面做必要的审查，以决定是否向其提供贷款。

3. 签订借款合同

借款合同是规定借款单位和银行双方的权利、义务和经济责任的法律文件。借款合同包括基本条款、保证条款、违约条款及其他附属条款等内容。

4. 发放贷款

借款双方签订借款合同后，银行应如期向企业发放贷款。

5. 企业归还借款

企业应按借款合同规定按期足额归还借款本息。如因故不能按期归还，应在借款到期之前的3～5天内，提出延期申请，由贷款银行审定是否给予延期。

（三）银行借款的信用条件

向银行借款往往附带一些信用条件，主要有以下几个方面。

1. 补偿性余额

补偿性余额是银行要求借款企业在银行中保留一定数额的存款余额，为借款额的10% ~20%，其目的是降低银行贷款风险，但此做法加重了借款企业的利息负担。存在补偿性余额的情况下，实际利率的计算方式为：

$$实际利率=\frac{名义借款金额\times 名义利率}{名义借款金额\times(1-补偿性余额比例)}$$

【例4】某企业按年利率9%向银行借款100万元，补偿性余额比例10%。

要求：计算企业实际借款利率。

$$企业实际借款利率=\frac{名义利率}{1-补偿性余额比率}=\frac{9\%}{1-10\%}=10\%$$

2. 信贷额度

信贷额度是借款企业与银行在协议中规定的借款最高限额。在信贷额度内，企业可以随时按需要支用借款。但若协议是非正式的，则银行并无必须按最高借款限额保证贷款的法律义务。

3. 周转信贷协议

周转信贷协议是银行具有法律义务承诺提供不超过某一最高限额的贷款协议。企业享用周转信贷协议，要对贷款限额中的未使用部分付给银行一笔承诺费。

【例5】某企业与银行商定的周转信贷额度为2 000万元，承诺费为1%，该企业年度内实际借款额为1 600万元。求该企业应向银行支付的承诺费用。

$$应付承诺费=(2\ 000-1\ 600)\times 1\%=4\ （万元）$$

（四）借款利息的支付方式

1. 贴现法

贴现法是银行向企业发放贷款时，先从本金中扣除利息部分，而到期时借款企业则只偿还贷款全部本金的一种计息方法。采用这种方法，企业可利用的贷款额只有本金减去利息部分后的差额，因此贷款的实际利率高于名义利率。贴现贷款实际利率公式为：

$$贴现贷款实际利率=\frac{利息}{贷款金额-利息}\times 100\%$$

2. 加息法

加息法是银行发放分期等额偿还贷款时采用的利息收取方法。在分期等额偿还贷款的情况下，银行要将根据名义利率计算的利息加到贷款本金上，计算出贷款的本息和，要求企业在贷款期内分期偿还本息之和的金额。由于贷款分期均衡偿还，借款企业实际上只平均使用了贷款本金的半数，却必须支付全额利息。这样，企业所负担的实际利率便高于名义利率的一倍。加息贷款实际利率公式为：

$$加息贷款实际利率=\frac{贷款额\times 利息率}{贷款额\div 2}\times 100\%$$

【例6】某企业拟向银行借款10万元，年利率8%。银行另外还给出了如下3个互不相干的条件。

（1）维持贷款限额15%的补偿性余额。

（2）按贴现法付息。

（3）按加息法付息。

要求：根据以上条件为企业做出借款决策。

（1）有补偿性余额时借款的实际利率 $=\dfrac{10\times 8\%}{10\times(1-15\%)}\times 100\% = 9.4\%$

（2）按贴现法付息时借款的实际利率 $=\dfrac{10\times 8\%}{10\times(1-8\%)}\times 100\% = 8.7\%$

（3）按加息法付息时借款的实际利率 $=\dfrac{10\times 8\%}{10\div 2}\times 100\% = 16\%$

根据计算结果，应该选择按贴现法付息的借款决策。

（五）银行借款的优缺点

1．银行借款的优点

（1）筹资速度快。相比证券发行需要报批手续和印刷发行，银行借款筹资所需时间短，可以较快满足企业资金的需要。

（2）筹资成本低。与发行债券相比，银行借款利率较低，且不需支付发行费用。

（3）借款灵活性大。企业与银行可以直接接触，商谈借款金额、期限和利率等具体条款。借款后如情况有变化也可再次协商。到期还款有困难，如能取得银行谅解，也可延期归还。

2．银行借款的缺点

（1）筹资数额有限。银行一般不愿借出巨额的长期借款。因此，利用银行借款筹资有一定的上限。

（2）限制条款比较多。企业与银行签订的借款合同中，一般都有一些限制性条款，如定期报送有关报表、不准改变借款用途等，这些条款可能会限制企业的经营活动。

（3）筹资风险较高。企业举借长期借款存在还本付息的义务。在经营不善的情况下，企业可能会产生不能偿付的风险，甚至会导致破产。

二、发行公司债券

债券是企业按照法定程序发行的、承诺按一定利率定期支付利息，并到期偿还本金的有价证券，是持券人拥有公司债权的凭证。

（一）债券的种类

1．按发行主体分类，可分为政府债券、金融债券和企业债券

政府债券是由中央政府或地方政府发行的债券。政府债券风险小、流动性强。金融债券是银行或其他金融机构发行的债券。金融债券风险不大、流动性较强、利率较高。企业债券是由各类企业发行的债券。企业债券风险较大、流动性差别较大、利率较高。

2．按有无特定财产担保分类，可分为信用债券、抵押债券和担保债券

信用债券是指仅凭债券发行者的信用发行的、没有抵押品作为抵押或担保人作为担保的债券。例如，政府债券属于信用债券，信誉良好的企业也可发行信用债券。

抵押债券是指以一定抵押品作抵押而发行的债券。抵押债券可以采用的抵押品包括

土地、房屋、机器设备等不动产，以及公司的有价证券等。当企业不能偿还债券时，债权人可将抵押品拍卖以获取债券本息。

担保债券是指由一定保证人作担保而发行的债券。当企业没有足够的资金偿还债券时债权人可以要求保证人偿还。

3. 按偿还期限分类，可分为短期债券和长期债券

短期债券是指偿还期在 1 年以内的债券。长期债券是指偿还期在 1 年以上的债券。

4. 按是否记名分类，可分为记名债券和无记名债券

5. 按债券利率是否变动分类，可以分为固定利率债券和浮动利率债券

6. 按是否可转换为公司股票分类，可分为可转换债券和不可转换债券

（二）债券发行价格的确定

1. 影响债券发行价格的因素

（1）债券的票面金额。债券的票面金额是决定债券发行价格的最基本要素。债券发行价格的高低，从根本上来说取决于债券面额的大小。一般而言，债券面额越大，发行价格越高。

（2）债券期限。债券期限即债券自发行日至偿还全部本金所需要的时间。同银行借款一样，债券的期限越长，债权人的风险越大，要求的债券投资收益率就越高，债券的发行价格就可能较低；反之，可能较高。

（3）票面利率。债券的票面利率是债券的名义利率，通常在发行债券之前即已确定，并注明在债券票面。一般而言，债券的票面利率越高，发行价格也越高；反之，就越低。

（4）市场利率。债券发行时的市场利率是衡量债券票面利率高低的参照，两者的不一致会导致发行价格的变化。一般来说两者呈反向变动，债券的市场利率越高，债券的发行价格越低。

2. 债券发行价格的计算方法

公司债券发行价格通常有三种：平价、溢价和折价。平价指以债券的票面金额为发行价格；溢价指以高出债券票面金额的价格为发行价格；折价指以低于债券的票面金额的价格为发行价格。出现溢折价情况的原因在于发行时债券市场利率与票面利率不一致。由于票面利率已在发行之前确定并载明在债券之上，因此只能通过调整发行价格使债券顺利发行。

若每年年末支付利息、到期还本，则债券发行价格计算公式为：

$$\text{债券发行价格} = \frac{\text{票面金额}}{(1+\text{市场利率})^n} + \sum_{t=1}^{n} \frac{\text{年利息}}{(1+\text{市场利率})^t}$$

式中：n——债券期限；t——付息期数。

若到期一次还本付息，则债券发行价格的计算公式为：

$$\text{债券发行价格} = \frac{\text{票面金额} \times (1+\text{年利率} \times n)}{(1+\text{市场利率})^t}$$

【例7】某企业发行债券融资，面值500元，期限为5年，发行时市场利率为10%，每年年末付息，到期还本。

要求：分别按票面利率为8%、10%、12%计算债券的发行价格。

情况一，若票面利率为8%：

$$发行价格 = 500 \times 8\% \times (P/A, 10\%, 5) + 500 \times (P/F, 10\%, 5)$$
$$= 40 \times 3.7908 + 500 \times 0.6209 = 462.08（元）$$

情况二，若票面利率为10%：

$$发行价格 = 500 \times 10\% \times (P/A, 10\%, 5) + 500 \times (P/F, 10\%, 5)$$
$$= 50 \times 3.7908 + 500 \times 0.6209 = 500（元）$$

情况三，若票面利率为12%：

$$发行价格 = 500 \times 12\% \times (P/A, 10\%, 5) + 500 \times (P/F, 10\%, 5)$$
$$= 60 \times 3.7908 + 500 \times 0.6209 = 537.90（元）$$

【例8】按上述例7资料，改成单利计息，到期一次还本付息，其余不变。则债券的发行价格计算如下。

情况一，若票面利率为8%：

$$发行价格 = 500 \times (1 + 5 \times 8\%) \times (P/F, 10\%, 5)$$
$$= 700 \times 0.6209 = 434.63（元）$$

情况二，若票面利率为10%：

$$发行价格 = 500 \times (1 + 5 \times 10\%) \times (P/F, 10\%, 5)$$
$$= 750 \times 0.6209 = 465.68（元）$$

情况三，若票面利率为12%：

$$发行价格 = 500 \times (1 + 5 \times 12\%) \times (P/F, 10\%, 5)$$
$$= 800 \times 0.6209 = 496.72（元）$$

（三）债券筹资的优缺点

1. 债券筹资的优点

（1）资金成本较低。债券利息作为财务费用列支，其利息允许在税前抵扣，并且相比股票而言发行费用较低。因而公司发行债券成本一般低于股票成本。

（2）保证股东控制权。债券持有人无权参与公司的管理决策，因此企业发行债券不会分散公司控制权。

（3）可获得财务杠杆作用。无论发行公司的盈利多少，债券持有人一般只收取固定的利息，而更多的收益可用于分配给股东或留用于公司经营，从而增加股东和公司的财富。

2. 债券筹资的缺点

（1）财务风险较高。债券有固定的到期日，发行企业负有按时支付本息的义务。即使在公司经营不景气时，也需向债券持有人付息还本，这会加大公司的财务困难。

（2）限制条件较多。发行债券的限制条件一般比长期借款、租赁筹资的限制条件都要多且严格，从而限制了公司对债券筹资方式的使用，还可能影响企业的正常发展和以后的筹资能力。

（3）筹资额有限。利用债券筹资有一定的限度，而且当公司的负债超过一定比例后，债券筹资的成本会迅速上升。

三、融资租赁

租赁是承租人向出租人交付租金，出租人在契约或合同规定的期限内将资产的使用权让渡给承租人的一种经济行为。

（一）融资租赁的形式

1. 售后租回

售后租回，即根据协议，企业将某资产卖给出租人，再将其租回使用。

2. 直接租赁

直接租赁，即承租人直接向出租人租入所需要的资产，并付出租金。

3. 杠杆租赁

杠杆租赁涉及承租人、出租人和资金出借者三方当事人。从承租人的角度来看，这种租赁与其他租赁形式并无区别，同样是按合同的规定在基本租赁期内定期支付定额租金，取得资产的使用权。但对出租人却不同，出租人只出购买资产所需的部分资金作为自己的投资，另外以该资产作为担保向资金出借者借入其余资金。因此，他既是出租人又是贷款人，同时拥有对资产的所有权，既收取租金又要偿付债务。如果出租人不能按期偿还借款，资产的所有权就要转归资金的出借者。

（二）融资租赁与经营租赁的区别

1. 租赁程序不同

经营租赁：承租人可随时向出租人提出租赁资产的要求。

融资租赁：由承租人向出租人提出申请，然后出租人通过融通资金引进承租人所需设备，再租给承租人使用。

2. 租赁期限

经营租赁：租赁期短，不涉及长期固定的义务。

融资租赁：租期一般为租赁资产寿命的一半以上。

3. 合同约束

经营租赁：租赁合同灵活，在合理限制条件范围内，可以解除租赁契约。

融资租赁：租赁合同稳定，在租期内，承租人必须连续支付租金，非经双方同意，中途不得退租。

4. 租赁期满的合同处置

经营租赁：租赁期满后，租赁资产一般要归还给出租人。

融资租赁：租赁期满后，租赁资产的处置有三种方法可供选择，包括将设备作价转让给承租人，由出租人收回，延长租期续租。

5. 租赁资产的维修保养

经营租赁：租赁期内，出租人提供维修、保养和保险设备方面的服务。

融资租赁：租赁期内，出租人一般不提供维修保养方面的服务。

（三）融资租赁租金的计算

1. 租金构成

融资租赁租金包括设备价款和租息两部分，租息又可分为租赁公司的融资成本和租赁手续费等。

2. 租金的计算

一般采用等额年金法计算融资租赁业务的租金，其基本原理与资金时间价值中年金

的计算相同。

（1）后付租金的计算：后付租金即承租人每年年末支付等额租金。

$$A=P/\ (P/A,\ i,\ n)$$

【例9】新桥公司采用融资租赁方式于2009年1月1日从某租赁公司租入1台设备，设备价款为40 000元，租期为8年，到期后设备归新桥公司所有，为了保证租赁公司完全弥补融资成本、相关的手续费并有一定盈利，双方商定采用18%的折现率，试计算华联每年年末应支付的等额租金。

由公式 $A=P/\ (P/A,\ i,\ n)$ 可得，

$$A=P/(P/A,\ i,\ n)\ =40\ 000/(P/A,\ 18\%,\ 8)$$

$$=40\ 000/4.0776\approx 9\ 809.69$$

（2）先付年金的计算：先付年金即承租人每年年初支付等额租金。

$$A=P/\ [(P/A,\ i,\ n-1)+1]$$

或

$$A=P/\ [(P/A,\ i,\ n)\ (1+i)]$$

【例10】假如例9采用先付等额租金方式，则每年年初支付的资金额可计算如下：

由 $A=P/[(P/A,\ i,\ n-1)\ +1]$ 可得，

$$A=40\ 000/[(P/A,\ 18\%,\ 7)+1]$$

$$=40\ 000/(3.8115+1)\approx 8\ 313.42$$

（四）融资租赁筹资的优缺点

1. 融资租赁的优点

（1）融资租赁的实质是融资，尤其当企业资金不足、举债购买设备困难时，更显示其“借鸡生蛋，以蛋还鸡”办法的优势。

（2）融资租赁的资金使用期限与设备寿命周期接近，比一般借款期限要长，负债压力较小；在租赁期内租赁公司一般不得收回出租设备，使用有保障。

（3）融资与融物相结合，减少了承租企业直接购买设备的中间环节和费用，提高生产能力。

2. 融资租赁的缺点

（1）资金成本高。融资租赁的租金比举债利息高，因此总的财务负担重。

（2）不一定能享有设备残值。

四、商业信用

商业信用是指在商品交易中由于延期付款、预收货款或延期交货所形成的企业间的借贷关系，是企业之间的一种直接信用关系。其表现为商品交易中钱与货在时间上的分离，例如出现“先取货，后付款”和“先付款，后取货”两种情形，在筹资方式上属于自然融资。常见的商业信用包括应付账款、预收货款、应付票据等。

（一）应付账款

应付账款即赊购商品形成的欠款，是一种典型的商业信用形式。应付账款是卖方向买方提供信用，允许买方收到商品后不立即付款，可延迟一定时间。这样做既解决了买方暂时性的资金短缺困难，又便于卖方推销商品。

销售方在推出信用期限的同时，往往会明确给出现金折扣条款，目的是加速账款的收现。例如“2/10，1/20，n/30”，表示信用期为30天，允许买方在30天内免费占用资金。买方在10天内付款，可以享受2%的现金折扣；11～20天付款，可以享受1%的现金折扣；21～30天付款则不能享受折扣。此时，买方需要做出是否在信用期内提前付款而享受现金折扣的决策。放弃现金折扣的成本是一种机会成本，当放弃现金折扣成本率大于银行贷款利率时不应放弃现金折扣。其计算公式为：

$$放弃现金折扣成本率=\frac{现金折扣率\times 360}{(1-现金折扣率)\times(信用期-折扣期)}$$

【例11】立信公司以“2/10，n/30”信用条件购进一批原材料。这一信用条件意味着企业如在10天之内付款，可享受2%的现金折扣；若不享受现金折扣，货款应在30天内付清。则放弃折扣的成本为：

$$放弃现金折扣的成本=\frac{2\%}{1-2\%}\times\frac{360}{30-10}=36.73\%$$

这表明只要企业筹资成本不超过36.73%，就应当在第10天付款。

（二）预收货款

预收货款是指卖方按照合同或协议的规定，在发出商品之前向买方预收的部分或全部货款的信用行为。它等于卖方向买方先借一笔款项，然后用商品偿还。往往在某项商品热销时出现这种情况，买方愿意预付货款而取得期货，卖方则筹集到资金。

（三）应付票据

应付票据是购销双方按照购销合同进行商品交易，因延期付款而签发的，反映债权债务关系的一种信用凭证。根据承兑人的不同，应付票据分为商业承兑汇票和银行承兑汇票。应付票据是一种期票，是应付账款的书面证明，对于付款方而言是一种短期融资方式。

总的来说，商业信用融资有简单方便、无实际成本、约束和使用限制少等优点，但使用期限短。

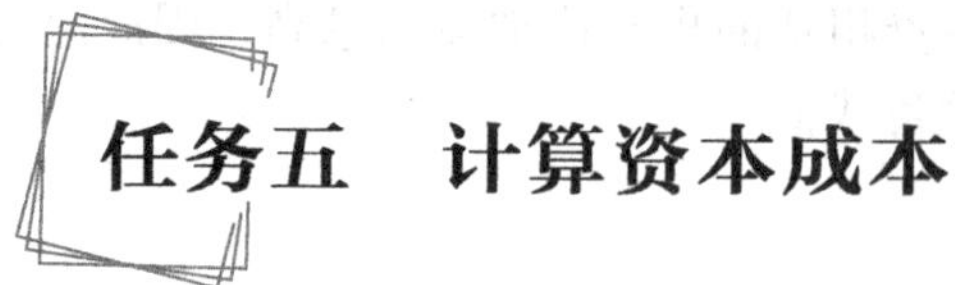

任务五　计算资本成本

一、资本成本的内涵

（一）资本成本的概念

企业从事生产经营离不开资金的使用和周转，在市场经济环境下资金的使用并不是无偿的。因此，提高资金使用效率以及对资金使用代价的权衡和把握成为重点要解决的问题。

资本成本又称为资金成本，是企业为筹集和使用长期资金而付出的代价。资本成本

包括筹资费用和用资费用两部分。

1．筹资费用

筹资费用是指企业为筹集资金而付出的代价。如向银行支付的借款手续费，向证券承销商支付的发行股票、债券的发行费等。筹资费用通常是在筹措资金时一次支付的，在用资过程中不再发生，可视为筹资总额的一项扣除。

2．用资费用

用资费用主要包括资金时间价值和投资者需要考虑的投资风险报酬两部分，如向银行借款所支付的利息、发放股票的股利等。用资费用与投资金额的大小、资金占用时间的长短有直接联系。

（二）资本成本分类

在企业筹资实务中，通常采用资金成本率来表示资本成本。资金成本率是指用资费用与有效筹资额之间的比率，通常用百分数表示。一般而言，资本成本有下列几类。

1．个别资本成本

筹集不同性质的资本意味着选择不同的筹资代价。因此，在计算资本成本时需要先对不同筹资方式进行个别资本成本的计算，这是后续计算分析的基础。

2．综合资本成本

当企业使用不止一种筹资方式筹集所需资金时，例如既向银行借款，同时又发放普通股，则需要在个别资本成本基础上进一步计算企业所有资本的总成本，即综合资本成本或加权平均资本成本。

3．边际资本成本

随着企业筹资规模的扩大，企业所承担的财务风险和筹资的难度也会提高，这势必增加筹资的代价。因而企业不能以不变的个别资本成本筹措无限量的资本，实际上企业总资本的综合资本成本也会随着筹资规模的扩大而提高。因此，有必要进一步计算在追加筹资情况下，企业的加权平均资本成本会发生什么样的变化，即边际资本成本。我们最终需要得知的是，当企业追加筹资量在不同范围内时，新增资本的综合资本成本是多少。

（三）资本成本的作用

1．资本成本是选择筹资方式、进行资本结构决策和选择追加筹资方案的依据

个别资本成本是企业选择筹资方式的依据，综合资本成本是企业进行资本结构决策的依据，边际资本成本是比较选择追加筹资方案的依据。

2．资本成本是评价投资项目、投资方向和追加投资决策的主要经济标准

一般而言，一个投资项目只有其投资利润率高于其资本成本，经济上才是合理的，否则，该投资项目不可行。国际上通常将资本成本视为投资项目的“最低利润率”，作为比较选择投资方案的主要标准。

3．资本成本还可作为评价企业整个经营业绩的重要标准

企业的整个经营业绩可以用企业全部投资的利润率来衡量，并可与企业全部资本的成本率相比较。如果利润率高于成本率，可以认为企业经营利好；反之，如果利润率低于成本率，则可认为企业经营不佳，需要改善经营管理，提高企业全部资本的利润率和

降低成本率。

二、资本成本的计量

资本成本可以用绝对数表示，也可以用相对数表示。资本成本用绝对数表示即为资金总成本，其金额为筹资费用和用资费用之和。由于它不能反映用资比例的多少，所以实务中较少使用。一般较为常用的是相对数表示的资本成本，它是资金占用费与筹资净额的比率。其计算公式为：

$$资本成本率=\frac{资金占用费}{筹资总额-资金筹集费}$$

由于资金筹集费一般以筹资总额的一定百分比进行计算，所以上述公式也可表示为：

$$资本成本率=\frac{资金占用费}{筹资总额\times(1-筹资费率)}$$

企业以不同方式筹集的资金所付出的代价一般是不同的，企业总的资本成本是由各项个别资本成本及资金比重所决定的。对资本成本的计算必须从个别资本成本开始。

（一）个别资本成本的计算

个别资本成本是指各种筹资方式所筹资金的成本，主要包括银行借款成本、债券成本、优先股成本、普通股成本和留存收益成本。

1. 长期借款资金成本

长期借款成本主要包括借款利息和筹资费用。长期借款利息一般按期支付，并计入当期费用在税前扣除，从而可以抵减企业所得税。银行借款资金成本的计算公式为：

$$K_i=\frac{I\ (1-T)}{L\ (1-f)}=\frac{i\ (1-T)}{1-f}$$

式中：K_i——银行借款成本；I——银行借款年利息；L——银行借款总额；T——所得税税率；f——银行存款筹资费率；i——银行借款年利息率。

【例12】立白公司计划从银行借款1 000万元，手续费率0.1%，年利率5%，期限3年，利息每年偿还一次，到期一次还本，公司所得税率为25%。

要求：计算该笔长期借款筹集资金成本率。

$$长期借款资金成本率=\frac{1\ 000\times5\%\times(1-25\%)}{1\ 000\times\ (1-0.1\%)}\times100\%=3.75\%$$

由于银行借款的手续费率很低，上式中的筹资费率常常可以忽略不计，则上式可以简化为：

$$\begin{aligned}长期借款资金成本率&=借款利率\times(1-所得税税率)\\&=5\%\times(1-25\%)\\&=3.75\%\end{aligned}$$

2. 债券资金成本

债券资金成本的计算与长期借款基本一致，其计算公式如下：

$$K_b=\frac{I(1-T)}{B_0(1-f)}=\frac{B\times i(1-T)}{B_0\times(1-f)}$$

式中：K_b——债券资金成本；I——债券年利息；T——所得税率；B——债券面值总

额；B_0——按发行价确定的债券筹资额；f——债券筹资费率；i——债券票面利息率。

【例 13】三元公司按面值发行债券 1 000 万元，筹资费率 2%，债券利息率 10%，期限 5 年，公司所得税率为 30%。

要求：计算该债券资金成本率。

$$债券资金成本率\ K_b = \frac{10\% \times (1-30\%)}{1-2\%} = 7.14\%$$

【例 14】三元公司按面值发行债券 1 000 万元，面额 1 000 元，按溢价 1 050 元发行，债券利息率 10%，期限 5 年，公司所得税率为 30%，筹资费率 2%。

要求：计算该债券资金成本率。

$$债券资金成本率\ K_b = \frac{1\,000 \times 10\% \times (1-30\%)}{1\,050 \times (1-2\%)} = 6.80\%$$

3. 优先股资金成本

企业发行的优先股属于权益性质的资本，但因其年股利额基本固定，实质上接近于债券年固定利息，因此，企业一般把优先股视为类似债券看待，其计算原理也与债券资金成本相同。

优先股与债券的区别有两点：第一，优先股股息税后支付，而债券利息在税前支付。债券利息能够带来节税收益，而优先股没有节税收益。第二，优先股与普通股一样，没有到期日。因此，优先股资金成本的计算采用永续年金形式，公式如下：

$$K_p = \frac{D}{P_0\ (1-f)}$$

式中：K_p——优先股资金成本；D——优先股年股利额；P_0——优先股筹资总额；f——优先股筹资费率。

【例 15】爱邦公司发行优先股，每股 10 元，年支付股利 1 元，发行费率 3%。

要求：计算该优先股资金成本率。

$$优先股资金成本率\ K_p = \frac{1}{10 \times (1-3\%)} = 10.31\%$$

4. 普通股资金成本

普通股资金成本包括股利和发行费用，目前常用的普通股资金成本计算方法有：股利折现模式、资本资产定价模式和债券收益加风险溢价模式。本书仅介绍股利折现模式下的固定股利模式和股利固定增长模式的相关计算。

（1）固定股利模式。固定股利模式假定企业未来普通股利额每年相等，不会发生变化。这样普通股与优先股股利的支付情况相同，可套用优先股资金成本的计算公式：

$$K_s = \frac{D}{P\ (1-f)}$$

（2）股利固定增长模式。股利固定增长模式假定企业普通股未来的股利按照固定的增长率上升，其公式如下：

$$K_s = \frac{D_1}{P\ (1-f)} + g$$

式中：D_1——预计下一期发放的股利额；g——预计未来股利的增长率。

【例 16】永诚公司发行普通股，每股面值 10 元，溢价 12 元发行，筹资费率 4%，第

1 年年末预计股利率 10%，以后每年增长 2%。

要求：计算该普通股资金成本率。

$$普通股资金成本率\ K_s = \frac{10 \times 10\%}{12 \times (1-4\%)} + 2\% = 10.68\%$$

5. 留存收益成本

留存收益又称留用利润，其使用并非没有代价，股东愿意将其留用于公司而不作为股利取出投资于别处，总是要求得到与普通股等价的报酬。因此，留存收益的成本是一种机会成本。留存收益成本的确定方法与普通股成本基本相同，但不用考虑筹资费用。其公式为：

$$K_e = \frac{D_1}{P_0} + g$$

式中：K_e——留存收益成本，其他符号含义与普通股成本计算公式相同。

【例 17】万联公司普通股目前的股价为 10 元/股，筹资费率 8%，刚刚支付的每股股利为 2 元，股利固定增长率 3%。

要求：计算该公司留存收益的资金成本率。

$$K_e = 2 \times (1+3\%)/10 + 3\% = 23.6\%$$

（二）综合资本成本的计算

综合资本成本是指企业全部长期资本的总成本，它是以各种资本所占的比重为权数，对各种资本成本进行加权平均计算出来的，又称为加权平均资金成本。一般来说，综合资本成本受两个因素的影响，一是各筹资方式筹集的个别资金成本；二是各筹资方式资金数额的比例结构。其计算公式如下：

$$K_w = \sum_{j=1}^{n} W_j K_j$$

式中：K_w——综合资本成本；W_j——第 j 种筹资方式筹资数量所占比重；K_j——第 j 种筹资方式筹集的个别资金成本。

综合资本成本的计算，存在着权数的选择问题，也就是按照什么权数来确定资金的比重。通常，可供选择的价值形式有账面价值、市场价值、目标价值等。

1. 账面价值权数

账面价值权数即以各项个别资本的会计报表账面价值为基础来计算资本权数，确定各类资本占总资本的比重。

2. 市场价值权数

市场价值权数即以各项个别资本的现行市价为基础来计算资本权数，确定各类资本占总资本的比重。

3. 目标价值权数

目标价值权数即以各项个别资本预计的未来价值为基础来确定资本权数，确定各类资本占总资本的比重。

【例 18】某公司资金总额为 1 000 万元，其中长期借款 200 万元，债券 200 万元，优先股 100 万元，普通股 450 万元，留存收益 50 万元，各种资金的成本分别为：$K_i = 5\%$，$K_b = 6\%$，$K_p = 10\%$，$K_c = 12\%$，$K_e = 15\%$。试计算该企业的综合资本成本。

(1) 计算各种资金所占的比重：

$$K_i = \frac{200}{1\ 000} \times 100\% = 20\%$$

$$K_b = \frac{200}{1\ 000} \times 100\% = 20\%$$

$$K_p = \frac{100}{1\ 000} \times 100\% = 10\%$$

$$K_c = \frac{450}{1\ 000} \times 100\% = 45\%$$

$$K_e = \frac{50}{1\ 000} \times 100\% = 5\%$$

(2) 该企业的综合资本成本为：

$$K_w = \sum_{j=1}^{n} W_j K_j = K_i \times W_i + K_b \times W_b + K_p \times W_p + K_c \times W_c + K_e \times W_e$$

$$= 5\% \times 20\% + 6\% \times 20\% + 10\% \times 10\% + 12\% \times 45\% + 15\% \times 5\%$$

$$= 9.35\%$$

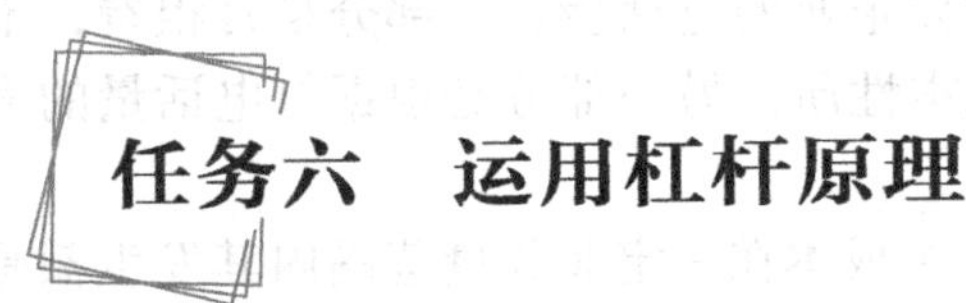

任务六　运用杠杆原理

一、杠杆效应的含义

物理学中的杠杆原理是指通过杠杆的使用，只用一个比较小的力量便可引起另一个力量的较大变动。这种杠杆是有形的。财务管理中存在的杠杆，是由于固定费用的存在，当业务量发生较小的变化时使得利润产生较大的变化。

财务管理中的杠杆效应有经营杠杆、财务杠杆和综合杠杆三种形式。要了解这些杠杆原理，首先要了解成本习性、边际贡献和息税前利润等相关术语的含义。

二、成本习性、边际贡献和息税前利润

(一) 成本习性

成本习性是指成本总额与业务量之间的依存关系。成本按习性可分为固定成本、变动成本和混合成本三类。

1. 固定成本

固定成本是指在一定时期和一定业务量范围内总额不受业务量变动影响而保持不变的成本。如企业设备的折旧费、保险费、管理人员工资、办公费等，这些费用在产销业务量的一定变动范围内保持固定不变。但是单位固定成本将随产量的增加而逐渐减小。此外，固定成本还可进一步区分为以下两类。

（1）约束性固定成本，即指支出数量不受管理层的决策行为影响的固定成本。它同企业生产经营能力形成及其维护相关联，如直线法计提的固定资产折旧费、保险费、财产税、管理人员工资等。这些成本是企业经营活动中必须负担的最低成本，具有较大程度的约束性。

（2）酌量性固定成本，是指管理层的决策行为能够改变其数额的固定成本，如企业的研究开发费用、广告费、职工培训费等。这类成本支出数额的多少可以随生产经营方针和财务负担能力而相应改变。

2. 变动成本

变动成本是指在一定时期和一定业务量范围内总额随业务量的变动发生正比例变动的成本。如企业生产过程中发生的直接材料、直接人工、制造费用中的产品包装费、按销量多少支付的推销佣金等。这些成本的总额将随产量或销量的变动成正比例变动，但产品的单位变动成本则保持不变。

3. 混合成本

混合成本是具有固定成本和变动成本双重习性的成本。混合成本按其与业务量的关系不同，可分为半变动成本和半固定成本两种。

（1）半变动成本。它是指成本总额在一个初始量的基础上随着业务量的增减变动而成正比例变动的成本。例如企业的电话费，一部分是月租费，不论用户本月是否打电话都必须缴费，属于固定成本性质；另一部分是根据打电话量的多少乘以单价计算，属于变动成本性质。

（2）半固定成本。这类成本在一定业务量范围内其发生额是固定的，当业务量增长到一定限额，其发生额就突然跳跃到一个新的水平，然后在业务量增长的一定限度内，其发生额又保持不变，直到另一个新的跳跃点产生为止。这类成本随产量的变化呈阶梯式增长，如企业的运货员、检验员及化验员的工资成本。

4. 总成本习性模型

由于成本按其习性可分为变动成本、固定成本和混合成本三类，混合成本又可以按一定的方法分解成变动成本部分和固定成本部分，那么总成本习性模型可以用直线方程式表示如下：

$$Y = a + bx$$

式中：Y 表示总成本；a 表示固定成本；b 表示单位变动成本；x 表示业务量。

企业可以运用上述总成本习性模型列出直线方程式，求出 a、b 的值来进行成本预测和决策。

（二）边际贡献和息税前利润

1. 边际贡献

边际贡献是指销售收入减去变动成本以后的差额。其计算公式如下：

边际贡献 = 销售收入总额 − 变动成本总额

= （销售单价 − 单位变动成本）× 产销量

= 单位边际贡献 × 产销量

2. 息税前利润及其计算

息税前利润（记作 EBIT）是指企业支付利息和缴纳所得税之前的利润。成本按习性

分类后，息税前利润可用下列公式计算：

$$息税前利润=销售收入总额-变动成本总额-固定成本$$
$$=(销售单价-单位变动成本)\times 产销量-固定成本$$
$$=边际贡献-固定成本$$

上式中的固定成本和变动成本不应包括利息费用因素，不论利息费用的习性如何，它不会出现在计算息税前利润公式之中。此外，息税前利润可以通过利润总额加上利息费用取得。

【例 19】某工厂生产显示器，每台耗用材料、人工等变动成本共 500 元，固定成本总额为 1 000 万元，共生产销售 5 万台。每台售价 1 000 元，求单位边际贡献、边际贡献和息税前利润。

$$单位边际贡献=1\,000-500=500\text{（元）}$$
$$边际贡献=500\times 5=2\,500\text{（万元）}$$
$$息税前利润\ (EBIT)=2\,500-1\,000=1\,500\text{（万元）}$$

三、经营杠杆

（一）经营风险

企业经营面临各种风险，可划分为经营风险和财务风险两种。经营风险是指由于经营上的原因给公司的收益（指息税前利润）或报酬率带来的不确定性。经营风险因具体行业、具体企业以及具体时期而异。市场需求、销售价格、成本水平、固定成本等因素的不确定性影响经营风险。

（二）经营杠杆的含义

由于固定成本的存在而导致息税前利润变动率大于产销量变动率的杠杆效应，称为经营杠杆。经营杠杆效应产生的原因是当销售量增加时，变动成本将同比例增加，销售收入也同比例增加，但固定成本总额不变，单位固定成本以反比例降低，这就导致单位产品成本降低，每单位产品利润增加，于是利润比销量增加得更快。经营杠杆常用于衡量经营风险的大小。

（三）经营杠杆的计量

经营杠杆主要通过经营杠杆系数（记作 DOL）来表示，它是指企业息税前利润变动率对销售量变动率的倍数，也就是销售量的变动，引起息税前利润变动的程度。

$$经营杠杆系数=\frac{息税前利润变动率}{销售量变动率}$$

或

$$DOL=\frac{\Delta EBIT/EBIT}{\Delta x/x}$$

经营杠杆系数反映销售量每增长百分之一，则息税前利润变动百分之几。

上述公式不便于实际计算，为了方便预测，将上述公式转换成如下公式：

$$经营杠杆系数=\frac{销售额-变动成本总额}{销售额-变动成本总额-固定成本总额}=\frac{边际贡献}{息税前利润总额}$$

或

$$DOL=\frac{S-V}{S-V-a}=\frac{T_{cm}}{EBIT}$$

式中：S——销售额；V——变动成本总额；T_{cm}——边际贡献。

【例20】某企业的固定成本总额为40万元，变动成本率为60%，当销售额分别为500万元、200万元、100万元时，其相应的经营杠杆系数分别为：

当$S=500$万元时：

$$经营杠杆系数=\frac{500-500\times60\%}{500-500\times60\%-40}=1.25$$

当$S=200$万元时：

$$经营杠杆系数=\frac{200-200\times60\%}{200-200\times60\%-40}=2$$

当$S=100$万元时：

$$经营杠杆系数=\frac{100-100\times60\%}{100-100\times60\%-40}=\infty$$

（四）经营杠杆与经营风险的关系

一般来说，在其他因素一定的情况下，固定成本越高，经营杠杆系数越大，企业经营风险也就越大。如果固定成本为零，则经营杠杆系数等于1。

在影响经营杠杆系数的因素发生变动的情况下，经营杠杆系数一般也会发生变动，从而产生不同程度的经营杠杆和经营风险。由于经营杠杆系数影响着企业的息税前利润，从而制约着企业的筹资能力和资本结构，因此经营杠杆系数是资本结构决策中的一个重要因素。

企业一般可以通过增加销售额、降低产品单位变动成本、降低固定成本比重等措施使经营杠杆系数下降，从而降低经营风险。但是这些往往受到条件的制约。

四、财务杠杆

（一）财务风险

财务风险也称筹资风险，是指企业在经营活动过程中与筹资有关的风险，尤其是指在筹资活动中利用财务杠杆可能导致企业权益资本收益下降的风险，甚至可能导致企业破产的风险。它主要表现为丧失偿债能力的可能性和股东每股收益即EPS的不确定性。

（二）财务杠杆的含义

财务杠杆是指在资本结构不变的情况下，由于固定财务费用的存在，导致息税前利润的增长而引起普通股每股收益以更大幅度增长。

财务杠杆的基本原理：在企业资本结构一定的条件下，企业从息税前利润中支付的债务利息是相对固定的，当息税前利润增多时，每一元息税前利润所负担的债务利息就会相应地降低，扣除所得税后可分配给企业所有者的利润就会增加，从而给企业所有者带来额外收益。这种由于固定财务费用的存在而导致普通股每股收益变动率大于息税前利润变动率的杠杆效应，称为财务杠杆。

（三）财务杠杆的计量

财务杠杆主要通过财务杠杆系数（记作DFL）来表示，它是普通股每股收益变动率相对于息税前利润变动率的倍数。它可用于反映财务杠杆的作用程度，评价财务风险的

高低。计算公式为：

$$财务杠杆系数 = \frac{普通股每股收益变动率}{息税前利润变动率}$$

或
$$DFL = \frac{\Delta EPS/EPS}{\Delta EBIT/EBIT}$$

式中：ΔEPS——普通股每股收益变动额；EPS——普通股每股收益。

为方便计算，可将上式变换成：

$$财务杠杆系数 = \frac{息税前利润}{息税前利润 - 利息}$$

或
$$DFL = \frac{EBIT}{EBIT - I}$$

式中：I——债务利息。

【例 21】某企业全部资本为 800 万元，债务资本比率为 50%，债务利率为 10%，息税前利润为 100 万元，财务杠杆系数计算如下：

$$财务杠杆系数 = \frac{100}{100 - 800 \times 50\% \times 10\%} = 1.67$$

该数值表示当息税前利润增加 1% 时，普通股每股收益增加 1.67%；当息税前利润下降 1% 时，普通股每股收益下降 1.67%。

若上例中债务资本比例为 80%，其他条件不变，则：

$$财务杠杆系数 = \frac{100}{100 - 800 \times 80\% \times 10\%} = 2.78$$

该数值表示当息税前利润增加 1% 时，普通股每股收益增加 2.78%；当息税前利润下降 1% 时，普通股每股收益下降 2.78%。

（四）财务杠杆与财务风险的关系

由于财务杠杆的作用，当息税前利润下降时，税后利润下降得更快，从而给企业股权资本所有者造成财务风险。财务杠杆会加大财务风险，企业举债比重越大，财务杠杆效应越强，财务风险越大。财务杠杆系数一般大于或等于 1，财务杠杆系数越高，说明企业的财务风险越大。

控制财务风险的方法有：控制负债比率，即通过合理安排资本结构，适度负债使财务杠杆利益抵消风险增大所带来的不利影响。

五、综合杠杆

（一）综合杠杆的含义

综合杠杆也称为复合杠杆，它是经营杠杆和财务杠杆的综合作用。经营杠杆是通过销售额的变动，影响企业息税前利润的变动；财务杠杆则是通过息税前利润的变动，引起普通股每股收益的变动。如果两种杠杆共同起作用，那么销售额的细微变动就会使每股收益产生更大的变动。

因此，综合杠杆是指由于固定生产经营成本和固定财务费用的共同存在而导致的普通股每股收益变动率大于产销量变动率的杠杆效应。

（二）综合杠杆的计量

综合杠杆通过综合杠杆系数（记作 DTL）来表示，它是普通股每股收益变动率相对于销售额变动率的倍数，它等于经营杠杆系数与财务杠杆系数的乘积。其计算公式为：

$$
\begin{aligned}
\text{综合杠杆系数} &= \frac{\text{普通股每股收益变动率}}{\text{销售额变动率}} \\
&= \frac{\text{普通股每股收益变动率}}{\text{息税前利润变动率}} \times \frac{\text{息税前利润变动率}}{\text{销售额变动率}} \\
&= \text{财务杠杆系数} \times \text{经营杠杆系数}
\end{aligned}
$$

或

$$DTL = \frac{\Delta EPS/EPS}{\Delta x/x} = DFL \times DOL$$

为方便计算，可以把上式简化为：

$$
\begin{aligned}
\text{综合杠杆系数} &= \frac{\text{销售额}-\text{变动成本总额}}{\text{销售额}-\text{变动成本总额}-\text{固定成本总额}-\text{利息}} \\
&= \frac{\text{边际贡献}}{\text{息税前利润}-\text{利息}}
\end{aligned}
$$

或

$$DTL = \frac{S-V}{S-V-a-I} = \frac{T_{cm}}{EBIT-I}$$

【例 22】某企业长期负债额为 200 万元，负债利率为 15%，固定成本总额为 40 万元，变动成本率为 60%，当销售额为 175 万元、300 万元、525 万元时，综合杠杆系数分别为：

（1）当销售额为 175 万元时：

$$\text{综合杠杆系数} = \frac{175-175\times 60\%}{175-175\times 60\%-40-200\times 15\%} = \infty$$

（2）当销售额为 300 万元时：

$$\text{综合杠杆系数} = \frac{300-300\times 60\%}{300-300\times 60\%-40-200\times 15\%} = 2.4$$

（3）当销售额为 525 万元时：

$$\text{综合杠杆系数} = \frac{525-525\times 60\%}{525-525\times 60\%-40-200\times 15\%} = 1.5$$

（三）综合杠杆与企业风险的关系

由于综合杠杆作用使普通股每股收益大幅度波动造成的风险，称为综合风险。综合风险直接反映企业的整体风险。在其他因素不变的情况下，综合杠杆系数越大，综合风险越大；综合杠杆系数越小，综合风险越小。

必须注意的是，企业为了达到某一综合杠杆系数，可以对经营杠杆和财务杠杆进行不同的组合。例如，经营杠杆较高的公司可以选择较少使用财务杠杆；经营杠杆较低的公司可以选择在较高的程度上使用财务杠杆。

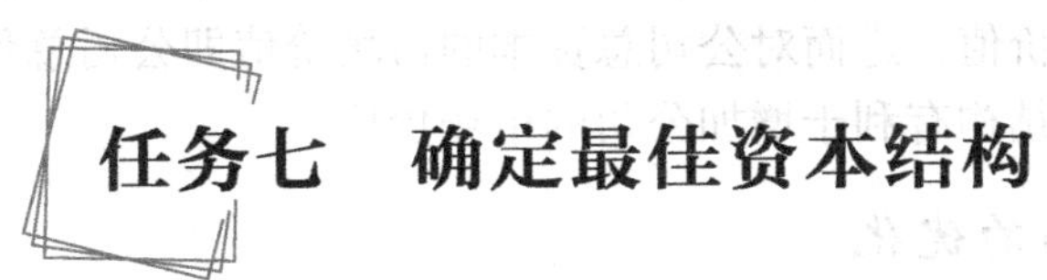

任务七　确定最佳资本结构

一、资本结构的含义

资本结构是指企业资本总额中各种资本的构成及其比例关系。在企业筹资管理活动中，资本结构有广义和狭义之分。广义的资本结构是指企业全部资本价值的构成及其比例关系，它不仅包括长期资本，还包括短期资本。狭义的资本结构是指企业各种长期资本价值的构成及其比例关系，尤其是指长期的股权资本与债权资本的构成及其比例关系。在狭义的资本结构下，短期债务资本作为营运资本来管理。本项目所指的资本结构是狭义的资本结构。

企业资本结构是由企业采用各种筹资方式筹集资金而形成的，各种筹资方式的不同组合决定着企业资本结构及其变化。企业筹资方式有很多，但总的来说分为负债资本和权益资本两类。因此，资本结构问题总的来说是负债资本的比例问题，即负债在企业全部资本中所占的比重。

二、资本结构的意义

在企业的资本结构决策中，合理地利用债权筹资，科学地安排债权资本的比例，对企业有重要的影响，其意义主要有以下几个方面。

1. 合理安排债务资本有利于降低企业的资金成本

企业利用债务筹集资金的利率通常低于普通股利率，况且债务资本的利息是从税前列支的，可减少缴纳所得税的数额，因此，债务资本成本明显低于权益资本成本。企业在一定的限度内增加债务资本，就可以降低企业加权平均资金成本；而减少债务资本，则会使加权平均资金成本上升。

2. 利用债务资本获取财务杠杆效应

企业承担的债务资本利息通常都是固定不变的。当企业经营得当时，息税前利润就会增大，每一元利润所负担的固定利息就会相应减少，这能给每一股普通股带来更多的收益。因此，企业在息税前利润较多、增长幅度较大时，应适当地利用债务资本，发挥财务杠杆效应，以增加每股收益，从而使企业股票价格上涨。

3. 合理安排债权资本比例可以增加公司的价值

一般而言，一家公司的价值应该等于其债权资本的市场价值与股权资本的市场价值之和，用公式表示为：

$$V=B+S$$

式中：V——公司总价值，即公司总资本的市场价值；B——公司债权资本的市场价值；S——公司股权资本的市场价值。

上列公式清楚地表达了资本的市场价值计量反映的资本属性结构与公司总价值的内

在关系。公司的价值与公司的资本结构是联系的，资本结构会影响公司的债权资本市场价值和股权资本市场价值，进而对公司总资本的市场价值即公司总价值具有重要的影响。因此，合理安排资本结构有利于增加公司的市场价值。

三、资本结构的优化

资本结构的优化意在寻求最优资本结构，使企业综合资本成本最低、企业风险最小、企业价值最大。从理论上讲，最佳资本结构是存在的，但由于企业内部条件和外部环境的经常性变化，导致保持最佳资本结构十分困难。因此，在实践中，目标资本结构通常是企业结合自身实际进行适度负债经营所确立的资本结构。以下将介绍几种常用的优化资本结构方法。

（一）每股收益无差别点法

每股收益无差别点法又称为 EBIT－EPS 分析法。可以用每股收益的变化来判断资本结构是否合理，即能够提高普通股每股收益的资本结构，就是合理的资本结构。每股收益受到经营利润水平、债务资本成本水平等因素的影响，分析每股收益与资本结构的关系，可以找到每股收益无差别点。

每股收益无差别点，是指普通股每股税后收益不受筹资方式影响的销售水平或息税前利润。在每股收益无差别点上，无论是采用债务还是股权筹资方案，每股收益都是相等的。并且根据每股收益无差别点，可以判断在什么情况下利用债务筹资来安排和调整资本结构。

每股收益的计算公式如下：

$$EPS=\frac{(EBIT-I)(1-T)-D}{N}$$

则每股收益无差别点可通过下式计算得出：

$$\frac{(\overline{EBIT}-I_1)(1-T)-D_1}{N_1}=\frac{(\overline{EBIT}-I_2)(1-T)-D_2}{N_2}$$

式中：$\overline{EBIT}$——无差别点的息税前利润；I_1、I_2——两种筹资方式下的债务利息；N_1、N_2——两种筹资方式下普通股股数；T——所得税税率。

【例23】某公司原有资本 700 万元，其中债务资本 200 万元（每年负担利息 24 万元），普通股资本 500 万元（发行普通股 10 万股，每股面值 50 元）。由于扩大业务，需追加筹资 300 万元，其筹资方式有两种：

一是全部发行普通股：增发 6 万股，每股面值 50 元；二是全部筹措长期债务：债务利率仍为 12%，利息 36 万元。公司所得税税率为 25%。

要求：（1）计算每股收益无差别点。

（2）若预计增资后息税前利润为 1 000 万元，采用哪个方案为佳？

（1）$\frac{(\overline{EBIT}-24)\times(1-25\%)}{10+6}=\frac{(\overline{EBIT}-24-36)\times(1-25\%)}{10}$

解得，$\overline{EBIT}=120$（万元）

（2）当预计增资后息税前利润为 1 000 万元时，

方案一的 $EPS=(1\ 000-24)\times(1-25\%)/16=45.75$ 元/股；

方案二的 $EPS=(1\ 000-24-36)\times(1-25\%)/10=70.5$ 元/股。

此时，由于方案二的 EPS 大于方案一的 EPS，因此公司应采纳方案二。

（二）平均资本成本比较法

平均资本成本比较法是指通过计算和比较各种可能的筹资组合方案的平均资本成本，选择平均资本成本率最低的方案，即能够降低平均资本成本的筹资组合，就是合理的资本结构。这种方法是侧重于从资本投入的角度对筹资方案和资本结构进行优化分析。

【例24】某企业拟筹资规模确定为600万元，有三个备选方案，其资本结构和相对应的个别资本成本如表4－4所示。

表4－4

项目	方案A		方案B		方案C	
	筹资额/万元	资本成本	筹资额/万元	资本成本	筹资额/万元	资本成本
长期借款	100	6%	140	6.5%	200	7%
债券	300	9%	160	7.5%	240	8%
普通股	200	15%	300	15%	160	15%
合计	600	—	600	—	600	—

要求：采用平均资本成本比较法选择最佳资本结构。

计算各方案的平均资本成本：

$$A\text{方案：}K_A=\frac{100}{600}\times6\%+\frac{300}{600}\times9\%+\frac{200}{600}\times15\%=10.5\%$$

$$B\text{方案：}K_B=\frac{140}{600}\times6.5\%+\frac{160}{600}\times7.5\%+\frac{300}{600}\times15\%=11.02\%$$

$$C\text{方案：}K_C=\frac{200}{600}\times7\%+\frac{240}{600}\times8\%+\frac{160}{600}\times15\%=9.53\%$$

计算后比较发现，方案C的平均资本成本最低，则采用C方案可获得最佳资本结构。

案例分析

由于题目假设公司筹资过程中的筹资费用可以忽略不计，所得税税率为25%，则

$$\text{方案A的筹资成本}=12\%\times(1-25\%)=9\%$$

$$\text{方案B的筹资成本}=2/10\times100\%+3\%=13\%$$

通过比较筹资成本后可知，方案A的筹资成本较低，应选择A方案。

职业能力训练

一、单项选择题

1. 下列筹资方式中，常用来筹措短期资金的是（　　）。

A. 商业信用　　B. 发行股票　　C. 发行债券　　D. 融资租赁

2. 某信贷周转协议额度为200万元，承诺费率为0.3%，借款企业年度内使用70万元，因此，必须向银行支付承诺费（　　）。

A. 9 000元　　B. 3 900元　　C. 2 100元　　D. 3 000元

3. 与其他负债资金筹资方式相比，下列各项属于融资租赁缺点的是（　　）。

A. 资金成本较高　　B. 财务风险较大　　C. 税收负担重　　D. 筹资速度慢

4. 某企业规定的信用条件是“2/10，1/20，*n*/30”。一客户从该企业购买100 000元的材料，并于第19天付款，则该客户实际支付的货款是（　　）。

A. 97 000元　　B. 98 00元　　C. 99 000元　　D. 100 000元

5. 某企业按年利率5.8%向银行借款1 000万元，银行要求保留15%的补偿性余额，则这项借款的实际年利率是（　　）。

A. 5.82%　　B. 6.42%　　C. 6.82%　　D. 7.32%

6. 某公司拟发行一种面值为1 000元，票面利率12%，期限3年，到期一次还本付息的公司债券。假设发行时市场利率为10%，则其发行价格为（　　）。

A. 1 000元　　B. 1 021.79元　　C. 1 050元　　D. 980元

7. 下列资本成本形式中，可以作为企业资本结构决策基本依据的是（　　）。

A. 个别资本成本　　B. 权益资本成本　　C. 债务资本成本　　D. 综合资本成本

8. 某公司推销员每月固定工资800元，在此基础上，推销员还能得到推销收入0.1%的奖金，则推销员的工资费用属于（　　）。

A. 半变动成本　　B. 半固定成本　　C. 酌量性固定成本　　D. 变动成本

9. 在息税前利润大于0的情况下，只要企业存在固定成本，那么经营杠杆系数必（　　）。

A. 大于1　　B. 与销售量成正比

C. 与固定成本成反比　　D. 与风险成反比

10. 一般情况下，在企业各种资金来源中，资本成本率最高的是（　　）。

A. 债券　　B. 银行长期借款　　C. 优先股　　D. 普通股

二、多选题

1. 下列属于企业的筹资方式的有（　　）。

A. 银行借款　　B. 发行债券　　C. 发行股票

D. 发行长期债券　　E. 融资租赁

2. 敏感资产项目一般包括（　　）。

A. 现金　　B. 短期投资　　C. 应收账款

D. 存货　　E. 固定资产

3. 与负债筹资相比，属于发行股票筹资的优点有（　　）。

A. 筹集的是主权资金　　B. 筹集的是永久性资金

C. 资金筹集费和占用费较低　　D. 没有固定的股利负担

E. 不会分散公司的控制权

4. 向银行借款的信用条件包括（　　）。

A. 利率变化　　B. 信贷额度　　C. 周转信贷协议

D. 补偿性余额　　E. 按贴现法计息

5. 资本成本包括（　　）。

A. 用资费用　　B. 筹资费用　　C. 生产费用

D. 管理费用　　E. 财务费用

6. 下列属于固定成本的有（　　）。

A. 企业的电话费　　B. 直线法计提的折旧费

C. 保险费　　D. 管理人员工资　　E. 办公费

7. 影响债券发行价格的因素有（　　）。

A. 债券面额　　B. 市场利率　　C. 票面利率

D. 债券期限　　E. 通货膨胀率

8. 下列筹资活动会加大财务杠杆作用的是（　　）。

A. 增发普通股　　B. 增发公司债券　　C. 利用留存收益

D. 增加银行借款　　E. 减少银行借款

三、判断题

1. 通过发行股票筹资，可以不付利息，因此其成本比借款筹资的成本低。（　　）

2. 长期资金可以通过采用商业信用的方式来筹集。（　　）

3. 留存收益是企业利润形成的，不需要对外筹集，所以留存收益没有资金成本。（　　）

4. 资金成本的本质是企业在筹资和使用资金时实际付出的代价。（　　）

5. 如果销售具有较强的周期性，则企业在筹集资金时不适宜过多采用负债筹资。（　　）

四、计算题

1. 光明公司 2011 年度资产负债表如表 4－5 所示。

表 4－5　资产负债表

2011 年度　　　　单位：万元

资产	期末余额	负债和所有者权益	期末余额
货币资金	403.2	短期借款	788
应收票据	522	应付票据	381.6
应收账款	540	应付账款	534.24
存货	2 311.2	其他应付款项	851.76
固定资产净额	2 223.6	应付债券	980
		实收资本	2 140
		留存收益	324
资产总计	6 000	负债和所有者权益合计	6 000

该公司 2011 年度销售额为 7 200 万元，销售利润率为 12%，股利支付率为 68%。公

司现在生产能力尚未饱和，增加销售额不需要追加固定资产投资。经预测，2012 年公司的销售额将增加到 8 400 万元，企业销售净利率和股利分配政策不变。

要求：根据以上资料，采用销售额比率法预测光明公司需要增加的资金数额和对外筹资数额。

2. 某公司拟发行 5 年期债券进行筹资，债券票面金额为 1 200 元，票面利率为 10%，当时市场利率为 8%，计算在以下两种情况下，该公司债券发行价格应为多少才是合适的：

（1）单利计息，到期一次还本付息。

（2）每年付息一次，到期一次还本。

3. 某企业需要筹集资金 6 000 万元，拟采用三种方式筹资。

（1）向银行借款 1 000 万元，期限 3 年，年利率 10%，借款费用忽略不计。

（2）按面值发行 5 年期债券 1 500 万元，票面利率为 12%，筹资费用率为 2%。

（3）按面值发行普通股 3 500 万元，筹资费用率为 4%，预计第一年股利率为 12%，以后每年增长 5%。假设该公司适用的所得税率为 33%。

要求：（1）分别计算三种筹资方式的个别资本成本。

（2）计算新筹措资金的加权平均资本成本。

4. 某公司 2012 年发行在外普通股 1 000 万股，公司年初发行了一种债券，数量 1 万张，每张面值 1 000 元，票面利率为 10%，发行价格为 1 100 元，债券年利息为公司全年利息总额的 10%，发行费用占发行价格的 2%。该公司全年固定成本总额为 1 500 万元（不含利息费用），2012 年的净利润为 750 万元，所得税税率为 25%。

要求：根据上述资料计算下列指标。

（1）2012 年利润总额。

（2）2012 年公司全年利息总额。

（3）2012 年息税前利润总额。

（4）2012 年债券筹资的资本成本（计算保留两位小数）。

（5）公司财务杠杆系数。

（6）2013 年，该公司打算为一个新的投资项目融资 5 000 万元。现有两个方案可供选择：按 12% 的利率发行债券（方案 1），按每股 20 元发行新股（方案 2）。计算两个方案每股利润无差别点的息税前利润。

五、案例分析题

东方实业公司筹资决策案例

东方实业公司是一个大型石化制造集团，现有 15 个厂家，具备加工、销售、进出口、物流配送等专业公司。公司急需 2 亿元资金用于技术改造项目。为此，总经理梁某于 2008 年 10 月 6 日开会讨论筹资问题。下列是与会人员发言和有关资料。

总经理梁某首先发言："公司技术改造项目经专家、学者论证已被股东会正式批准。这个项目的投资额预计为 10 亿元，新增产能 10 万吨。项目改造完成后，公司的新增产品性能可达到国际先进水平。现在项目正在积极实施中，但目前资金不足，准备在明年 3 月筹措 2 亿元资金，请各位讨论如何筹措资金。"

生产副总经理余万里说："该技改项目投资少、效益高，内部测算在2年内完成建设并投产，并在投产后3年内完全收回资金。所以，我建议发行5年期的债券筹集资金。"

财务副总经理周平提出不同意见："目前公司全部资本总额为8亿元，其中自有资本为4亿元，借入资本为4亿元，自有资本比例为50%，在我国同类企业处于中等水平。如果再利用债券筹集2亿元资本，负债比例将达到60%，负债比例进一步提高，财务风险增大。因此，不能利用债券筹资，只能靠发行普通股或优先股筹集资金。"

但金融专家李明却认为：以我国金融市场相关规定和运作过程来看，公司在目前条件下发行2亿元普通股股票存在难度，而且时间太慢，发行优先股可以考虑。按照目前的利率水平和市场状况，优先股的年股息率不能低于17%，否则无法发行。如果发行债券，由于要定期付息还本，投资者的风险较小，估计12%的利息率就可顺利发行。

某社科研究中心的陈教授认为：目前我国经济处于繁荣时期，但政府已察觉经济"过热"带来的弊端，下一步可能采取宏观调控措施进行"降温"。到时公司所处行业可能受到影响，销量下降。因此在进行筹资和投资时应考虑这一因素，切勿盲目上项目。

销售副总经理林青认为：宏观调控对该公司的销售影响不大，理由是公司产品在近几年销售情况一直很好，畅销全国29个省市，过半产品在市场上处于脱销状态。国家采取宏观调控措施对本行业的影响，仅限于对质次价高的产品带来冲击，估计对本公司产品影响较小。

财务副总经理周平补充说："本公司目前税后资金利润率为15%，技改项目采用到的现金设备符合国家税费减免条件，项目投产后预计税后资金利润率将达到18%左右。"所以，他认为技改项目应实施。

来自某大学的财务专家张教授听了大家的发言后指出：以17%的股息率发行优先股不可行，因为发行优先股所花费的筹资费用较多，考虑筹资费用后预计优先股的资金成本将达到20%，显然已高于公司税后资金利润率。如果发行债券，由于利息可在税前支付，实际成本大约在9%。他还认为，目前我国经济形势处于通货膨胀时期，利息率比较高，此时不适宜发行较长时期的具有固定负担的债券或优先股股票，因为这样做会长期负担较高的利息或股息。因此，张教授认为，应首先向银行筹措2亿元资金，期限为1年，一年以后，再以较低的股息率发行优先股股票来替换技术改造贷款。

财务副总经理周平听完张教授的分析后，也认为优先股资金成本过高，的确会给公司带来沉重的财务负担。但是他不同意张教授的建议，因为目前条件下向银行筹措2亿元贷款难度十分巨大。

结合上述案例资料，讨论下列问题：

1. 银行借款、发行债券和股票筹资各自的优缺点是什么？
2. 如果你是总经理，你最后会采纳哪种筹资方式？
3. 本案例对你有哪些启示？

项目五
项目投资管理

知识目标

- 掌握项目投资现金流量、现金流入量、现金流出量的含义及计算方法。
- 掌握项目投资动态指标和静态评价指标的计算方法。
- 掌握利用各项财务指标的优缺点，评价的依据和条件。

能力目标

- 能够计算与分析项目投资的现金流量。
- 能够计算与分析项目投资的现金净流量、净现值等指标。
- 能够利用评价指标对项目投资的财务可行性进行评价分析。

案例导入

甲公司可以投资的资本总量为 10 000 万元，资本成本为 10%，现有三个投资项目，有关数据如表 5－1 所示：

表 5－1

项目	时间（年末）	0	第 1 年	第 2 年	现金流入现值	净现值	现值指数
	现值因素（10%）	1	0.9091	0.8264			
A	现金流量	－10 000	9 000	5 000			
	现值	－10 000	8 182	4 132	12 314	2 314	1.23
B	现金流量	－5 000	5 057	2 000			
	现值	－5 000	4 597	1 653	6 250	1 250	1.25
C	现金流量	－5 000	5 000	1 881			
	现值	－5 000	4 546	1 555	6 100	1 100	1.22

◉试讨论分析以下问题：

1. 以上方案是否可行？
2. 如果都可行，请问应该选择哪个方案更好？

任务一 项目投资概述

一、项目投资的含义及特点

项目投资[1]（Project Investment）是一种以特定项目为对象，直接与新建项目或更新改造项目有关的长期投资行为。项目投资按其涉及内容还可进一步细分为单纯固定资产投资项目和完整工业投资项目。单纯固定资产投资项目的特点在于：在投资中只包括为取得固定资产而发生的垫支资本投入但不涉及周转资本的投入；完整工业投资项目则不仅包括固定资产投资，而且还涉及流动资金投资，甚至包括其他长期资产项目（如无形资产、长期待摊费用等）的投资。我们通常说的项目投资，是指完整工业投资项目。

完整工业投资项目主要包括以新增生产能力为目的的新建项目和以恢复或改善生产能力为目的的更新改造项目两种类型。

与其他形式的投资相比，项目投资具有投资内容独特（每个项目至少涉及一项固定资产投资）、投资数额多、影响时间长（至少一年或一个营业周期以上）、发生频率低、变现能力差和投资风险大的特点。

二、项目计算期

项目计算期是指投资项目从投资建设开始至最终清理结束整个过程的全部时间，包括建设期和运营期（具体又包括投产期和达产期）。其中，建设期是指项目资金正式投入开始到项目建设完成投产为止所需要的时间，建设期的第一年年初称为建设起点，建设期的最后一年年末称为投产日。在实践中，通常应参照项目建设的合理工期或项目建设进度计划合理确定建设期。项目计算期的最后一年年末称为终结点，假定项目最终报废或清理均发生在终结点（但更新改造项目除外）。从投产日到终结点之间的时间间隔称为运营期，还包括试产期和达产期（完全达到设计生产能力）两个阶段。试产期是指项目投入生产，但生产能力尚未完全达到设计能力时的过渡阶段。达产期是指生产运营达到设计预期水平后的时间。运营期一般应根据项目主要设备的经济使用寿命期确定。

项目计算期、建设期和运营期之间存在以下关系：

$$项目计算期 = 建设期 + 运营期$$

例如，H 公司某项目建设期为 2 年，项目可以使用 5 年，即运营期为 5 年，项目计算期为 2 +5 =7 年。

---

① 注：项目投资有别于资本投资，且为直接投资。

三、项目投资的内容与资金投入方式

(一) 项目投资的内容

从项目投资的角度看，原始投资（又称初始投资）等于企业为使该项目完全达到设计生产能力、开展正常经营而投入的全部现实资金，包括建设投资和流动资金投资两项内容。

建设投资是指在建设期内按一定生产经营规模和建设内容进行的投资，具体包括固定资产投资、无形资产投资和其他资产投资三项内容。流动资金投资是指在投资项目中发生的用于生产经营期周转使用的营运资金投资，又称为垫支流动资金。

固定资产投资是指项目用于购置或安装固定资产应当发生的投资。固定资产原值与固定资产投资之间的关系如下：

固定资产原值 = 固定资产投资 + 建设期资本化借款利息

项目总投资是反映项目总体规模价值的指标，等于原始投资、建设期资本化利息、流动资金之和。

【例1】A企业拟新建一条生产线，需要在建设起点一次投入固定资产投资300万元，在建设期末投入无形资产投资35万元。建设期为1年，建设期资本化利息为10万元，全部计入固定资产原值。流动资金投资合计为20万元。

根据上述资料可计算该项目有关指标如下：

(1) 固定资产原值 = 300 + 10 = 310（万元）

(2) 建设投资 = 300 + 35 = 335（万元）

(3) 原始投资 = 335 + 20 = 355（万元）

(4) 项目总投资 = 355 + 10 = 365（万元）

(二) 项目投资的资金投入方式

项目投资的投入方式包括一次投入和分次投入两种。一次投入方式是指投资行为集中一次发生在项目计算期第一个年度的年初或年末。如果投资行为涉及两个或两个以上年度，或虽然只涉及一个年度但在该年的年初和年末发生，则属于分次投入方式。

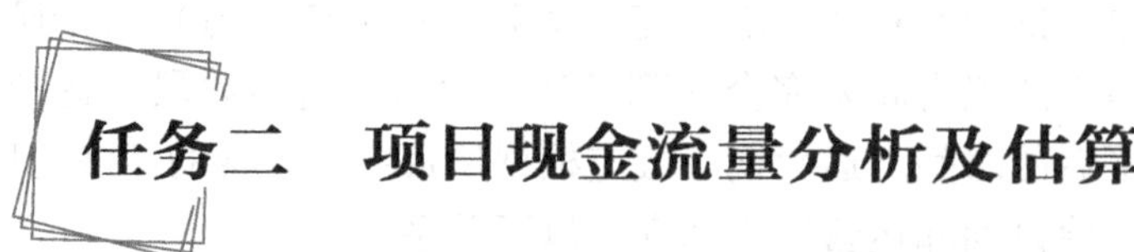

任务二　项目现金流量分析及估算

一、项目投资现金流量分析

所谓现金流量，在投资决策中是指一个项目引起的企业现金支出和现金收入增加的数量，是广义的现金概念。现金流量不仅包括货币资金，而且包括非货币资金的变现价值。例如，一个项目需要使用原有的厂房、设备、材料等，相关的现金流量是指它们的变现价值，而不是其账面价值。财务管理中的现金流量针对特定投资项目，不是针对特

定会计期间的，与会计报表中的现金流量不是同一概念，内容既包括流入量也包括流出量，是一个统称。

企业在进行项目投资的时候，都需要用特定的指标对项目投资的可行性进行分析，而这些指标的计算，都是以项目的现金流量为基础的。因此，现金流量是评价投资方案是否可行时必须事先计算的一个基础性数据。

二、现金流量的内容

（一）现金流出量

一个项目的现金流出量是指该项目引起的企业现金支出的增加额。例如，企业投资一个新项目，通常会引起企业现金支出的增加额。

1. 建设投资

建设投资包括固定资产、无形资产以及开办费的投资，是建设期的主要流出量。

主要应当根据项目规模和投资计划所确定的各项建筑工程费用、设备购置成本、安装工程费用和其他费用来估算。

2. 流动资金投资

在项目投资决策中，流动资金是指在运营期内长期占用并周转使用的营运资金。我国有关建设项目评估制度假定流动资金投资可从投产第一年开始安排，因此，投产第一年所需的流动资金应在项目投资前安排。该项目投产后，引起对流动资产需求的增加，应列入该方案的现金流出量，只有项目结束时才能收回这些资金，并用于别的项目。

3. 经营成本（付现的运营成本）

经营成本是指经营期内为满足该项目正常生产经营而动用现实货币资金支付的成本费用。

经营成本＝不包括财务费用的总成本费用－非付现折旧、摊销

4. 营业税金及附加

营业税金及附加包括营业税、消费税、土地增值税、资源税、城市建设维护税和教育费附加等。

5. 其他现金流出量

例如，企业增加一条生产线，通常会引起以下现金流出：

（1）增加生产线的价款。购置生产线的价款可能是一次性支出，也可能分几次支出。

（2）垫支营运资本。由于该生产线扩大了企业的生产能力，引起对流动资产需求的增加。企业需要追加的营运资本，也是购置该生产线引起的，应列入该方案的现金流出量。只有营业终了或出售报废时才能收回这些资金，并用于别的项目。

（二）现金流入量

一个项目的现金流入量是指该项目所引起的企业现金收入的增加额。主要包括以下3方面。

1. 营业收入

营业收入是经营期最主要的现金流入量，应按项目在经营期内有关产品的各年预计单价和预测销售量进行估算。

2. 回收垫支的流动资金

在终结点上一次回收的流动资金等于各垫支的流动资金投资额的合计数。

3. 回收固定资产余值

当投资项目的有效期结束时，残值收入扣除清理费用后的净额，应当作为项目投资的一项现金流入。

回收流动资金和回收固定资产余值统称为回收额，本项目假定新建项目的回收额都发生在终结点。

（三）净现金流量（NCF）

净现金流量又称现金净流量，是指在项目计算期内由每年现金流入量与同年现金流出量之间的差额所形成的序列指标。流入量大于流出量时，净流量为正值；反之，净流量为负值。其计算公式为：

某年净现金流量＝该年现金流入量－该年现金流出量

在估算净现金流量时，为防止多算或漏算其有关内容，需要注意：

（1）区分相关成本和非相关成本。

（2）必须考虑现金流量的增量。

（3）尽量利用现有的会计利润数据。

（4）不能考虑沉没成本因素。

（5）充分关注机会成本。

（6）考虑项目对企业及部门的影响。

阅读材料

相关成本与非相关成本

相关成本是指与特定决策有关的、在分析评价时必须加以考虑的成本。例如，差额成本、未来成本、重置成本、机会成本等属于相关成本。与此相反，与特定决策无关的、在分析评价时不必考虑的成本是非相关成本。例如，沉没成本、过去成本、账面成本等往往是非相关成本。

例如，某公司在2014年曾经打算新建一个车间，并请一家会计公司做过可行性分析，支付咨询费用10万元。后来由于公司有更好的投资机会，该项目被搁置下来，该笔咨询费用作为费用已经入账了。2016年旧事重提，在进行投资分析时，这笔咨询费是否仍是相关成本呢？答案应当是否定的。该笔支出已经发生，不管公司是否采纳新建一个车间的方案，它都已经无法收回，与公司未来的总现金流量无关。

沉没成本和机会成本

沉没成本是指以前已经支付或发生，而不是现在需要支付的成本。例如，账面成本、历史成本、已耗成本和摊销成本等。其中，历史成本是指过去发生的、目前和未来时期不会继续发挥作用的成本。沉没成本是一种与成本决策不相关的成本，是一种已经发生并无法改变的成本，也是一种非付现成本，如折旧成本等。沉没成本是付现成本的对称。例如，某公司在2010年曾经打算新建一个车间A，购买土地支付20万元，后来由于该公司有了更好的投资机会，该项目被搁置下来，该土地支付金额已经入账。2011年新建

另一车间B需要该土地，在进行投资分析时这笔土地购买金是否仍是相关成本呢？答案应当是否定的。该笔支出已经发生，不管该公司是否采纳新建一个车间B的方案，20万元都已支付，与公司未来的总现金流量无关。但该土地重新估价的价值与项目相关。

机会成本不是通常意义上的"成本"，而是针对具体方案而言的。在投资方案的选择中，如果选择了一个投资方案则必须放弃投资其他途径的机会，其他投资机会可能取得的收益是实行本方案的一种代价，被称为本投资方案的机会成本。上述公司新建车间的投资方案，需要使用公司拥有的一块土地，在进行投资分析时，因为公司不必动用资金来购置土地，是否需要考虑土地的成本呢？答案是肯定的。因为该公司若不利用这块土地来兴建车间，移作他用，也可获得一定的机会成本。假设这块土地出售可净得25万元，它就是兴建车间的一项机会成本。值得注意的是，不管该公司当初是以10万元还是20万元购进这块土地，都应以现行市价作为这块土地的机会成本。机会成本在项目投资决策中的意义，在于有助于全面考虑可能采取的各种方案，以便为既定资源寻求最为有利的使用途径。

三、项目投资净现金流量的简化计算方法

为了正确地评价投资项目的优劣，必须正确地计算现金流量。在实际工作当中一般采用简化计算公式的形式计算净现金流量，即根据项目计算期不同阶段中现金流入量和现金流出量的具体内容，直接计算各阶段的净现金流量。

1. 建设期净现金流量的简化计算公式

若原始投资均在建设期内投入，则建设期的净现金流量可按以下简化公式计算：

$$建设期某年的净现金流量（NCF_t）= -该年发生的原始投资额$$

2. 经营期的净现金流量的简化计算公式

$$经营期内某年净现金流量（NCF_t）= 净利润 + 折旧 + 摊销$$

【例2】H公司由于生产的产品质量优良、价格合理，长期以来供不应求。为了扩大生产能力，公司准备新建一条生产线。春华是该公司会计师，主要负责筹资和投资工作。总会计师王强要求春华搜集建设新生产线的有关资料，写出投资项目的财务评价报告，以供公司领导参考。

经过多日的调查研究，春华得到以下有关资料。该生产线的初始投资是145万元，分两年投入，第一年年初投入110万元，第二年年初投入35万元，第二年年末可完成建设并正式生产。第二年年末垫支流动资金20万元。投资项目可使用5年，5年后预计残值35万元。投资产后预计每年可获销售收入300万元，预计付现成本支出250万元（材料费200万元、制造费用20万元、人工费用30万元）。该公司平均资金成本10%，所得税率25%，假设税法在残值的估计与会计没有区别。

解析：该项目的寿命为5年，建设期为2年，项目计算期为5+2=7年，固定资产原值为145万元

现金流量如图5-1所示：

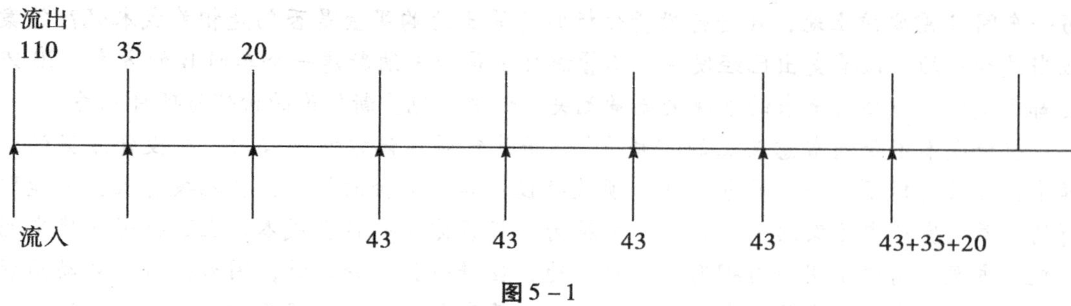

图5－1

（1）建设期的净现金流量＝－原始投资额

$$NCF_0 = -110\text{ 万元}$$

$$NCF_1 = -35\text{ 万元}$$

$$NCF_2 = -20\text{ 万元}$$

（2）经营期内净现金流量：

某年净现金流量＝该年现金流入量－该年现金流出量

从第3年末开始至第7年末有收入每年现金净流量（300－250）×（1－25%）＋22×25%＝43（万元）（考虑税的影响，每年22万的折旧，可产生抵税作用，导致经营期流入增加。）。

（3）第7年年末项目结束，固定资产变卖35万元，可导致净现金流量增加35万元，另外垫支的流动资金在项目结束时能收回，导致现金净流量增加20万元。

（4）不考虑时间价值与风险整个项目产生的现金流量净额如下：－110－35－20＋43×5＋35＋20＝105（万元）

从以上分析结果看该项目可行。

表5－2　现金流入与流出情况表

单位：万元

时间	第1年初	第1年末	第2年末	第3年末	第4年末	第5年末	第6年末	第7年末
流出	－110	－35	－20					
流入				43	43	43	43	98
NCF	－110	－35	－20	43	43	43	43	98

注：①流出用负数表示，流入用正数表示。

②第7年末的现金流入量＝经营现金流入＋固定资产变卖流入＋垫支的营运资金收回流入＝43＋35＋20＝98（万元）。

任务三 利用项目投资评价指标评价投资项目

一、投资项目评价的原理

投资项目评价的基本原理是：投资项目的报酬率超过资本成本时，企业的价值将增加；投资项目的报酬率小于资本成本时，企业的价值将减少。这一原理涉及项目的报酬率、资本成本和股东财富的关系。

例如，A 企业的资本由债务和股东权益组成，假设该企业目前有 100 万元债务和 200 万元所有者权益，那么，总资产是 300 万元。

债权人为什么把钱借给 A 企业？因为他们想赚取利息。假设债权人希望他们的债权能赚取 10% 的收益。他们的这一要求通常会写入借款契约中。因此，债权人要求的收益率比较容易确定。

股东为什么要把钱投入 A 企业？他们希望赚取收益。不过，股东要求的报酬率是不明确的，他们的要求权是一种剩余要求权。好在有一个资本市场，股东要求的收益率可以通过股价来计算。这里假设他们要求赚取 15% 的收益。

A 企业要符合债权人的期望，应有 10（100×10%）万元的收益，以便给债权人支付利息。由于企业可以在税前支付利息，有效的税后成本为 7.5 万元（假设所得税率为 25%）。另外，A 企业要符合股权投资人的期望，应有 30（200×15%）万元的收益，以便给股东支付股利（或者将收益留在企业里再投资，但它也是属于股东的）。两者加起来，企业要赚取 37.5 万元息前税后收益。为了同时满足债权人和股东的期望，企业的资产收益率为 12.5%（37.5/300）。

按照这个推理过程，我们可以得出以下公式：

$$投资的必要报酬率=\frac{债务\times利率\times(1-所得税税率)+股东权益\times股权成本}{债务+股东权益}$$

投资要求的报酬率是投资人的机会成本，即投资人将资金投入其他同等风险资产时可以赚取的收益。

企业投资项目的报酬率必须达到投资人的要求。如果企业的资产获得的报酬超过资本成本，债权人仍按 10% 的合同条款取得利息，超额收益应全部属于股东。企业的收益大于股东的要求，必然会吸引新的投资者购买该公司股票，其结果是股价上升。如果相反，股东会对公司不满，有一部分人会出售该公司股票，导致股价下跌。因此，资本成本也可以说是企业在现有资产基础上必须赚取的、能使股价维持不变的收益。企业投资取得高于资本成本的报酬，就为股东创造价值；企业投资取得低于资本成本的报酬，则减损了股东财富。

因此，投资者要求的报酬率即资本成本，是评价项目能否为股东创造价值的标准。

二、项目评价的方法

投资项目评价使用的基本方法是现金流量折现法，包括净现值法、现值指数法和内含报酬率法三种。此外还包括一些辅助方法，包括回收期法和会计报酬率法。

（一）净现值法

净现值是指特定项目未来现金流量的现值与未来现金流出的现值之间的差额，它是评价项目是否可行的最重要指标。按照这种方法，所有未来现金流入和流出都要用资本成本折算现值，然后用流入的现值减流出的现值得出净现值。如果净现值为正数，表明投资报酬率大于资本成本，该项目可以增加股东财富，应予采纳。如果净现值为0，表明投资报酬率等于资本成本，不改变股东财富，没有必要采纳。如果净现值为负数，表明投资报酬率小于资本成本，该项目将减损股东财富，应予以放弃。

计算净现值的公式：

$$净现值(NPV) = \sum(第\ t\ 年的净现金流量 \times 第\ t\ 年的复利现值系数)$$

$$= \sum_{K=0}^{n} \frac{NCF_K}{(1+I)^K}$$

式中：n——项目期限；NCF_K——第 K 年的现金净流量；I——资本成本。

或者
$$NPV = \sum_{K=0}^{n} \frac{I_K}{(1+i)^K} - \sum_{K=0}^{n} \frac{O_K}{(1+i)^K}$$

式中：n——项目期限；I_K——第 K 年的现金流入量；O_K——第 K 年的现金流出量；i——资本成本。

【例3】设企业的资本成本为10%，有三项投资项目。有关数据如表5－3所示。

表5－3　A、B、C项目现金流量表

单位：万元

时间	A项目			B项目			C项目		
	净收益	折旧	现金流量	净收益	折旧	现金流量	净收益	折旧	现金流量
0			(20 000)			(9 000)			(12 000)
第1年	1 800	10 000	11 800	(1 800)	3 000	1 200	600	4 000	4 600
第2年	3 240	10 000	13 240	3 000	3 000	6 000	600	4 000	4 600
第3年				3 000	3 000	6 000	600	4 000	4 600
合计	5 040		5 040	4 200		4 200	1 800		1 800

注：表内使用括号的数字为负数。

净现值（A）＝(11 800×0.909 1＋13 240×0.826 4)－20 000
＝21 669－20 000
＝1 669（万元）

净现值（B）＝(1 200×0.909 1＋6 000×0.826 4＋6 000×0.751 3)－9 000
＝10 557－9 000
＝1 557（万元）

净现值（C）=4 600×2.487－12 000

=11 440－12 000

=－560（万元）

A、B 两项目投资的净现值为正数，说明这两个项目的投资报酬率均超过 10%，都可以采纳。C 项目净现值为负数，说明该项目的报酬率达不到 10%，应予以放弃。

净现值法所依据的原理是：假设原始投资是按资本成本借入的，当净现值为正数时偿还本息后该项目仍有剩余的收益，当净现值为 0 时偿还本息后一无所获，当净现值为负数时该项目收益不足以偿还本息。资本成本是投资人要求的必要报酬率，净现值为正数表明项目可以满足投资人的要求。

净现值的优缺点及决策原则：

（1）优点：一是考虑了资金时间价值；二是考虑了项目计算期内全部的净现金流量和投资风险。

（2）缺点：无法从动态角度直接反映投资项目的实际收益率水平，而且项目计算比较烦琐。

（3）决策原则：$NPV \geqslant 0$，方案可行，具有财务可行性。

净现值法具有广泛的适用性，在理论上也比其他方法更完善。净现值反映一个项目现金流量计量的净收益现值，它是金额的绝对值，但在比较投资额不同的项目时有一定的局限性。

例 3 中，A 项目和 B 项目都可行，哪一个更好？不能根据净现值直接判断。两个项目的期限和投资额不同，A 项目用 20 000 万元投资、2 年时间取得较多的净现值，B 项目用 9 000 万投资、3 年时间取得较少的净现值，两个净现值没有直接可比性。这就如同一个大企业 2 年的利润多一些，一个小企业 3 年的利润少一些，不好判断哪个更好。

（二）现值指数法

为了比较投资额不同项目的营利性，人们提出了现值指数法。

所谓现值指数，是未来现金流入现值与现金流出现值的比率，又称现值比率或获利指数。

$$\text{现值指数}(PI)=\frac{\text{投产后各年净现金流量的现值合计}}{\text{原始投资的现值合计}}$$

$$=\sum_{K=0}^{n}\frac{I_K}{(1+i)^K}\Big/\sum_{K=0}^{n}\frac{O_K}{(1+i)^K}$$

式中：n——项目期限；I_K——第 K 年的现金流入量；O_K——第 K 年的现金流出量；i——资本成本。

根据例 3 数值计算，三个项目的现值指数如下：

现值指数（A）=21 669/20 000=1.08

现值指数（B）=10 557/9 000=1.17

现值指数（C）=11 440/12 000=0.95

现值指数表示 1 元初始投资取得的现值毛收益。A 项目的 1 元投资取得 1.08 元的现值毛收益，也就是取得 0.08 元的现值净收益，或者说用股东的 1 元钱为他们创造了 0.08 元的财富。B 项目的 1 元投资取得 1.17 元的现值毛收益，也就是 0.17 元现值净收益。C

项目的 1 元投资只取得 0.95 元的毛收益，1 元投资净损失 0.05 元，股东财富减少 5%。

现值指数法的优缺点及决策原则。

（1）优点：可以从动态的角度反映项目投资的资金投入与总产出之间的关系。

（2）缺点：不能够直接反映投资项目的实际收益水平，计算起来相对复杂。

（3）决策原则：$PI \geqslant 1$，方案可行。

知识链接

净现值率

净现值率（NPVR），是指投资项目的净现值占原始投资现值总和的百分率。其计算公式为：

$$净现值率 = \frac{投资项目净现值}{原始投资现值} \times 100\% = 现值指数 - 1$$

（1）优点：可以从动态的角度反映项目投资的资金投入与净产出之间的关系，计算过程简单。

（2）缺点：与净现值指标相比，无法直接反映投资项目的实际收益。

（3）决策原则：$NPVR \geqslant 0$，方案可行，具有财务可行性。

现值指数是相对数，反映投资的效率，B 项目的效率高；净现值是绝对数，反映投资的效益，A 项目的效益大。两者各有自己的用途。那么，是否可以认为 B 项目比 A 项目好呢？不一定，因为它们持续的时间不同，现值指数消除了投资额的差异，但是没有消除项目期限的差异。我们在下一节再进一步讨论这个问题。

（三）内含报酬率法（IRR）

内含报酬率法是指能够使未来现金流入量现值等于未来现金流出量现值的折现率，或者说是使投资项目净现值为零的折现率。IRR 满足下列等式：

$$净现值 = 0$$

即

$$\sum_{K=0}^{n} \frac{I_K}{(1 + 内含报酬率)^K} - \sum_{K=0}^{n} \frac{O_K}{(1 + 内含报酬率)^K} = 0$$

净现值法和现值指数法虽然考虑了时间价值，可以说明投资项目的报酬率高于或低于资本成本，但没有揭示项目本身可以达到的报酬率是多少。内含报酬率是根据项目的现金流量计算的，是项目本身的投资报酬率。

1. 特殊条件下的简便算法

当全部投资均于建设起点一次投入，建设期为 0，投产后每年净现金流量相等。即只有当项目投产后的净现金流量表现为普通年金的形式时才可以直接利用年金现值系数计算内部收益率。公式为：

$$(P/A, IRR, n) = NCF/A$$

IRR 即为内含报酬率。

【例 4】某投资项目在建设起点一次性投资 200 752 元，当年完工并投产，经营期为 10 年，每年可获净现金流量 40 000 元，求内部收益率。

分析：内部收益率是使得项目净现值为零的折现率。

$$NCF_0 = -200\ 752 \text{ 元}$$
$$NCF_{1-10} = 40\ 000 \text{ 元}$$
$$-200\ 752 + 40\ 000 \times (P/A,\ IRR,\ 10) = 0$$
$$(P/A,\ IRR,\ 10) = 5.018\ 8$$
$$IRR = 15\%$$

例 4 中各期现金流入量相等，符合年金形式，内含报酬率可直接利用年金现值表来确定，不需要进行逐步测试。查阅年金现值系数表，寻找 $n=10$ 时系数 5.0188 所指的利率。查表结果，5.0188 系数对应的报酬率为 15%。

2. 内含报酬率指标计算的一般方法

内含报酬率指标计算的一般方法是逐步测试法。首先估计一个折现率，用它来计算项目的净现值。如果净现值为正数，说明项目本身的报酬率超过折现率，应提高折现率后进一步测试；如果净现值为负数，说明项目本身的报酬率低于折现率，应降低折现率后进一步测试。经过多次测试，寻找使净现值近于 0 的折现率，即为项目本身的内含报酬率。

【例 5】以例 3 中 A 项目为例，计算项目 A 的内含报酬率。

表 5-4

时间	现金净流量	折现率 = 18%		折现率 = 16%	
		折现系数	现值	折现系数	现值
0	(20 000)	1	(20 000)	1	(20 000)
第 1 年	11 800	0.847	9 995	0.862	10 172
第 2 年	13 240	0.718	9 506	0.743	9 837
净现值			(499)		9

注：表内使用括号的数字为负数。

经测试，折现率为 18% 时，净现值为 -499，折现率为 16% 时，净现值为 9，则净现值为 0 的折现率应介于 16% 到 18% 之间。

$$\text{内含报酬率} = 18\% + (-2\%) \times \frac{-499-0}{-499-9} = 18\% - 1.97\% = 16.03\%$$

内含报酬率法的优缺点及决策原则：

(1) 优点：既可以从动态的角度直接反映投资项目的实际收益水平，又不受基准收益率高低的影响，比较客观。

(2) 缺点：计算过程复杂，尤其当经营期大量追加投资时，要不断地进行测试，工作量很大。

(3) 决策原则：内含报酬率大于或等于基准收益率或资金成本的投资项目才可行。

(四) 回收期法

回收期是指投资引起的现金流入累计到与投资额相等时所需要的时间。它代表收回投资所需要的年限。回收年限越短，项目越有利。一般可以用公式法和列表法。

1. 公式法

原始投资集中发生在建设期内，投产后一定期间每年经营净现金流量相等，且其合计大于或等于原始投资额。

$$不包括建设期的投资回收期 = \frac{原始投资合计}{投产后若干年每年相等的净现金流量}$$

$$包括建设期的投资回收期 = 不包括建设期的投资回收期 + 建设期$$

$$当建设期为0时，回收期 = \frac{原始投资额}{每年现金流入量}$$

【例6】某项目原始投资额12 000万元，投资期初一次投入，项目期3年，投产后每年现金流入量4 600万元。

$$回收期 = 12\ 000/4\ 600 = 2.61 年$$

2. 列表法

所谓列表法，是指通过列表计算“累计净现金流量”的方式，来确定包括建设期在内的投资回收期，进而再推算出不包括建设期的投资回收期的方法。因为不论在什么情况下，都可以通过这种方法来确定静态投资的回收期，所以此法又称为一般方法。

该法的原理是按照回收期的定义，包括建设期的投资回收期满足以下关系式：

$$\sum_{t=0}^{PP} NCF_t = 0$$

这表明在财务现金流量表的“累计净现金流量”一栏中，包括建设期的投资回收期恰好是累计净现金流量为零的年限。无法在“累计净现金流量”栏上找到零，必须按下式计算包括建设期的投资回收期：

$$包括建设期的回收期 = M + \frac{|第M年累计净现金流量|}{第M+1年净现金流量}$$

这里M是累计净现金流量由负变正的前一年。

【例7】有甲、乙两个投资方案。甲方案的项目计算期是6年，初始投资100万元于建设起点一次投入，前两年每年现金流量都是30万元，中间两年是40万元，后三年是30万元。乙方案项目计算期也是6年，初始投资100万元，投资期是1年，假设投产后前两年现金流量是40万元，后三年每年现金流入量是45万元。如表5－5所示。请辨别甲、乙两个投资方案的回收期。

表5－5

时间	甲		乙	
	当年现金流量	累计净现金流量	当年现金流量	累计净现金流量
0	－100	－100	0	0
第1年	30	－70	－100	－100
第2年	30	－40	40	－60
第3年	40	0	40	－20
第4年	40	40	45	25
第5年	30	70	45	70
第6年	30	100	45	115

$$甲的投资回收期 = 2 + 40/40 = 3\ (年)$$

$$乙的投资回收期 = 3 + 20/45 = 3.4\ (年)$$

(1) 优点：计算简便，容易为决策人所正确理解，可以大体上衡量项目现金流量的流动性和风险。

(2) 缺点：忽视了时间价值，把不同时间的货币收支看成是等效的；没有考虑回收期以后的现金流，也就是没有衡量营利性，促使公司接受短期项目，放弃有战略意义的长期项目。

一般来说，回收期越短的项目风险越低，因为时间越长越难以预计，风险也越大。短期项目给企业提供了较大的灵活性，快速收回的资金可用于别的项目。因此，回收期法粗略主要用于快速衡量项目的流动性和风险。事实上，有战略意义的长期投资往往早期收益较低，而中后期收益较高。回收期法优先考虑急功近利的项目，可能导致放弃长期成功的项目。

为了弥补回收期法不考虑时间价值的不足，人们提出了折现回收期法。折现回收期是指在考虑资金时间价值的情况下以项目现金流量流入抵偿投资所需要的时间。方法为先把现金流折现再计算回收期。这种回收期又被称为动态回收期。折现回收期出现以后，为了区分，将传统的回收期称为非折现回收期或静态回收期。

（五）会计报酬率法

这种方法计算简便，应用范围很广。它在计算时使用会计报表的数据，以及普通会计的收益和成本概念。

$$会计报酬率=\frac{年平均净收益}{原始投资额}\times 100\%$$

【例8】某公司2003年年初用自有资金投资某项目，一次性投入300万元。预计该设备使用寿命为6年。税法亦允许按6年计提折旧，设备投入运营后每年可新增利润60万元。假定该设备按直线法折旧，无残值，不考虑建设安装期和公司所得税。计算其会计报酬率。

$$会计报酬率=60/300\times 100\% =20\%$$

(1) 优点：简单，容易计算，使用的概念易于理解；数据容易取得，来源于财务报告；经理人员可以根据一个项目先做一个财务预测报告。这样便于其知道业绩的预期，也便于以后项目的评价。

(2) 缺点：会计利润来源于账面的数据而非现金流量，忽视了折旧对现金流的影响；没有考虑时间价值。

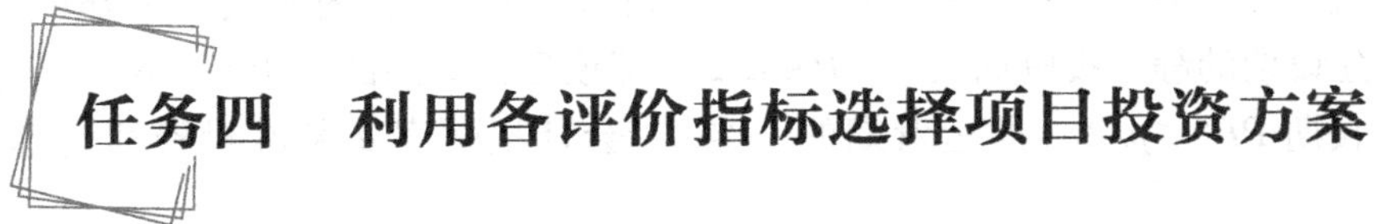

任务四　利用各评价指标选择项目投资方案

一、项目评价的程序

任何投资机会的项目评价都包含以下几个基本步骤：

(1) 提出各种投资方案。新产品方案通常来自研发部门或营销部门，设备更新的建议通常来自生产部门等。

（2）估计方案的相关现金流量。

（3）计算投资方案的价值指标，如净现值、内含报酬率等。

（4）比较价值指标与可接受标准。

（5）对已接受的方案进行再评价。这项工作很重要，但只有少数企业对投资项目进行跟踪和审计。项目的事后评价可以总结预测的偏差（我们的预测在什么地方脱离了实际），改善财务控制的线索。

【例9】某企业拟建造一项生产设备。预计建设期为1年，所需原始投资200万元于建设起点一次投入。该设备预计使用寿命为5年。使用期满报废清理时无残值。该设备折旧方法采用直线法。该设备投产后每年增加净利润60万元。假定适用的行业基准折现率为10%。

（1）计算项目计算期内的年净现金流量。

（2）计算项目净现值，并评价其财务可行性。

解答：

（1）每年折旧200/5=40（万元）

建设期现金流量 $NCF_0=-200$（万元）

经营期内现金流量 $NCF_1-5=60+40=100$（万元）

（2）$NPV=-200+100\times(P/A, 10\%, 5)=-200+100\times3.7908=179.08$

净现值大于0，项目可行。

二、独立方案投资决策

独立方案是指一组互相分离、互不排斥的方案。在独立方案中，选择某一方案并不排斥选择另一方案。

评价独立方案分成两种：接受和拒绝。在判断接受和拒绝时主要指标在评价过程中起主要作用，而辅助指标是次要的。

评价要点包括以下四个方面。

1. 判断方案是否完全具备财务可行性的条件

如果某一投资方案的所有评价指标均处于可行区间，即同时满足以下条件时，则可以断定该投资方案无论从哪个方面看都具备财务可行性，或完全具备可行性。这些条件是：净现值 $NPV>0$；净现值率 $NPVR>0$；获利指数 $PI\geqslant1$；内部收益率 $IRR\geqslant$基准折现率，包括建设期的静态投资回收期 $PP\leqslant n/2$（即项目计算期的一半）；不包括建设期的静态投资回收期 $PP'\leqslant p/2$（即运营期的一半）；会计报酬率≥基准投资利润率（事先给定）。

2. 判断方案是否完全不具备财务可行性的条件

如果某一投资项目的评价指标均处于不可行区间，即同时满足以下条件时，可以断定该投资项目无论从哪个方面看都不具备财务可行性，或完全不具备可行性，应当彻底放弃该投资方案。这些条件是：$NPV<0$，$NPVR<0$，$PI<1$，$IRR<I$，$PP>N/2$，$PP'>P/2$，$IRR<i_0$。

3. 判断方案是否基本具备财务可行性的条件

如果在评价过程中发现某项目的主要指标处于可行区间（如 $NPV \geqslant 0$，$NPVR \geqslant 0$，$PI \geqslant 1$，$IRR \geqslant i_0$），但次要或辅助指标处于不可行区间（如 $PP > n/2$，$PP' > P/2$ 或 $ARR < i$），则可以断定该项目基本上具有财务可行性。

4. 判断方案是否基本不具备财务可行性的条件

如果在评价过程中发现某项目的主要指标出现 $NPV < 0$，$NPVR < 0$，$PI < 1$，$IRR < i_0$ 的情况，即使 $PP \leqslant n/2$，$PP' > P/2$ 或会计报酬率大于等于预期发生，也可断定该项目基本上不具有财务可行性。

三、互斥方案投资决策

互斥项目，是指接受一个项目就必须放弃另一项目的情况。通常，它们是为解决一个问题设计的两个备选方案。比方说企业要增加产能，可以购买新设备，也可以对旧设备进行改造，它们的使用寿命、购置价格和生产能力均不同。企业只需选其中之一就可解决目前的问题，而不会同时进行两个项目。

多个互斥方案的比较决策，是指在每个入选方案都具备可行性的前提下，再选取最优的方案。多个互斥方案比较决策的方法，主要包括净现值法、净现值率法、差额投资内部收益率法、年等额净回收额法和计算期统一法等具体方法。

（一）净现值法

净现值法，是指通过比较所有已具备财务可行性投资方案的净现值指标的大小来选择最优方案的方法。该法适用于原始投资额相同且项目计算期相等的多方案比较决策。该方法下，净现值最大的方案最优。

根据导入案例判断每个方案的可行性：B 方案和 C 方案的投资额相等，B 方案的净现值大于 C 方案，故 B 方案优于 C 方案。

（二）净现值率法

净现值率法，是指通过比较所有已具备财务可行性投资方案的净现值率指标的大小来选择最优方案的方法。该法可用于原始投资额不同的投资方案的比较决策。在此法下，净现值率最大的方案为优。

根据导入案例判断每个方案是否可行，A 方案和 C 方案的投资额不等，但两个方案的投资期相等。虽然 A 方案的净现值大于 B 方案，但前提是 A 方案的投资额要大于 B 方案。只能通过现值指数来看。B 方案为 1.25，而 A 方案为 1.23，所以 B 方案优于 A 方案，从而可得出这三个方案中，B 为最优方案。

（三）差额投资内部收益率法

差额投资内部收益率法，是指在两个原始投资额不同的方案的差量净现值流量（ΔNCF）的基础上，计算出差额内部收益率（ΔIRR），并将其与行业基准折现率进行比较，进而判断方案孰优孰劣的方法。该法适用于原始投资额不同，但项目计算期相同的多方案比较决策。当差额内部收益率指标大于或等于基准收益率或设定折现率时，原始投资额大的方案较优；反之，原始投资额小的方案为优。

（四）年等额净回收额法

年等额净回收额法，是指通过比较所有投资方案的年等额净回收额指标的大小来选择最优方案的决策方法。该法适用于原始投资额不相同，特别是项目计算期不同的方案的比较决策。在此法下，某方案的年等额净回收额等于该方案净现值与相关回收系数（或年金现值系数的倒数）的乘积。

$$\begin{aligned}某方案年等额净回收额 &= 该方案净现值 \times 回收系数\\ &= 该方案净现值 \times \frac{1}{年金现值系数}\\ &= 该方案净现值 \times \frac{1}{(P/A,\ i,\ n)}\end{aligned}$$

年等额净回收额最大的方案为优。

【例 10】某企业计划购置 1 台设备，现有两个方案可供选择：A 方案原始投资为 1 000万元，项目计算期为 10 年，净现值为 1 099. 91 万元；B 方案的原始投资为 1 100 万元，项目计算期为 9 年，净现值为 1 000 万元。行业基准折现率为 10%。

要求：

（1）判断两个方案的财务可行性。

（2）用年等额净回收额法做出最终投资决策。

解答：

（1）因为 A 方案和 B 方案的净现值均大于 0，所以，这两个方案均具有财务可行性。

（2）比较决策：

A 方案的年等额净回收额 $=1\ 099.91/(P/A,\ i,\ n)=1\ 099.91/(P/A,\ 10\%,\ 10)=1\ 099.91/6.144\ 6=179.00$ 万元

B 方案的年等额净回收额 $=1\ 000/(P/A,i,n)=1\ 000/(P/A,10\%,9)=1\ 000/5.759=173.64$

因为 $179>173.64$，所以 A 方案优于 B 方案。

案例分析

表 5－6

项目	时间（年末）	0	第 1 年	第 2 年	现金流入现值	净现值	现值指数
	现值因素（10%）	1	0. 909 1	0. 826 4			
A	现金流量	－10 000	9 000	5 000			
	现值	－10 000	8 182	4 132	12 314	2 314	1. 23
B	现金流量	－5 000	5 057	2 000			
	现值	－5 000	4 597	1 653	6 250	1 250	1. 25
C	现金流量	－5 000	5 000	1 881			
	现值	－5 000	4 546	1 555	6 100	1 100	1. 22

1. 用净现值法可以计算出项目是否可行。

①甲项目中 $NCF_0 = -10\ 000$，$NCF_1 = 9\ 000$，$NCF_2 = 5\ 000$

$NPV_{甲} = -10\ 000 \times 1 + 9\ 000 \times 0.909\ 1 + 5\ 000 \times 0.826\ 4 = 2\ 134$

②乙项目中 $NCF_0 = -5\ 000$，$NCF_1 = 5\ 057$，$NCF_2 = 2\ 000$

$NPV_{乙} = -5\ 000 \times 1 + 5\ 057 \times 0.909\ 1 + 2\ 000 \times 0.826\ 4 = 1\ 250$

③丙项目中 $NCF_0 = -5\ 000$，$NCF_1 = 5\ 000$，$NCF_2 = 1\ 881$

$NPV_{丙} = -5\ 000 \times 1 + 5\ 000 \times 0.909\ 1 + 1\ 881 \times 0.826\ 4 = 1\ 100$

因为甲、乙、丙三项目的净现值都大于0，所以这三个项目都可行。

2. 甲、乙、丙三个项目的投资期限相同，且 $NPV_{甲} > NPV_{乙} > NPV_{丙}$，但我们不能就此判断甲方案优于乙和丙方案。因为甲的投资额大于乙和丙。这时我们需要根据现值指数法来判断。

$$PI_{甲} = 12\ 314 \div 10\ 000 = 1.23$$

$$PI_{乙} = 6\ 250 \div 5\ 000 = 1.25$$

$$PI_{丙} = 6\ 100 \div 5\ 000 = 1.22$$

$$PI_{乙} > PI_{甲} > PI_{丙}$$

所以三个方案中，乙方案优于甲方案和丙方案。

职业能力训练

一、单项选择题

1. 在长期投资决策中，一般来说，属于经营期现金流出项目的有（　　）。

A. 固定资产投资　　B. 开办费

C. 经营成本　　D. 无形资产投资

2. 项目投资决策中，完整的项目计算期是指（　　）。

A. 建设期　　B. 生产经营期

C. 建设期 + 达成期　　D. 建设期 + 生产经营期

3. 某投资项目原始投资为150万元，使用寿命10年，已知该项目第10年的经营净现金流量为35万元，期满处置固定资产残值收入回收流动资金共8万元，则该投资项目第10年的净现金流量为（　　）万元。

A. 8　　B. 25　　C. 33　　D. 43

4. 某投资项目原始投资为12 500元，当年完工投产，有效期限3年，每年可获得现金净流量4 700元，则该项目内含报酬率为（　　）。

A. 7%　　B. 7.68%　　C. 8.32%　　D. 6.27%

5. 某投资方案贴现率为16%时，净现值为6.12，贴现率为18%时，净现值为 -3.17，则该方案的内含报酬率为（　　）。

A. 14.68%　　B. 17.32%　　C. 18.32%　　D. 16.68%

6. 下列表述不正确的是（　　）。

A. 净现值大于0时，说明该投资方案可行

B. 净现值为0时的贴现率即为内含报酬率

C. 净现值是特定方案未来现金流入现值与未来现金流出现值之间的差额

D. 净现值大于0时，现值指数小于1

7. 一个投资方案年销售收入430万元，年销售成本220万元，其中折旧90万元，所得税税率为25%，则该方案年营业现金流量为（　　）。

A. 100万元　　B. 172.5万元　　C. 180万元　　D. 54万元

8. 在评价单一方案的财务可行性时，如果不同评价指标之间的评价结论发生了矛盾，就应当以主要评价指标的结论为准，如下列项目中的（　　）。

A. 净现值　　B. 静态投资回收期

C. 投资报酬率　　D. 年平均报酬率

9. 下列投资决策评价指标中，其数值越小越好的指标是（　　）。

A. 净现值　　B. 静态投资回收期

C. 内部报酬率　　D. 投资报酬率

10. 项目投资方案可行的必要条件是（　　）。

A. 净现值大于0　　B. 净现值大于或等于0

C. 净现值小于0　　D. 净现值等于0

11. 资金时间价值是指没有风险和通货膨胀条件下的（　　）。

A. 企业的成本利润率　　B. 企业的销售利润率

C. 利润率　　D. 社会平均资金利润率

12. 对于多个互斥方案的比较和优势，采用等额净回收额的指标时（　　）。

A. 选择投资额较小的方案为最优方案

B. 选择投资额较大的方案为最优方案

C. 选择年等额净回收额最小的方案为最优方案

D. 选择年等额净回收额最大的方案为最优方案

二、多项选择题

1. 下列不能直接反映投资项目的实际收益水平的指标是（　　）。

A. 投资回收期　　B. 现值指数　　C. 内部收益率

D. 净现值率　　E. 净现值

2. 在一般投资项目中，当一项投资方案的净现值等于0时，即表明（　　）。

A. 该方案的获利指数等于1

B. 该方案不具备财务可行性

C. 该方案的净现值率大于0

D. 该方案的内部收益率等于设定现率或行业基准收益率

E. 该方案的实际收益率一定为基准收益率

3. 下列哪些指标属于折现相对量的评价指标（　　）。

A. 内部收益率　　B. 现值指数　　C. 净现值率

D. 投资利润率　　E. 会计报酬率

4. 若 $NPV<0$，则下列关系式中正确的有（　　）。

A. $IRR < i$　　B. $NPVR > 0$

C. $NPVR < 0$　　D. $PI < 1$

5. 若建设期不为0，则建设期内各年的净现金流量可能会（　　）。

A. 等于0　　B. 小于0

C. 等于1　　D. 大于1

6. 属于期末发生的年金形式有（　　）。

A. 递延年金　　B. 永续年金

C. 普通年金　　D. 即付年金

7. 下列指标中，考虑到资金时间价值的是（　　）。

A. 投资回收期　　B. 现值指数　　C. 净现值

D. 内部报酬率　　E. 动态投资回收期

8. 以下各项中，可以构成建设投资内容的有（　　）。

A. 付现成本　　B. 无形资产投资

C. 流动资金投资　　D. 固定资产投资

9. 当内含报酬率大于企业的资金成本时，下列关系式中正确的有（　　）。

A. 净现值小于0　　B. 现值指数小于1

C. 净现值大于0　　D. 现值指数大于1

10. 根据项目评价指标选择投资方案是否可行时，下列说法正确的是（　　）。

A. 净现值大于0通常认为项目可行

B. 内部收益率大于基准利率则项目可行

C. 投资回收期小于项目计算期的二分之一时，项目一定可行

D. 净现值大于0则项目可行

11. 影响项目内部收益率的因素包括（　　）。

A. 投资项目的有效年限　　B. 投资项目的现金流量

C. 企业要求的最低投资报酬率　　D. 建设期

12. 净现值法的优点是（　　）。

A. 考虑了资金时间价值

B. 考虑了项目计算期的全部净现金流量

C. 考虑了投资风险

D. 可从动态上反映项目的实际投资收益率

三、计算与分析题

1. 某公司拟购置一台设备，价款为240 000元，使用6年，期满净残值为12 000元，直线法计提折旧。使用该设备每年为公司增加税后净利为26 000元，若该公司的资金成本率为14%。

要求：

（1）计算各年的现金净流量；

（2）计算该项目的净现值；

（3）计算该项目的现值指数；

（4）计算评价该投资项目的财务可行性。

2. 某企业拟建一项固定资产，需投资65万元，按直线法计提折旧，使用寿命10年，期末有5万元净残值。该项工程建设期为1年，投资额分别于年初投入35万元，年末投入30万元。预计项目投产后每年可增加营业收入20万元，总成本15万元，假定贴现率为10%，不考虑所得税影响。

要求：计算该投资项目的净现值。

3. 为生产某种新产品，拟投资总额550 000元，预计当年投产后每年可获得利润50 000元，投资项目寿命期为10年，该企业资金成本为10%，无净残值，所得税率为25%，税法与财务的折旧政策一致。

请完成下列计算：

（1）计算每年的现金净流入量；

（2）计算该投资项目的净现值；

（3）计算该投资项目的现值指数；

（4）根据计算判断该投资项目是否可行。

4. 李某准备购置一处房产，现时的贷款年利率为10%，有5种付款方式：

第一种，现在起15年内每年年末支付10万元。

第二种，现在起15年内每年年初支付9万元。

第三种，从第7年初起每年支付18万元，连续支付10期。

第四种，从现在开始支付第一次款，以后每隔一年支付一次款，每次支付20万元，连续支付6期。

第五种，第1年年末支付15万元，第2年年末支付18万元，第3年到第5年年末分别支付20万元。

请问哪一种付款方式最有利？

四、案例分析题

某企业目前有两个备选项目，相关资料如下：

资料一：甲项目需要在建设起点一次性投入固定资产投资200万元，无形资产投资25万元。投资期为0，营业期5年，预期残值为0，预计与税法残值一致，无形资产自投产年份起分5年摊销完毕。投产开始后预计每年流动资产需用额90万元，流动负债需用额30万元。该项目投产后，预计第1到4年，每年营业收入210万元，第5年的营业收入130万元，预计每年付现成本80万元。

资料二：已知乙投资项目投资期投入全部原始投资，其各年税后现金净流量如表5－7所示：

表 5-7

时间	0	第1年	第2年	第3年	第4年	第5年	第6年	第7年	第8年	第9年	第10年
NCF /万元	-800	-600	-100	300	400	400	200	500	300	600	700
累计 *NCF* /万元											
折现系数 ($I=10\%$)	1	0.9091	0.8264	0.7513	0.6830	0.6209	0.5645	0.5132	0.4665	0.4241	0.3855
折现的 *NCF* /万元											

资料三：该企业按直线法折旧，全部营运资金于终结点一次回收，所得税税率25%，设定贴现率10%。

要求：

1. 根据资料一计算甲项目下列指标：

（1）计算该项目营运资本投资总额和原始投资总额；

（2）计算该项目在经济寿命期各个时点的净现金流量；

（3）计算甲项目的净现值和内含报酬率。

2. 根据资料二计算乙项目下列相关指标：

（1）填写表 5-7 中乙项目各年的累计现金净流量和折现的现金流量；

（2）计算乙投资项目的静态投资回收期和动态投资回收期；

（3）计算乙项目的净现值和内含报酬率。

3. 若甲、乙两方案为互斥方案，你认为应选择哪一方案进行投资？

项目六 营运资金管理

知识目标

- 了解现金和应收账款管理的主要内容。
- 理解现金的持有动机与成本。
- 理解应收账款、存货的功能与成本。
- 掌握信用政策的构成与决策。
- 掌握存货的控制方法。

能力目标

- 会与企业内部相关部门沟通营运资金管理的制度、原则和方法。
- 会与政府部门沟通，了解政策法规，加深对政策法规的理解能力。
- 能比较敏锐地判断经济社会环境和政策法规变化对营运资金管理的影响。

案例导入

艾利奥特制造公司是一家从事塑料衣架生产的公司，而塑料衣架生产这个行业的竞争很激烈。塑料衣架作为一种普通商品，在生产工艺及品牌上无任何差别。进入这个行业也相对比较简单，只要买一些比较便宜的二手压模设备就可以。制印模可能会贵一些，但是一旦到手，就可以做到真正无限期地使用。塑料制造业主要通过价格、服务及送货等方式来进行竞争。而合成树脂供应者之间的竞争很少采取价格让步这种形式，相对来讲，信用融通更常用一些。所以，如果想在塑料衣架的生产行业中取得成功，就必须做到：努力提高产量，降低生产成本，最大限度地提高设备利用率（经常采用三班制），充分发挥销售人员的积极性，高层机构全面而谨慎地进行控制工作。按目前标准来衡量，艾利奥特制造公司的设备利用率较低。乔伊斯化工公司正是艾利奥特制造公司的主要原材料供应商，而且乔伊斯化工公司也把艾利奥特制造公司视为感兴趣的客户之一。

艾利奥特制造公司 1970 年和 1971 年的销售成本大幅增长，并且在 1971 年会计年度，由于时装式样翻新以及服装业中出现的不确定性因素，使塑料衣架的需求下降。但艾利奥特制造公司却试图采取与市场走向背道而驰的销售政策。由于实行这种不合时宜的政策，艾利奥特制造公司不得不增加一笔用于催收账款的数目可观的费用。而且艾利奥特制造公司将它的产品价格压得过低，加上乔伊斯公司提供的原材料价格并没有下降，导致 1971 年的销售毛利比上一年减少了 10 万美元。因此，艾利奥特公司存在严重的经营风险和财务风险，几乎破产。这也给乔伊斯公司带来了巨大的信用风险。

◉**请分析：**

站在企业角度分析，我们能从上述案例中得到什么启示？

任务一 营运资金管理认知

一、营运资金的概念和特点

营运资金是指流动资产减去流动负债后的余额。营运资金的管理既包括流动资产的管理，也包括流动负债的管理。广义的营运资金是指一个企业流动资产的总额，狭义的营运资金是流动资产减去流动负债后的余额。

（一）流动资产

流动资产是指可以在1年以内或超过1年的一个营业周期内变现或运用的资产。流动资产具有占用时间短、周转快、易变现等特点。企业拥有较多的流动资产，可在一定程度上降低财务风险。流动资产按不同的标准可进行不同的分类，常见分类方式如下。

（1）按占用形态不同，分为现金、交易性金融资产、应收及预付款项和存货等。

（2）按在生产经营过程中所处的环节不同，分为生产领域中的流动资产、流通领域中的流动资产以及其他领域的流动资产。

（二）流动负债

流动负债是指需要在1年或者超过1年的一个营业周期内偿还的债务。流动负债又称短期负债，具有成本低、偿还期短的特点。流动负债按不同标准有不同分类，最常见的分类方式如下。

（1）以应付金额是否确定为标准，可以分为应付金额确定的流动负债和应付金额不确定的流动负债。应付金额确定的流动负债是指那些根据合同或法律规定到期必须偿付，并有确定金额的流动负债。应付金额不确定的流动负债是指那些要根据企业生产经营状况，到一定时期或具备一定条件才能确定的流动负债，或应付金额需要估计的流动负债。

（2）以流动负债的形成情况为标准，可以分为自然性流动负债和人为性流动负债。自然性流动负债是指不需要正式安排，由于结算程序或有关法律法规的规定等原因而自然形成的流动负债；人为性流动负债是指根据企业对短期资金的需求情况，通过人为安排所形成的流动负债。

（3）以是否支付利息为标准，可以分为有息流动负债和无息流动负债。

（三）营运资金的特点

为了有效地管理企业的营运资金，必须研究营运资金的特点，以便有针对性地进行管理。营运资金一般具有如下特点。

1．营运资金的来源具有灵活多样性

与筹集长期资金的方式相比，企业筹集营运资金的方式较为灵活多样，通常有银行短期借款、短期融资券、商业信用、应交税金、应交利润、应付工资、应付费用、预收货款、票据贴现等多种内外部融资方式。

2. 营运资金的数量具有波动性

流动资产的数量会随企业内外条件的变化而变化，时高时低，波动很大。季节性企业如此，非季节性企业也如此。随着流动资产数量的变动，流动负债的数量也会相应发生变动。

3. 营运资金的周转具有短期性

企业占用流动资产的资金，通常会在 1 年或一个营业周期内收回。根据这一特点，营运资金可以用商业信用、银行短期借款等短期筹资方式来加以解决。

4. 营运资金的实物形态具有变动性和易变现性

企业营运资金的实物形态是经常变化的，一般按照现金、材料、在产品、产成品、应收账款、现金的顺序转化。为此，在进行流动资产管理时，必须在各项流动资产上合理配置资金数额，做到结构合理，从而促进资金周转顺利进行。此外，短期投资、应收账款、存货等流动资产一般具有较强的变现能力，如果遇到意外情况，企业出现资金周转不灵、现金短缺时，便可迅速变卖这些资产，以获取现金。这对财务上应付临时性资金需求具有重要意义。

二、营运资金的管理原则

企业的营运资金在全部资金中占有相当大的比重，而且周转期短，形态易变，是企业财务管理工作的一项重要内容。实证研究也表明，财务经理的大量时间都用于营运资金的管理上。企业进行营运资金管理，应遵循以下原则。

（一）保证合理的资金需求

企业应认真分析生产经营状况，合理确定营运资金的需要数量。企业营运资金的需求数量与企业生产经营活动有直接关系。一般情况下，当企业产销两旺时，流动资产会不断增加，流动负债也会相应增加；而当企业产销量不断减少时，流动资产和流动负债也会相应减少。营运资金的管理必须把满足正常合理的资金需求作为首要任务。

（二）提高资金使用效率

加速资金周转是提高资金使用效率的主要手段之一。提高营运资金使用效率的关键就是采取有力措施，缩短营业周期，加速变现过程，加快营运资金周转。因此，企业要千方百计地加速存货、应收账款等流动资产的周转，以便用有限的资金，服务于更大的产业规模，为企业取得更好的经济效益提供条件。

（三）节约资金使用成本

在营运资金管理中，必须正确处理保证生产经营需要和节约资金使用成本两者之间的关系。要在保证生产经营需要的前提下，遵守勤俭节约的原则，尽力降低资金使用成本。一方面，要挖掘资金潜力，盘活全部资金，精打细算地使用资金；另一方面，积极拓展融资渠道，合理配置资源，筹措低成本资金，服务于生产经营。

（四）保持足够的短期偿债能力

偿债能力的高低是企业财务风险高低的标志之一。合理安排流动资产与流动负债的比例关系，保持流动资产结构与流动负债结构的适配性，保证企业有足够的短期偿债能

力是营运资金管理的重要原则之一。流动资产、流动负债以及两者之间的关系能较好地反映企业的短期偿债能力。流动负债是在短期内需要偿还的债务，而流动资产则是在短期内可以转化为现金的资产。因此，如果一个企业的流动资产比较多，流动负债比较少，说明企业的短期偿债能力较强；反之，则说明短期偿债能力较弱。但如果企业的流动资产太多，流动负债太少，也不是正常现象，这可能是流动资产闲置或流动负债利用不足所致。

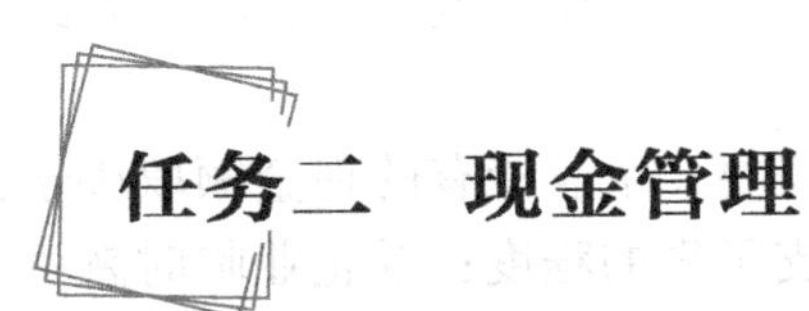

任务二　现金管理

现金有广义、狭义之分。广义的现金是指在生产经营过程中以货币形态存在的资金，包括库存现金、银行存款和其他货币资金等。狭义的现金仅指库存现金。这里所讲的现金是指广义的现金。

保持合理的现金水平是企业现金管理的重要内容。现金是变现能力最强的资产，可以用来满足生产经营开支的各种需要，也是还本付息和履行纳税义务的保证。拥有足够的现金对于降低企业风险，增强企业资产的流动性和债务的可清偿性有着重要的意义。但库存现金是唯一的不创造价值的资产，对其持有量不是越多越好。即使是银行存款，其利率也非常低。因此，现金存量过多，它所提供的流动性边际效益便会随之下降，从而使企业的收益水平下降。

除了应付日常的业务活动之外，企业还需要拥有足够的现金偿还贷款、把握商机和以备不时之需。企业必须建立一套管理现金的方法，持有合理的现金数额，使其在时间上继起，在空间上并存。企业必须编制现金预算，以衡量企业在某段时间内的现金流入量与流出量，以便在保证企业经营活动所需现金的同时，尽量减少企业的现金数量，提高资金收益率。

一、持有现金的需求动机

持有现金是出于三种需求：交易性需求、预防性需求和投机性需求。

（一）交易性需求

企业的交易性需求是企业为了维持日常周转及正常商业活动所需持有的现金额。企业每日都在产生许多支出和收入，而支出和收入在数额上不相等及时间上不匹配使得企业需要持有一定现金来调节，以使生产经营活动能持续进行。

在许多情况下，企业向客户提供的商业信用条件和它从供应商那里获得的信用条件不同，因此企业必须持有现金。如供应商提供的信用条件是 30 天付款，而企业迫于竞争压力，则向顾客提供 45 天的信用期，这样，企业必须筹集够 15 天的营运资金来维持企业运转。

另外，企业业务的季节性，要求企业逐渐增加存货以等待季节性的销售高潮。这时，一般会发生季节性的现金支出，企业现金余额下降，随后又随着销售高潮到来，存货减少，而现金又逐渐恢复到原来水平。

（二）预防性需求

预防性需求是指企业需要维持充足现金，以应付突发事件。这种突发事件可能是政治环境变化，也可能是企业的某个大客户违约导致企业突发性偿付等。尽管财务经理试图利用各种手段来较准确地估算企业需要的现金数，但这些突发事件会使原本很好的财务计划失去效果。因此，企业为了应付突发事件，有必要维持比日常正常运转所需金额更多的现金。

为应付意料不到的现金需要，企业持有的现金额取决于：①企业愿冒缺少现金风险的程度；②企业预测现金收支可靠的程度；③企业临时融资的能力。希望尽可能减少风险的企业倾向于保留大量的现金余额，以应付其交易性需求和大部分预防性需求。另外，企业会与银行维持良好关系，以备现金短缺之需。

（三）投机性需求

投机性需求是企业为了抓住突然出现的获利机会而持有的现金，这种机会大都是一闪即逝的，如证券价格的突然下跌，企业若没有用于投机的现金，就会错过这一机会。

除了上述三种基本的现金需求以外，还有许多企业是将现金作为补偿性余额来持有的。补偿性余额是企业同意保持的账户余额，它是企业对银行所提供借款或其他服务的一种补偿。

二、现金的成本

作为一种资产，企业持有现金必然要发生相关的成本，这些成本通常由三个部分构成。

（一）持有成本

现金的持有成本，是指企业因保留一定现金余额而增加的管理费及丧失再投资的受益。具体包括以下两部分。

1. 管理成本

现金的管理成本，是指企业因持有一定数量的现金而发生的管理费用。如管理者工资、安全措施费用等。一般认为这是一种固定成本，这种固定成本在一定范围内和现金持有量之间没有明显的比例关系。

2. 机会成本

现金的机会成本，是指企业因持有一定现金余额丧失的再投资收益。再投资收益是企业不能同时用该现金进行有价证券投资所产生的机会成本，这种成本在数额上等于资金成本。例如，某企业的资本成本为10%，年均持有现金50万元，则该企业每年的现金机会成本为5万元（50×10%）。放弃的再投资收益即机会成本属于变动成本，它与现金持有量的多少密切相关，即现金持有量越大，机会成本越大，反之就越小。

（二）转换成本

转换成本，是指企业用现金购入有价证券以及有价证券换取现金时付出的交易费用，

现金和有价证券相互转换时付出的交易费用，如委托买卖佣金、委托手续费、证券过户费等。

（三）短缺成本

现金短缺成本是指在现金持有量不足，又无法及时通过有价证券变现加以补充时给企业造成的损失，包括直接损失与间接损失。现金的短缺成本随现金持有量的增加而下降，随现金持有量的减少而上升，即与现金持有量负相关。

三、最佳现金持有量的确定

最佳现金持有量又称为最佳现金余额，是指现金满足生产经营的需要，又使现金使用的效率和效益最高时的现金最低持有量，即能够使现金管理的机会成本与转换成本之和保持最低的现金持有量。就企业而言，最佳持有量意味着现金余额为零，但是，基于交易、预防、投机动机的要求，企业又必须保持一定数量的现金，企业能否保持足够的现金余额，对于降低或避免经营风险与财务风险具有重要意义。

（一）成本分析模式

成本分析模式是根据现金有关成本，分析预测其总成本最低时现金持有量的一种方法。运用成本分析模式确定现金最佳持有量时，只考虑因持有一定量的现金产生的机会成本及短缺成本，而不予考虑管理费用和转换成本。这种模式下，最佳现金持有量，就是持有现金产生的机会成本与短缺成本之和最小时的现金持有量。在成本分析模式下应分析机会成本、管理成本、短缺成本。

机会成本与现金持有量成正比例变动关系，用公式表示即：

机会成本 = 现金持有量 × 有价证券利率（或报酬率）

短缺成本与现金持有量之间成反向变动关系。

【例1】某企业现有 A、B、C、D 四种现金持有方案，有关成本资料相关总成本最低，因此，企业选择持有 300 000 元现金，如表 6 - 1 所示。

表 6 - 1　现金持有量备选方案表

方　案	A	B	C	D
现金持有量/元	100 000	200 000	300 000	400 000
机会成本率/%	10	10	10	10
短缺成本/元	48 000	25 000	10 000	5 000

根据表 6 - 1 采用成本分析模式测算该企业最佳现金持有量，数据如表 6 - 2 所示。

表 6 - 2　最佳现金持有量测算表

方案及现金持有量	机会成本/元	短缺成本/元	相关总成本/元
A（100 000 元）	10 000	48 000	58 000
B（200 000 元）	20 000	25 000	45 000
C（300 000 元）	30 000	10 000	40 000
D（400 000 元）	40 000	5 000	45 000

通过比较分析表6-2中各方案的总成本，由于C方案的相关总成本最低，因此，企业选择持有300 000元现金，即最佳现金持有量为300 000元。

（二）存货分析模式

存货模式是通过分析持有现金的机会成本和固定性转换成本，寻找使总成本最低的现金持有量的一种方法。

机会成本和固定性转换成本随着现金持有量的变动而呈现出相反的变动趋向，因而能够使现金管理的机会成本和固定性转换成本之和保持最低的现金持有量，即为最佳现金持有量。

$$相关总成本=固定性转换成本+机会成本$$

即

$$TC=\frac{Q}{2}K+\frac{T}{Q}F$$

通过数学分析与推导，当一阶导数为0，总成本函数存在极值，也就是总成本最小。因此可以推导出最佳现金持有量（Q^*）为：

$$Q^*=\sqrt{\frac{2TF}{K}}$$

式中：TC——持有现金的总成本；T——一个周期内的现金需求总量；Q——最高现金余额（每次证券转换额）；F——现金与有价证券每次的转换成本；K——有价证券的利率（机会成本）。

最佳现金持有量下的总成本：

$$TC(Q^*)=\sqrt{2TFK}$$

一个周期内最佳交易次数：

$$N^*=T/Q^*$$

【例2】某公司现金收支平稳，预计全年（按360天计算）现金需要量为360 000元，现金与有价证券的转换成本为每次300元，有价证券年均报酬率为6%。

要求：（1）运用存货模式计算最佳现金持有量。

（2）计算最佳现金持有量下的最低现金管理相关总成本、全年现金交易成本和全年现金持有机会成本。

（3）计算最佳现金持有量下的全年有价证券交易次数和有价证券交易间隔期。

答：（1）最佳现金持有量$=\sqrt{\frac{2\times360\ 000\times300}{6\%}}=60\ 000$（元）

（2）最低现金管理相关总成本$=\frac{60\ 000}{2}\times6\%+\frac{360\ 000}{60\ 000}\times300=3\ 600$（元）

全年现金交易成本$=\frac{360\ 000}{60\ 000}\times300=1\ 800$（元）

全年持有现金机会成本$=\frac{60\ 000}{2}\times6\%=1\ 800$（元）

（3）有价证券交易次数=360 000/60 000=6（次）

有价证券交易间隔期=360/6=60（天）

四、现金的日常管理

现金的日常管理主要是对现金收支的时间加以控制，从而加快现金流转，缩短现金周转期，以保持最适宜及最少量的现金余额。其目的在于提高现金使用效率。为了达到这一目的，企业可以运用以下策略。

（一）使用现金浮游量

现金浮游量是指由于企业提高收款效率和延长付款时间所产生的企业账户上的现金余额和银行账户上的企业存款余额之间的差额。

（二）推迟应付款的支付

推迟应付款的支付，是指企业在不影响自己信誉的前提下，充分运用供货方所提供的信用优惠，尽可能地推迟应付款的支付期。

（三）汇票代替支票

汇票分为商业承兑汇票和银行承兑汇票。与支票不同的是，承兑汇票并不是见票即付。这一方式的优点是推迟了企业调入资金支付汇票所需的实际时间。这样企业就只需在银行中保持较少的现金余额。它的缺点是某些供应商可能并不喜欢用汇票付款，银行也不喜欢处理汇票，它们通常需要耗费更多的人力。同支票相比，银行会收取较高的手续费。

（四）改进员工工资支付模式

企业可以为支付工资专门设立一个工资账户，通过银行向职工支付工资。为了最大限度地减少工资账户的存款余额，企业要合理预测开出支付工资的支票到职工去银行兑现的具体时间。

（五）透支

企业开出支票的金额大于活期存款余额。它实际上是银行向企业提供的信用。透支的限额由银行和企业共同商定。

（六）争取现金流出与现金流入同步

企业应尽量使现金流出与流入同步，这样，就可以降低交易性现金余额，同时可以减少有价证券转换为现金的次数，提高现金的利用效率，节约转换成本。

（七）使用零余额账户

即企业与银行合作，保持一个主账户和一系列子账户，企业只在主账户保持一定的安全储备，而在一系列子账户不需要保持安全储备。当从某个子账户签发的支票需要现金时，所需要的资金立即从主账户划拨过来，从而使更多的资金可以备作他用。

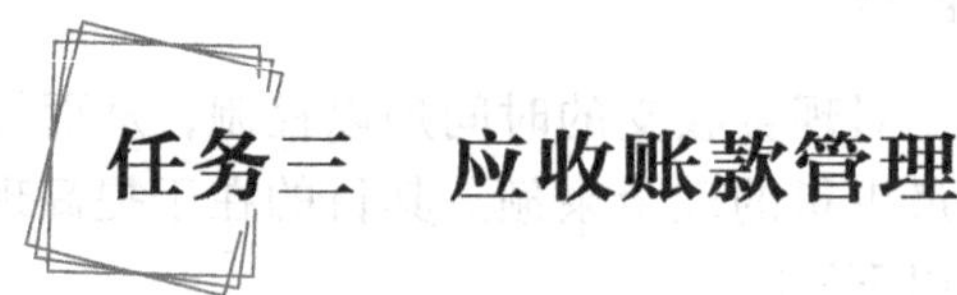

任务三 应收账款管理

一、应收账款的功能

企业通过提供商业信用，采取赊销、分期付款等方式可以扩大销售，增强竞争力，获得利润。应收账款作为企业为扩大销售和盈利的一项投资，也会发生一定的成本。所以企业需要在应收账款所增加的盈利和所增加的成本之间做出权衡。应收账款管理就是分析赊销的条件，使赊销带来的盈利增加大于应收账款投资产生的成本增加，最终使企业现金收入增加，企业价值上升。

应收账款的功能指其在生产经营中的作用。主要有以下两方面：

（一）增加销售功能

在激烈的市场竞争中，通过提供赊销可有效地促进销售。因为企业提供赊销不仅向顾客提供了商品，也在一定时间内向顾客提供了购买该商品的资金，顾客将从赊销中得到好处。所以，赊销会带来企业销售收入和利润的增加。

（二）减少存货功能

企业持有一定产成品存货时，会相应地占用资金，形成仓储费用、管理费用等，发生成本，赊销则可避免这些成本的产生。所以当企业的产成品存货较多时，一般会采用优惠的信用条件进行赊销，将存货转化为应收账款，节约支出。

二、应收账款的成本

应收账款作为企业为增加销售和盈利进行的投资，必然会发生一定的成本。应收账款的成本主要有：

（一）应收账款的机会成本

应收账款会占用企业一定量的资金，而企业若不把这部分资金投放于应收账款，便可以用于其他投资并可能获得收益，例如投资债券获得利息收入。这种因投放于应收账款而放弃其他投资所带来的收益，即为应收账款的机会成本。

$$\begin{aligned}\text{应收账款机会成本} &= \text{维持赊销业务所需要的资金} \times \text{参照利率} \\ &= \text{应收账款平均余额} \times \text{变动成本率} \times \text{参照利率}\end{aligned}$$

其中：

$$\begin{aligned}\text{应收账款平均余额} &= \frac{\text{赊销收入净额}}{\text{应收账款周转率}} \\ &= \frac{\text{赊销收入净额}}{\dfrac{360}{\text{应收账款周转期}}} \\ &= \frac{\text{赊销收入净额} \times \text{应收账款周转期}}{360}\end{aligned}$$

（二）应收账款的管理成本

主要是指在进行应收账款管理时所增加的费用。主要包括调查顾客信用状况的费用、收集各种信息的费用、账簿的记录费用、收账费用等。

（三）应收账款的坏账成本

在赊销交易中，债务人由于种种原因无力偿还债务，债权人就有可能无法收回应收账款而发生损失，这种损失就是坏账成本。可以说，企业发生坏账成本是不可避免的，而此项成本一般与应收账款发生的数量成正比。

【例3】某企业预测2014年度销售收入净额为3 600万元，应收账款平均收账天数为60天，变动成本率为50%，企业的资金成本率为10%。一年按360天计算。

要求：

（1）计算2014年度应收账款的平均余额。

（2）计算2014年度应收账款占用资金。

（3）计算2014年度应收账款的机会成本额。

（4）若2014年应收账款平均余额需要控制在400万元，在其他因素不变的条件下，应收账款平均收账天数应调整为多少天？

解答：

（1）应收账款的平均余额 = 3 600/360 × 60 = 600（万元）

（2）应收账款占用资金 = 600 × 50% = 300（万元）

（3）应收账款的机会成本 = 300 × 10% = 30（万元）

（4）应收账款的平均余额 = 日销售额 × 平均收账天数

400 = 3 600/360 × 平均收账天数

平均收账天数 = 40（天）。

三、信用政策

为了确保企业能一致性地运用信用和保证公平性，企业必须保持恰当的信用政策，必须明确地规定信用标准、信用条件、收账政策、信用期间和折扣条件。

（一）信用标准

信用标准（也称5C标准），是指客户获得本企业商业信用所应具备的条件，如客户达不到信用标准，则本企业将不给信用优惠，或只给较低的信用优惠。信用标准定得过高，会使销售减少并影响企业的市场竞争力；信用标准定得过低，会增加坏账风险和收账费用。制定信用标准的定量依据是估量客户的信用等级和坏账损失率，定性依据是客户的资信程度。决定客户资信程度的因素有五个方面：一是客户品质，即客户的信誉。以往是否有故意拖欠账款和赖账的行为，是否有商业行为不端而受司法判处的前科，与其他供货企业的关系是否良好，等等。二是偿债能力。分析客户的财务报表、资产与负债的比率、资产的变现能力等以判断客户的偿付能力。三是资本。看客户的经济实力和财务状况，即如果企业或个人当前的现金流不足以还债时，他们在短期和长期内可供使用的财务资源。四是抵押品。看客户若不能如期偿债时能用作抵押的资产，对不知底细或信用状况有争议的客户这点尤为重要。五是经济情况。是指会影响客户偿债能力的社会经济环境。

（二）信用条件

当我们根据信用标准决定给客户信用优惠时，就需要考虑具体的信用条件。信用条件包括信用期限、现金折扣等。

1. 信用期限

信用期限是指企业允许客户从购货到付款之间的时间间隔。信用期限过短不足以吸引顾客，不利于扩大销售；信用期限过长会引起机会成本、管理成本、坏账成本的增加。信用期限优化的要点是：延长信用期限增加的销售利润是否超过增加的成本费用。

【例4】某企业预计信用期限为20天，销量可达50万件；信用期若延长到40天，销量可增加到60万件。假定该企业投资报酬率为9%，产品单位售价为4元，其余条件如表6-3所示。

表6-3　信用期限对比表

单位：万元

信用期	20天	40天
销售额	200	240
销售成本：		
变动成本	60	72
固定成本	20	20
毛利	120	148
收账费用	10	12
坏账损失	3	5

要求：确定该企业应选择哪一个信用期限。

解答：信用期由20天延长到40天

增加销售利润 $=148-120=28$（万元）

增加机会成本 $=240\times\frac{72}{240}\times9\%\times\frac{40}{360}-200\times\frac{60}{200}\times9\%\times\frac{20}{360}$

$=0.42$（万元）

增加管理成本 $=12-10=2$（万元）

增加坏账成本 $=5-3=2$（万元）

增加净收益 $=28-(0.42+2+2)=23.58$（万元）

结论：应选择40天信用期。

本例中销售利润的增加是指毛利的增加，在固定成本总额不变的情况下也就是边际贡献的增加。

2. 现金折扣

延长信用期限会增加应收账款的占用额及收账期，从而增加机会成本、管理成本和坏账成本。企业为了既能扩大销售，又能及早收回款项，往往在给予客户信用期限的同时推出现金折扣条款。现金折扣是企业给予客户在规定时期内提前付款能按销售额的一

定比率享受折扣的优惠政策，它包括折扣期限和现金折扣率两个要素。（2/10，*N*/30）表示信用期限为30天，如客户能在10天内付款，可享受2%的折扣，超过10天，则应在30天内足额付款。其中10天是折扣期限，2%是现金折扣率。现金折扣本质上是一种筹资行为，因此现金折扣成本是筹资费用而非应收账款成本。在信用条件优化选择中，现金折扣条款能降低机会成本、管理成本和坏账成本，但同时也需付出一定的代价，即现金折扣成本。现金折扣条款有时也会影响销售额（比如有的客户冲着现金折扣条款来购买本企业产品），造成销售利润的改变。现金折扣成本也是信用决策中的相关成本，在有现金折扣的情况下，信用条件优化的要点是：增加的销售利润能否超过增加的机会成本、管理成本、坏账成本和折扣成本四项之和。

现金折扣成本＝赊销净额×折扣期内付款的销售额比例×现金折扣率

【例5】根据例4资料，若企业在采用40天的信用期限的同时，向客户提供（2/10，*n*/40）的现金折扣，预计将有占销售额60%的客户在折扣期内付款，而收账费用和坏账损失均比信用期为40天的方案下降8%。要求：判断该企业应否向客户提供现金折扣。

解答：在例3中已判明40天信用期优于20天信用期，因此本例只需在40天信用期的前提下用有现金折扣方案和无现金折扣方案进行比较。

销售利润＝0

平均收账期＝10×60%＋40×40%＝22（天）

增加机会成本$=240\times\frac{72}{240}\times 9\%\times\frac{22}{360}-240\times\frac{72}{240}\times 9\%\times\frac{40}{360}=-0.324$（万元）

增加管理成本＝12×（−8%）＝−0.96（万元）

增加坏账成本＝5×（−8%）＝−0.4（万元）

增加折扣成本＝240×60%×2%＝2.88（万元）

增加净收益＝0−（−0.324−0.96−0.4＋2.88）＝−1.196（万元）

结论：该企业不应向客户提供现金折扣。

【例6】某企业产销A产品，单位售价400元，单位变动成本300元。现接到某客户的追加订单1 000件，企业尚有生产能力给予接受。但是该客户提出赊账期为60天的付款方式，假如在30天内付款能给予2%的现金折扣，客户愿意有20%的货款在折扣期内支付。根据信用调查，该客户信用等级较低，坏账损失率可能达到20%。该企业最低投资报酬率15%，收账管理费用为赊销收入额的2%。

要求：计算并决策该企业是否应接受订单。

解答：增加销售利润＝(400−300)×1 000＝100 000（元）

增加机会成本$=400\times\frac{300}{400}\times 1\,000\times(20\%\times\frac{30}{360}+80\%\times\frac{60}{360})\times 15\%$

＝6 750（元）

增加管理成本＝400×1 000×2%＝8 000（元）

增加坏账成本＝400×1 000×20%＝80 000（元）

增加折扣成本＝400×1 000×20%×2%＝1 600（元）

增加净收益＝100 000−(6 750＋8 000＋80 000＋1 600)

＝3 650（元）

结论：该企业应接受订单。

（三）收账政策

收账政策是指客户违反信用条件，拖欠甚至拒付账款时企业应采取的策略。

首先，企业应投入一定收账费用以减少坏账的发生。一般地说，随着收账费用的增加，坏账损失会逐渐减少，但收账费用不是越多越好，因为收账费用增加到一定数额后，坏账损失不再减少，说明在市场经济条件下不可能绝对避免坏账。收账费用投入多少为好要在权衡增加的收账费用和减少的坏账损失后做出。

其次，企业对客户欠款的催收应做到有理、有利、有节。对超过信用期限不多的客户宜采用电话、发信函等方式“提醒”对方付款。对久拖不还的欠款，应具体调查分析客户欠款不还的原因。如客户确因财务困难而无力支付，则应与客户相互协商沟通，寻求解决问题的较为理想的办法，甚至对客户予以适当帮助，进行债务重整等。如客户欠款属恣意赖账、品质恶劣，则应逐渐加强催账力度，直至诉诸法律，并将该客户从信用名单中剔除。对客户的强硬措施应尽量避免，要珍惜与客户之间的友情，以利于树立企业的良好形象。我们不仅要想到争取更多的回头客，也要想到如果日后与客户地位倒置的话，留下回旋的余地。

四、应收账款的日常管理

对于已经发生的应收账款，企业还应进一步强化日常管理工作，采取有力措施进行分析、控制，及时发现问题，提前采取对策。这些措施主要包括应收账款追踪分析、应收账款账龄分析和建立应收账款坏账准备制度等。

（一）应收账款追踪分析

对应收账款实施追踪分析的重点应放在赊销商品的销售与变现方面。客户以赊购方式购入商品后，迫于获利和付款信誉的动力与压力，必然期望迅速地实现销售并收回账款。如果这一期望能够顺利地实现，而客户又具有良好的信用品质，则赊销企业如期足额地收回客户欠款一般不会有多大的问题。然而，市场供求关系所具有的瞬变性，使得客户所赊购的商品不能顺利地销售与变现，就意味着与应付账款相对的现金支付能力匮乏。

（二）应收账款账龄分析

应收账款账龄分析就是考察研究应收账款的账龄结构。所谓应收账款的账龄结构，是指各账龄应收账款的余额占应收账款总计余额的比重。一般而言，账款的逾期时间越短，收回的可能性越大，发生坏账损失的程度相对越小；反之，收账的难度及发生坏账损失的可能性也就越大。因此，对不同拖欠时间的账款及不同信用品质的客户，企业应采取不同的收账方法，制定出经济可行的不同收账方案：对可能发生的坏账损失，需提前有所准备，充分估计这一因素对企业损益的影响；对尚未过期的应收账款，也不能放松管理与监督，以防发生新的拖欠。

通过应收账款账龄分析，不仅能提示财务管理人员应把过期款项视为工作重点，而且有助于促进企业进一步研究与制定新的信用策略。

（三）建立应收账款坏账准备制度

无论企业采取怎样严格的信用政策，只要存在着商业信用行为，坏账损失的发生总是不可避免的。一般来说，确定坏账损失的标准主要有两条：

（1）因债务人破产或死亡，以其破产财产或遗产清偿后，仍不能收回的应收款项。

（2）债务人逾期未履行偿债义务，且有明显特征表明无法收回。

企业的应收账款只要符合上述任何一个条件，均可作为坏账损失处理。需要注意的是，当企业的应收账款按照第二个条件已经作为坏账损失处理后，并非意味着企业放弃了对该项应收账款的索取权。实际上，企业仍然拥有继续收款的法定权利，企业与欠款人之间的债权债务关系不会因为企业已做坏账处理而解除。

既然应收账款的坏账损失无法避免，那么，遵循谨慎性原则，对坏账损失的可能性预先进行估计，并建立弥补坏账损失的准备制度，即提取坏账准备金就显得极为必要。

任务四　存货管理

一、存货的功能

存货是指企业在生产经营过程中为销售或者耗用而储备的物资，包括材料、燃料、低值易耗品、在产品、半成品、产成品、协作件、商品等。存货管理水平的高低直接影响着企业的生产经营能否顺利进行，并最终影响企业的收益、风险等状况。因此，存货管理是财务管理的一项重要内容。

存货管理的目标，就是要尽力在各种存货成本与存货效益之间做出权衡，在充分发挥存货功能的基础上，降低存货成本，实现两者的最佳组合。存货的功能是指存货在企业生产经营过程中起到的作用。具体包括以下几个方面。

（一）保证生产正常进行

生产过程中需要的原材料和在产品，是生产的物质保证，为保障生产的正常进行，必须储备一定量的原材料，否则可能会造成生产中断、停工待料的现象。

（二）有利于销售

一定数量的存货储备能够增加企业在生产和销售方面的机动性和适应市场变化的能力。当企业市场需求量增加时，若产品储备不足就有可能失去销售良机，所以保持一定量的存货是有利于市场销售的。

（三）便于维持均衡生产，降低产品成本

有些企业产品属于季节性产品或者需求波动较大的产品，此时若根据需求状况组织生产，则有可能生产能力得不到充分利用，有时又超负荷生产，这会造成产品成本的上升。

（四）降低存货取得成本

一般情况下，当企业进行采购时，进货总成本与采购物资的单价和采购次数有密切关系。而许多供应商为鼓励客户多购买其产品，往往在客户采购量达到一定数量时，给予价格折扣，所以企业通过大批量集中进货，既可以享受价格折扣，降低购置成本，也可因减少订货次数，降低订货成本，使总的进货成本降低。

（五）防止意外事件的发生

企业在采购、运输、生产和销售过程中，都可能发生意料之外的事故，保持必要的存货保险储备，可以避免和减少意外事件的损失。

二、存货的成本

存货的成本是指企业为存货而发生的支出，主要包括取得成本、储存成本、缺货成本。

（一）取得成本

取得成本是指为取得某种存货而发生的支出，它由购置成本和订货成本构成。

购置成本是指存货本身的价值，即存货的买价，它是存货单价与数量的乘积。在无商业折扣的情况下，购置成本是不随采购次数等变动而变动的，是存货决策的一项无关成本。

订货成本是指为组织采购存货而发生的费用。订货成本有一部分与订货次数无关，如常设采购机构的基本开支等，这类固定性的订货成本与决策无关。订货成本中另一部分与订货次数有关，如差旅费、邮电费等，这类变动性的订货成本是决策中的相关成本。

（二）储存成本

储存成本是指存货在储存过程中发生的支出。储存成本有一部分是固定性的，如仓库折旧费、仓库员工的固定工资等，这类成本与决策无关。储存成本中另一部分为与存货储存数额成正比的变动成本，如存货资金的应计利息、存货损失、存货保险费等，这类变动性的储存成本是决策中的相关成本。

（三）缺货成本

缺货成本是指由于存货不足而造成的损失，如材料供应中断造成的停工损失，产成品库存短缺造成的延迟发货的信誉损失及丧失销售机会损失，材料缺货而采用替代材料的额外支出。缺货成本中有些是机会成本，只能做估算。当企业允许缺货时，缺货成本随平均存货的减少而增加，它是存货决策中的相关成本。

三、存货的控制

存货资金定额确定之后，如何取得存货、管理存货，使存货在使用和周转过程中相关成本最小，效益最大，这就是存货的控制。存货控制的方法有多种，以下介绍经济批量模型、存货 ABC 控制法及零存货（JIT）。

（一）经济批量模型

经济批量是指能使一定时期内某项存货的相关总成本达到最小时的订货批量。经济

批量模型的分析研究要有若干基本假设，主要是：存货单价不变，不允许缺货，存货的消耗均匀，订货能瞬间一次到达，变动性的单位订货、储存成本都不变，等等。

经济批量模型中的相关总成本 TC 是由两项相关成本合成的：变动性订货成本 TC_o 和变动性储存成本 TC_c。

设存货年需用量为 A，每次订货的变动性订货成本为 P，全年订货 n 次，每次订货量为 Q，则：

$$TC_o = P \times n = P \times \frac{A}{Q}$$

设存货年平均单位变动性储存成本为 C_1，年平均储存量为$\overline{Q}$，则：

$$TC_c = C_1 \times \overline{Q} = C_1 \times \frac{Q}{2}$$

存货的年相关总成本 TC 是 TC_o 与 TC_c 之和：

$$TC = TC_o + TC_c = P \times \frac{A}{Q} + C_1 \times \frac{Q}{2}$$

显然，每次订货量少，则储存成本小，但必然导致订货次数增多，引起订货成本增大；反之，每次订货量多，则储存成本大，但可使订货次数减少，导致订货成本降低。可见，每次订货量太多或太少都不好。存货控制就是要寻求最优的订货量 Q^*，使全年存货相关总成本达到最小值 TC^*。这个 Q^* 就是经济订货量，或称经济批量。

经济批量模型可以用微分学方法求解：

$TC' = -\frac{PA}{Q^2} + \frac{C_1}{2}$，令 $TC' = 0$

可得：$Q = \sqrt{\frac{2PA}{C_1}}$ 这时：$TC = \sqrt{2PAC_1}$

因为 $TC'' = \frac{2PA}{Q^3} > 0$

所以 $\sqrt{2PAC_1}$ 是 TC 的最小值

可知，经济批量模型的最优解为：

最优订货批量 $Q^* = \sqrt{\frac{2PA}{C_1}}$

最小相关总成本 $TC^* = \sqrt{2PAC_1}$

最佳订货次数 $N^* = \frac{A}{Q^*}$

最佳存货资金占用额 $I = \frac{Q^*}{2} \cdot p$

【例 7】企业全年耗用甲种材料 1 800 千克，该材料单价 20 元，年单位储存成本 4 元，一次订货成本 25 元。

要求：确定（1）经济订货批量；（2）最小相关总成本；（3）最佳订货次数；（4）最佳订货周期；（5）最佳存货资金占用额。

解答：依上述资料计算：

（1）经济批量 $=\sqrt{\frac{2\times1\,800\times25}{4}}=150$（千克）

（2）最小相关总成本 $=\sqrt{2\times1\,800\times25\times4}=600$（元）

（3）最佳订货次数 $=1\,800\div150=12$（次）

（4）最佳订货周期 $=360\div12=30$（天）

（5）最佳存货资金占用额 $=20\times\frac{150}{2}=1\,500$（元）

（二）ABC 分类法

ABC 库存分类管理法又称为重点管理法或 ABC 分析法，该方法是根据帕累托曲线所揭示的关键的少数和次要的多数，以库存物资单个品种的库存资金占整个库存资金的累积百分数为基础，将存货分为 A 类、B 类和 C 类，针对不同类型级别的货物进行分别管理和控制。

建立在 ABC 分类基础上的库存管理策略包括以下内容，如表 6－4 所示。

表 6－4　不同类型库存的管理策略表

库存类型	特点（按货币量占用）	管理方法
A 类	品种数占库存总数的 5%～15%，成本占 60%～80%	进行重点管理：现场管理更加严格，应放在更安全的地方；为了保证库存记录的准确性要经常进行检查和盘点；预测要更加仔细
B 类	品种数占库存总数的 20%～30%，成本占 20%～30%	进行次重点管理：现场管理不必投入比 A 类更多的精力；库存检查和盘点的周期可以比 A 类长一些
C 类	品种数占库存总数的 60%～80%，但成本仅占 5%～15%	只进行一般的管理：现场管理可以更粗放一些；但是由于品种多，差错出现的可能性也比较大，因此也必须定期进行库存检查和盘点，周期可以比 B 类长一些

（三）零存货（JIT）

零存货是指平时企业的库存降低到最低限度甚至是没存货，只有当有了客户订单时才进行生产和经营，才进行购置材料和零部件。零存货是适时生产系统对存货管理的基本要求。零存货管理可以达到降低存货储存过程中的各种费用，如仓储费、占用资金的利息开支以及管理人员工资；可以消除产品制造周期中可能存在的停工待料或者是有料待工等浪费现象。要达到零存货，就要求企业必须选择好稳定、可靠的供应商，将所需的原材料、外购件等适时送达生产现场交企业使用；各生产程序之间也不保存半成品；在销售环节上也要做到没有产成品存货，要广开销售渠道，建立完备的销售体系，做到在最后一个生产程序保质保量地加工出产成品后，就能够及时将产品销售出去。企业实现零存货的好处主要表现在以下两个方面：首先，零存货消除了原材料的库存现象，大大节省了原材料的保管、储存、领发手续和对原材料存货的确认和计价等方面的开支；其次，企业由于实现了零存货，产品成本不受期初存货成本结转的影响，这不仅可以大

大简化产品成本的计算工作，而且由于当期产品成本中没有掺杂上期成本高低的因素，从而有助于正确评价企业当期生产经营工作的质量和经营业绩。由此可见，零存货是一种较为高级的存货管理办法。

案例解决

该案例对我国企业的启示如下：

1. 要事先确定合理的应收账款余额，实行应收账款的计划管理

在每一年的年度计划中应该明确应收账款的年末余额，并设定一个相对积极的平均收款期，允许每年的平均收账期在该指标上下浮动。作为考核业绩的依据，设定应收账款占流动资产总额的比例，实施弹性控制：在产品走俏时，赊销规模从紧；产品疲软时，从宽；资金紧张时，从严。当赊销规模接近警戒线时，应断然采取措施，暂停赊账业务。

2. 应实行应收账款的责任管理，做到每一笔应收账款都有人负责

建立赊销审批制度。从源头上采取避免遭受损失的措施，实行“谁审批，谁负责”，对每一笔应收账款业务的发生都有明确的责任人，以便于应收账款的及时回收以及减少坏账损失。当然企业可根据自身特点和管理方便，赋予不同级别的人员不同金额的审批权限，各经办人员只能在各自的权限内办理审批，超过限额的必须请示上一级领导同意后方可批准，金额特别巨大的，需报请企业最高领导批准。同时，责任制必须落到实处，各经办人员经办的业务应自己负责，并与其经济利益挂钩，要求其对自己经办的每笔业务进行事后监督，直至收回资金为止。

建立销售责任制，引入激励机制，实施奖惩措施。企业可以将货款回笼作为考核销售部门及销售人员业绩的主要依据，并建立指标考核体系，包括销售收入总额、货款回收率、应收账款周转率等，根据实际回收情况与清欠人员的工资挂钩。

3. 实行科学的合同管理，用法律保护自己的合法权益

除现金收入以外的供货业务都应该签订合同，主要的供货业务应使用统一的合同文本，合同要素要齐全具体，特别是收款期、延付的具体违约责任等应清楚、准确，只有这样才能用法律武器尽可能地保证自己的利益不受侵害。

4. 对客户的信用进行评估，确定赊销规模

对拟赊销客户的资产状况、财务状况、经营能力、以往业务记录、企业信誉等进行深入的实地调查，根据调查的结果来评定其信用等级，并建立赊销客户信用等级档案。“优”为企业规模大，以往业务往来中信誉较好的企业；“合格”为资产状况和财务状况一般，财务制度比较规范，有一定的资产作抵押，在以往业务往来中经催交后能结清货款的客户；“差”为资产状况和财务状况不佳，财务制度混乱，没有资产抵押，以往没有业务往来或有业务往来但信誉不佳的客户。赊销客户的信用等级评定工作应每年一次，特别情况可随时调整。

按赊销客户的还款能力和信用等级，确定销售政策。对于资信差的客户采用现款交易；对资信一般或者较好的客户在现款不被接受的情况下采用承兑汇票的方式；对于资信好的客户采取分期收款的方式，但在期限和累计金额上要有明确的规定。

5. 发挥会计的监督职能，辅助应收账款的回收

企业的财务部门应按赊销客户区域建立核算应收账款明细账，对赊销业务及时进行

会计核算，并定期统计应收账款各客户的金额、账龄及增减变动情况，及时反馈给企业主管领导和销售部门，为评估、调整赊销客户的信用等级提供可靠依据，同时也能了解赊销总情况。

企业财会部门应定期向赊销客户寄送对账单和催交欠款通知书。对未超过期限的赊销客户，主要是获得经双方供销、财会经办人确认无误并签章的对账单，作为双方对账的原始依据；对超过期限的赊销客户，在发出对账单的同时，需分发催交欠款通知书，及时催收欠款。企业供销部门及有关经办人员应积极配合财会部门做好此项工作。

6. 进行积极的收款政策和风险转移机制

对逾期未结清欠款的赊销客户，企业应组织力量督促经销人员加紧催收，特别是对一些信誉较差、欠款时间较长、金额较大的赊销客户，需有专人负责，兑现落实经办赊销人员的奖惩。企业供销部门应组织人员，积极与对方进行联系，及时收回欠款。对近期暂不能还款的赊销客户，应要求对方制订还款计划并提供担保，使其能逐步还清欠款。对那些既不制订还款计划又不提供担保的，或发现其缺乏清偿能力的，应及时通过法律途径给予解决。

职业能力训练

一、选择题

1. 下列各项中，不属于存货“缺货成本”的是（　　）。

A. 停工损失

B. 产成品缺货造成的拖欠发货损失

C. 丧失销售机会的损失

D. 存货资金的应计利息

2. 应收账款监控中的ABC分类法下，企业应重点关注的是（　　）。

A. 占应收账款逾期金额总额比重大，且占客户总额比重小

B. 占应收账款逾期金额总额比重小，且占客户总额比重小

C. 占应收账款逾期金额总额比重大，且占客户总额比重大

D. 占应收账款逾期金额总额比重小，且占客户总额比重大

3. 成本模型和存货模型中都考虑的成本为（　　）。

A. 机会成本　　B. 管理成本

C. 短缺成本　　D. 交易成本

4. A企业是日常消费品零售、批发一体企业，春节临近，为了预防货物中断，近期持有大量的现金。该企业持有大量现金属于（　　）。

A. 交易性需求　　B. 预防性需求

C. 投机性需求　　D. 支付性需求

5. 在5C信用评价系统中，“资本”是指（　　）。

A. 当企业或个人不能满足还款条款时，可以用作债务担保的资产或其他担保物

B. 经营能力

C. 如果企业或个人当前的现金流不足以还债，他们在短期和长期内可供使用的财务资源

D. 影响申请者还款能力和还款意愿的经济环境

6. 下列有关营运资金的等式中正确的是（　　）。

A. 营运资金 = 流动资产 − 流动负债

B. 营运资金 = 资产 − 负债

C. 营运资金 = 流动资产 − 自发性的流动负债

D. 营运资金 = 长期资产 − 流动负债

7. 下列选项中，不属于营运资金特点的是（　　）。

A. 来源具有灵活多样性　　B. 数量具有波动性

C. 投资的集中性和收回的分散性　　D. 周转具有短期性

8. 乙公司预测的年度赊销收入净额为 4 500 万元，应收账款收账期为 30 天，变动成本率为 50%，资本成本为 10%，一年按 360 天计算，则应收账款的机会成本为（　　）万元。

A. 10　　B. 18.75　　C. 8.5　　D. 12

9. 信用政策不包括（　　）。

A. 信用标准　　B. 信用条件　　C. 收账政策　　D. 商业折扣

10. 某企业全年需要用 A 材料 2 400 吨，每次订货成本为 400 元，每吨材料年储存成本 12 元，假设一年按 360 天计算，则该企业最佳订货次数为（　　）。

A. 8 次　　B. 6 次　　C. 4 次　　D. 2 次

11. 采用 ABC 分类法对存货进行控制时，应当重点控制的是（　　）。

A. 数量较多的存货　　B. 占用资金较多的存货

C. 品种较多的存货　　D. 库存时间较长的存货

12. 下列各项中，不属于存货储存成本的是（　　）。

A. 存货仓储费用　　B. 存货破损和变质损失

C. 存货储备不足而造成的损失　　D. 存货占用资金的应计利息

13. 下列各项中，属于商业信用筹资方式的是（　　）。

A. 发行短期融资券　　B. 应付账款筹资

C. 短期借款　　D. 融资租赁

二、判断题

1. 应收账款具有增加销售和减少存货的功能。（　　）

2. 在存货管理中，与持有存货有关的成本，包括取得成本、储存成本和缺货成本。（　　）

3. 企业的存货总成本随着订货批量的增加呈正方向变化。（　　）

4. 应收账款基于商业信用产生，存在无法收回的可能性，由此给应收账款持有企业带来的损失，即为坏账成本。（　　）

5. 供应商在信用条件中规定有现金折扣，目的主要是扩大销售收入。（　　）

6. 广义的营运资金是流动资产减去流动负债后的余额。（　　）

7. 应收账款管理成本包括调查顾客信用状况的费用。(　　)

8. 企业采用严格的信用标准，虽然会增加应收账款的机会成本，但能扩大商品销售额，从而会给企业带来更多的收益。(　　)

9. 存货管理的目标，就是在保证生产或销售经营需要的前提下，最大限度地降低存货成本。(　　)

10. 企业之所以持有一定数量的现金，主要是出于三个方面的动机：交易动机、预防动机和投机动机。(　　)

三、案例分析题

案例一：A公司现金收支平稳，预计全年（按360天计算）现金需要量为360 000元，现金与有价证券的转换成本为每次300元，有价证券年均报酬率为6%。运用存货模式计算最佳现金持有量。请运用现金管理的相关知识及案例一的资料讨论下列问题：

1. 简要说明企业持有现金的动机。

2. 运用存货模式计算A公司最佳现金持有量。

3. 如果A公司想进一步提高现金使用效率，可以运用哪些策略?

案例二：近几年，在扩大内需的促进下，餐饮业成为国内消费需求中发展速度最快、增长率最高的行业。A餐饮部门繁荣发展，竞争日益激烈，为了在竞争中求发展，便以赊销方式作为营销策略。但是这种营销方式扩大收入的同时也造成A餐饮部门应收账款居高不下的情况。付款期限一般介于30天到90天之间，比之于存货周转率和净资产周转率的持续上升，应收账款周转率在近三年间却时高时低，尤其是今年，在主营业务收入大幅度提高的同时，应收账款周转率处于近三年的最低水平。A餐饮部门一味追求收入的增加，对应收账款没有严格的全面的管理意识，造成账款难以收回，最终变成坏账和死账。相关统计资料表明，不能按期收回的应收账款只有不到20%额度是因为客户财务状况原因造成的。A餐饮部门应收账款内部存在的问题主要表现在信用政策不规范、监控措施不力、收账政策不够合理等方面。

请根据案例二的资料，讨论解决A餐饮部门应收账款存在的问题的对策。

案例三：A公司20世纪90年代末期由于受市场经济的影响，加之管理不到位，财务混乱，大量工程款收不回来，生产大幅度滑坡，陷入半停工状态，亏损严重，濒临破产的边缘。2002年末该公司拥有固定资产4 000万元，流动资金2 000万元，职工600余名，其中专业技术人员60人，股东人数占全公司总数的三分之二，持股比例达到40%。2003年实现收入2 000万元，利税120万元。经过几年的努力，经营状况一路高攀，2008年实现收入3 000万元，利税280万元，公司收益大幅度提高，实现国家、集体、个人共赢。公司自改制以来采取了一系列有效措施，取得了可喜的成绩，特别是在财务管理方面更新观念，以经济效益为中心，开展各项工作。在资金筹集、货币资金管理、存货管理、原材料供应、生产销售、债权债务清算、成本计算、成本管理、税金缴纳等方面取得良好的成效，但在应收账款方面仍然沿用过去传统的管理方法，导致产生大量的呆账、坏账。

请结合应收账款管理的相关知识及案例三的资料讨论以下问题：

1. 简要说明A公司应收账款现状。

2. 讨论A公司存在较高应收账款的原因。

3. 简述A公司应收账款管理存在的问题。

案例四：某企业每年需耗用A材料60 000件，单位材料年存储成本30元，平均每次进货费用为90元，A材料全年平均单价为150元。假定不存在数量折扣，不会出现陆续到货和缺货的现象。请结合存货管理的项目内容及案例四的资料讨论以下问题：

1. 简述存货的概念和功能。

2. 计算A材料的经济订货批量。

3. 计算A材料年度最佳进货批数。

4. 计算A材料的相关进货成本。

5. 计算A材料经济订货批量平均占用资金。

案例五：A公司是一家专营体育用品的公司，有关资料如下。

资料一：2013年第一至第四季度的销售额分别为380万元、150万元、250万元和300万元。

资料二：销售额的收款进度为销售当季度收款40%，次季度收款30%，第三个季度收款20%，第四个季度收款10%。

请根据案例五的资料：

1. 测算2013年年末的应收账款余额合计。

2. 测算2013年公司应收账款的周转天数。

项目七 收益分配管理

知识目标

- 了解收益分配管理的意义、原则、内容。
- 熟悉股利政策及其影响因素、股利支付形式。
- 掌握成本形态分析，标准成本、责任成本的管理。
- 掌握销售预测的方法和销售定价管理。

能力目标

- 掌握成本形态分析的基本方法。
- 掌握销售预测的方法和销售定价管理。
- 掌握各种股利政策的优、缺点及企业在各种情况下适用的股利政策。

案例导入

某公司2013年的营业额是80亿元，盈利15.1亿元，16.8%净利率的业绩让人刮目相看。2014年的中报出来后，又是一份不错的成绩单。虽然受大的经济环境影响，但公司依旧保持良好的增长和盈利，2014上半年营业额增长36%，达51亿元，盈利劲升54%，达9.67亿元，利润率高达18.96%，真正实现了销售规模和利润率的同步增长。

从公司2009—2013年5年的财务报告发现，公司2009—2013年除了销售额持续增长外，利润率也是不断增长的，这说明企业的规模经济效应在发挥巨大作用。这与很多企业不同，有些企业的情况是，销售规模上升了，总利润也有所增加，而利润率却下降了，扩大的是规模，牺牲的是效能，规模越大，风险也越大。从管理经济学角度来看，当企业销售规模扩大后，固定成本在产品中会被摊薄，企业利润率也会因此增长。规模扩大，利润率适度提升，规模效应才能体现，如果企业的销售规模扩大是过度牺牲利润率，或者销售规模增加，总利润却减少，就失去了做大的意义。

任务一　收益与分配管理概述

收益与分配管理是对企业收益与分配的主要活动及其形成的财务关系的组织与调节，是企业将一定时期内所创造的经营成果合理地在企业内、外部各利益相关者之间进行有效分配的过程。企业的收益分配有广义和狭义两种概念。广义的收益分配是指对企业的收入和净利润进行分配，包含两个层次的内容：第一层次是对企业收入的分配；第二层次是对企业净利润的分配。狭义的收益分配则仅仅是指对企业净利润的分配。本项目所指收益分配采用广义的收益分配概念，即对企业收入和净利润的分配。

企业通过经营活动取得收入后，要按照补偿成本、缴纳所得税、提取公积金、向投资者分配利润等顺序进行收益分配。对于企业来说，收益分配不仅是资产保值、保证简单再生产的手段，同时也是资产增值、实现扩大再生产的工具。收益分配可以满足国家政治职能与组织经济职能的需要，是处理所有者、经营者等各方面物质利益关系的基本手段。

一、收益分配管理的意义

收益与分配管理作为现代企业财务管理的重要内容之一，对维护企业与各相关利益主体的财务管理、提升企业价值具有重要意义。具体而言，企业收益与分配管理的意义表现在以下三个方面。

（一）收益分配集中体现了企业所有者、经营者与职工之间的利益关系

企业所有者是企业权益资金的提供者，按照“谁投资，谁受益”的原则，其应得的投资收益须通过企业的收益分配来实现，而获得投资收益的多少取决于企业盈利状况及利润分配政策。通过收益分配，投资者能实现预期的收益，提高企业的信誉程度，有利于增强企业未来融通资金的能力。

企业的债权人在向企业投入资金的同时也承担了一定的风险，企业的收益分配应体现出对债权人利益的充分保护。除了按时支付到期本金、利息外，企业在进行收益分配时也要考虑债权人未偿付本金的保障程度，否则将在一定程度上削弱企业的偿债能力，从而降低企业的财务弹性。

职工是企业价值的创造者，是企业收入和利润的源泉。通过薪资的支付以及各种福利的提供，可以提高职工的工作热情，为企业创造更多价值。因此，为了正确、合理地处理好企业各方利益相关者的需求，就必须对企业所实现的收益进行合理分配。

（二）收益分配是企业再生产的条件以及优化资本结构的重要措施

企业在生产经营过程中所投入的各类资金，随着生产经营活动的进行不断发生消耗和转移，形成成本费用，最终构成商品价值的一部分。销售收入的取得，为企业成本费用的补偿提供了前提，为企业简单再生产的正常进行创造了条件。通过收益分配，企业

能形成一部分自行安排的资金，可以增强企业生产经营的财力，有利于企业适应市场需要扩大再生产。

此外，留存收益是企业重要的权益资金来源，收益分配的多少，影响企业积累的多少，从而影响权益与负债的比例，即资本结构。企业价值最大化的目标要求企业的资本结构最优，因而收益分配便成了优化资本结构、降低资本成本的重要措施。

（三）收益分配是国家建设资金的重要来源之一

在企业正常的生产经营活动中，职工不仅为自己创造了价值，还为社会创造了一定的价值，即利润。利润代表企业的新创财富，是企业收入的重要构成部分。除了满足企业自身的生产经营性积累外，通过收益分配，国家财政也能够集中一部分企业利润，由国家有计划地分配使用，实现国家政治职能和经济职能，发展能源、交通和原材料基础工业，为社会经济的发展创造良好条件。

二、收益分配的原则

收益分配作为一项重要的财务活动，应当遵循以下原则。

（一）依法分配原则

企业的收益分配必须依法进行。为了规范企业的收益分配行为，维护各利益相关者的合法权益，国家颁布了相关法规。这些法规规定了企业收益分配的基本要求、一般程序和重要比例，企业应当认真执行，不得违反。

（二）分配与积累并重原则

企业的收益分配必须坚持积累与分配并重的原则。企业通过经营活动赚取收益，既要保证企业简单再生产的持续进行，又要不断积累企业扩大再生产的财力基础。恰当处理分配与积累之间的关系，留存一部分净收益以供未来分配之需，能够增强企业抵抗风险的能力，同时，也可以提高企业经营的稳定性与安全性。

（三）兼顾各方利益原则

企业的收益分配必须兼顾各方面的利益。企业是经济社会的基本单元，企业的收益分配涉及国家、企业股东、债权人、职工等多方面的利益。正确处理他们之间的关系，协调其矛盾，对企业的生存、发展是至关重要的。企业在进行收益分配时，应当统筹兼顾，维护各利益相关者的合法权益。

（四）投资与收益对等原则

企业进行收益分配应当体现“谁投资，谁受益”，收益大小与投资比例相对等的原则。这是正确处理投资者利益关系的关键。企业在向投资者分配收益时，应本着平等一致的原则，按照投资者投资额的比例进行分配，不允许任何一方随意多分多占，以从根本上实现收益分配中的公开、公平和公正，保护投资者的利益。

三、收益与分配管理的内容

企业通过销售产品、提供劳务、转让资产使用权等活动取得收入，而这些收入的去向主要有两个方面：一是弥补成本费用，即为取得收入而发生的资源耗费；二是形成利

润，即收入匹配成本费用后的余额。收入、成本费用和利润三者之间的关系可以简单表述为：

$$收入-成本费用=利润$$

可以看出，广义的收益分配首先是对企业收入的分配，即对成本费用进行弥补，进而形成利润的过程，然后是对其余额（即利润）按照一定的程序进行再分配。显然，收入的取得、成本费用的发生以及利润的形成与流向便构成了收益分配的主要内容。因此，收益分配管理包括了收入管理、成本费用管理和利润分配管理三个部分。

（一）收入管理

收入是企业收益分配的首要对象。企业的收入多种多样，其中，销售收入是指企业在日常经营活动中，由于销售产品、提供劳务等所形成的货币收入。这是企业收入的主要构成部分，是企业能够持续经营的基本条件。企业的再生产过程包括供应、生产和销售三个相互联系的阶段。企业只有把生产出来的产品及时销售出去，取得销售收入，才能保证再生产过程的继续进行。

销售收入的制约因素主要是销量与价格。由于企业一般是按照“以销定产”的原则组织生产，那么对于销售量的预测便显得尤为重要。科学的销售预测可以加速企业的资金周转，提高企业的经济效益。产品价格是企业获得市场占有率、提升产品竞争能力的重要因素。产品价格的制定直接或间接地影响着销售收入。一般来说，价格与销售量呈反向变动关系：价格上升，销量减少；反之，销量增加。企业可以通过不同的定价方法与运用策略来调节产品的销售量，进而作用于销售收入。所以，销售预测分析与销售定价管理便构成为收入管理的主要内容。

（二）成本费用管理

企业取得的收入首先应当弥补成本费用。成本费用是商品价值中所耗费的生产资料的价值和劳动者必要劳动所创造的价值之和，在数量上表现为企业的资金耗费。收入必须首先弥补成本费用，才可以保证企业简单再生产的继续进行。成本费用有多种不同的分类，比如，按照经济用途可以分为生产成本和期间费用；按照成本性态可以分为固定成本、变动成本和混合成本等。

成本费用管理对于提高经营效率、增加企业收益具有重要意义，主要的成本费用管理模式包括归口分级管理、成本性态分析、标准成本管理、作业成本管理和责任成本管理等。

（三）利润分配管理

利润分配是收益分配第二层次的内容，也是狭义的收益分配。利润是收入弥补成本费用后的余额。由于成本费用包括的内容与表现的形式不同，利润所包含的内容与形式也有一定的区别。若成本费用不包括利息和所得税，则利润表现为息税前利润；若成本费用包括利息而不包括所得税，则利润表现为利润总额；若成本费用包括了利息和所得税，则利润表现为净利润。

需要说明的是，本项目的利润分配是指对净利润的分配。根据我国公司法及相关法律制度的规定，公司净利润的分配应按照下列顺序进行。

1. 弥补以前年度亏损

企业在提取法定公积金之前，应先用当年利润弥补亏损。企业年度亏损可以用下一年度的税前利润弥补，下一年度不足以弥补的，可以在5年之内用税前利润连续弥补，连续5年未弥补的亏损则用税后利润弥补。其中，税后利润弥补亏损可以用当年实现的净利润，也可以用盈余公积金转入。

2. 提取法定盈余公积金

根据《公司法》的规定，法定盈余公积金的提取比例为当年税后利润（弥补亏损后）的10%。当年法定盈余公积金的累积额已达注册资本的50%时，可以不再提取。法定盈余公积金提取后，根据企业的需要，可用于弥补亏损或转增资本，但企业用盈余公积金转增资本后，法定盈余公积金的余额不得低于转增前公司注册资本的25%。提取法定盈余公积金的目的是增加企业内部积累，以利于企业扩大再生产。

3. 提取任意盈余公积金

根据《公司法》的规定，公司从税后利润中提取法定公积金后，经股东会或股东大会决议，还可以从税后利润中提取任意盈余公积金。这是为了满足企业经营管理的需要，控制向投资者分配利润的水平，以及调整各年度利润分配的波动。

4. 向股东（投资者）分配股利（利润）

根据《公司法》的规定，公司弥补亏损和提取公积金后所余税后利润，可以向股东（投资者）分配股利（利润）。其中，有限责任公司股东按照实缴的出资比例分取红利，全体股东约定不按照出资比例分取红利的除外；股份有限公司按照股东持有的股份比例分配，股份有限公司章程规定不按照持股比例分配的除外。

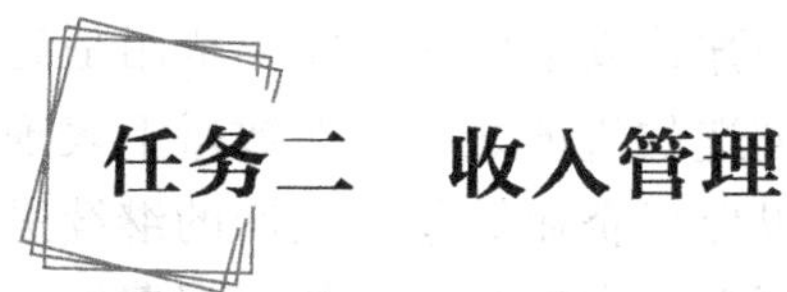

任务二　收入管理

广义的企业收入是指企业因销售商品、提供劳务、转让资产使用权所取得的各种收入的总称。由于销售收入应当是企业收入的主体，故本节所指收入主要指销售收入（或营业收入），即企业在日常经营活动中，由于销售产品、提供劳务等所形成的收入。

企业销售收入是企业的主要财务指标，在资金运动过程中处于起点和终点的地位，具有重要的经济意义。它是企业简单再生产和扩大再生产的资金来源，是加速资金周转的前提。由于销售收入具有重要的经济意义，所以必须加强企业销售收入的管理。销售收入大小的制约因素主要是产品的销售数量和销售价格，因此，企业在经营管理过程中一定要做好销售预测分析以及销售定价管理。

一、销售预测分析

销售预测分析是指通过市场调查，以有关的历史资料和各种信息为基础，运用科学的预测方法或管理人员的实际经验，对企业产品在计划期间的销售量或销售额做出预计

或估量的过程。企业在进行销售预测时，应充分研究和分析企业产品销售的相关资料，如产品价格、产品质量、售后服务、推销方法等。此外，对企业所处的市场环境、物价指数、市场占有率及经济发展趋势等情况也应进行研究分析。

销售预测的方法有很多种，主要包括定性分析法和定量分析法。

（一）销售预测的定性分析法

定性分析法，即非数量分析法，是指由专业人员根据实际经验，对预测对象的未来情况及发展趋势做出预测的一种分析方法。它一般适用于预测对象的历史资料不完备或无法进行定量分析时，主要包括推销员判断法、专家判断法和产品寿命周期分析法。

1. 推销员判断法

推销员判断法，又称意见汇集法，是由企业熟悉市场情况及相关变化信息的经营管理人员对由推销员调查得来的结果进行综合分析，从而做出较为正确预测的方法。这种方法用时短、耗费小，比较实用，在市场发生变化的情况下，能很快地对预测结果进行修正。

2. 专家判断法

专家判断法，是由专家根据他们的经验和判断能力对特定产品的未来销售量进行判断和预测的方法，主要有以下三种不同形式。

（1）个别专家意见汇集法，即分别向每位专家征求对本企业产品未来销售情况的个人意见，然后将这些意见再加以综合分析，确定预测值。

（2）专家小组法，即将专家分成小组，运用专家们的集体智慧进行判断预测的方法。此方法的缺陷是预测小组中专家意见可能受权威专家的影响，客观性较德尔菲法差。

（3）德尔菲法，又称函询调查法。它采用函询的方式，征求各方面专家的意见。各专家在互不通气的情况下，根据自己的观点和方法进行预测，然后由企业把各个专家的意见汇集在一起，通过不记名方式反馈给各位专家，请他们参考别人的意见修正本人原来的判断，如此反复数次，最终确定预测结果。

3. 产品寿命周期分析法

产品寿命周期分析法就是利用产品销售量在不同寿命周期阶段上的变化趋势，进行销售预测的一种定性分析方法，它是对其他预测分析方法的补充。产品寿命周期是指产品从投入市场到退出市场所经历的时间，一般要经过萌芽期、成长期、成熟期和衰退期四个阶段。判断产品所处的寿命周期阶段，可根据销售增长率指标进行。一般地说，萌芽期增长率不稳定，成长期增长率最大，成熟期增长率稳定，衰退期增长率为负数。

（二）销售预测的定量分析法

定量分析法，也称数量分析法，是指在预测对象有关资料完备的基础上，运用一定的数学方法，建立预测模型做出预测。它一般包括趋势预测分析法和因果预测分析法两大类。

1. 趋势预测分析法

趋势预测分析法主要包括算术平均法、加权平均法、移动平均法和指数平滑法等。

（1）算术平均法，即将若干历史时期的实际销售量或销售额作为样本值，求出其算术平均数，并将该平均数作为下期销售量的预测值。其计算公式为：

$$Y = \frac{\sum X_i}{n}$$

式中：Y——预测值；X_i——第 i 期的实际销售量；n——期数。

算术平均法适用于每月销售量波动不大的产品的销售预测。

【例 1】某公司 2007—2014 年的产品销售量资料如表 7-1 所示。

表 7-1

年　度	2007	2008	2009	2010	2011	2012	2013	2014
销售量/吨	3 250	3 300	3 150	3 350	3 450	3 500	3 400	3 600

根据算术平均法的计算公式，该公司 2015 年的预测销售量为：

$$\text{预测销售量}(Y) = \frac{\sum X_i}{n} = \frac{3\,250 + 3\,300 + \cdots + 3\,400 + 3\,600}{8} = 3\,375(\text{吨})$$

（2）加权平均法，同样是将若干历史时期的实际销售量或销售额作为样本值，将各个样本值按照一定的权数计算得出加权平均数，并将该平均数作为下期销售量的预测值。一般地说，由于市场变化较大，离预测期越近的样本值对其影响越大，而离预测期越远的则影响越小，所以权数的选取应遵循“近大远小”的原则。其计算公式为：

$$Y = \sum_{i=1}^{n} W_i X_i$$

式中：Y——预测值；W_i——第 i 期的权数（$0 < W_i \leqslant W_{i+1} < 1$，且 $\sum W_i = 1$）；X_i——第 i 期的实际销售量；n——期数。

加权平均法较算术平均法更为合理，计算也较方便，因而在实践中应用较多。

【例 2】沿用例 1 中的资料，假设 2007—2014 年各期数据的权数如表 7-2 所示。

表 7-2

年　度	2007	2008	2009	2010	2011	2012	2013	2014
销售量/吨	3 250	3 300	3 150	3 350	3 450	3 500	3 400	3 600
权　数	0.04	0.06	0.08	0.12	0.14	0.16	0.18	0.22

根据加权平均法的计算公式，该公司 2015 年的预测销售量为：

$$\begin{aligned}\text{预测销售量}(Y) &= \sum_{i=1}^{n} W_i X_i \\ &= 3\,250 \times 0.04 + 3\,300 \times 0.06 + \cdots + 3\,400 \times 0.18 + 3\,600 \times 0.22 \\ &= 3\,429(\text{吨})\end{aligned}$$

（3）移动平均法，是从 n 期的时间数列销售量中选取 m 期（m 数值固定，且 $m < n/2$）数据作为样本值，求其 m 期的算术平均数，并不断向后移动计算观测其平均值，以最后一个 m 期的平均数作为未来第 $n+1$ 期销售预测值的一种方法。这种方法假设预测值主要受最近 m 期销售量的影响。其计算公式为：

$$Y_{n+1} = \frac{X_{n-(m-1)} + X_{n-(m-2)} + \cdots + X_{m-1} + X_n}{m}$$

为了使预测值更能反映销售量变化的趋势，可以对上述结果按趋势值进行修正，其

计算公式为：

$$\overline{Y}_{n+1} = Y_{n+1} + (Y_{n+1} - Y_n)$$

由于移动平均法只选用了 n 期数据中的最后 m 期作为计算依据，因此代表性较差。此法适用于销售量略有波动的产品预测。

【例 3】沿用例 1 中的资料，假定该公司预测前期（即 2014 年）的销售量为 3 475 吨，要求分别用移动平均法和修正的移动平均法预测该公司 2015 年的销售量（假设样本期为 3 期）。

根据有关资料，分析计算如下：

①根据移动平均法的计算公式，该公司 2015 年的预测销售量为：

$$\text{预测销售量}(Y_{n+1}) = \frac{X_{n-(m-1)} + X_{n-(m-2)} + \cdots + X_{m-1} + X_n}{m}$$

$$= \frac{3\,500 + 3\,400 + 3\,600}{3} = 3\,500 \text{（吨）}$$

②根据修正的移动平均法计算公式，该公司 2015 年的预测销售量为：

$$\text{修正后的预测销售量}(\overline{Y}_{n+1}) = Y_{n+1} + (Y_{n+1} - Y_n) = 3\,500 + (3\,500 - 3\,475) = 3\,525 \text{（吨）}$$

（4）指数平滑法，实质上是一种加权平均法，是以事先确定的平滑指数 a 及（$1-a$）作为权数进行加权计算，预测销售量的一种方法。其计算公式为：

$$Y_{n+1} = aX_n + (1-a)\ Y_n$$

式中：Y_{n+1}——未来第 $n+1$ 期的预测值；Y_n——第 n 期预测值，即预测前期的预测值；X_n——第 n 期的实际销售量，即预测前期的实际销售量；a——平滑指数；n——期数。

一般地说，平滑指数的取值通常在 0.3～0.7 之间，其取值大小决定了前期实际值与预测值对本期预测值的影响。采用较大的平滑指数，预测值可以反映样本值新近的变化趋势；采用较小的平滑指数，则反映了样本值变动的长期趋势。因此，在销售量波动较大或进行短期预测时，可选择较大的平滑指数；在销售量波动较小或进行长期预测时，可选择较小的平滑指数。

该方法运用比较灵活，适用范围较广，但在平滑指数的选择上具有一定的主观随意性。

【例 4】沿用例 1 中的资料，2014 年实际销售量为 3 600 吨，原预测销售量为 3 475 吨，平滑指数 $a=0.5$。要求用指数平滑法预测该公司 2015 年的销售量。

根据指数平滑法的计算公式，该公司 2015 年的预测销售量为：

$$\text{预测销售量}(Y_{n+1}) = aX_n + (1-a)\ Y_n = 0.5 \times 3\,600 + (1-0.5) \times 3\,475 = 3\,537.5 \text{（吨）}$$

2. 因果预测分析法

因果预测分析法是指通过影响产品销售量（因变量）的相关因素（自变量）以及它们之间的函数关系，并利用这种函数关系进行产品销售预测的方法。因果预测分析法最常用的是回归分析法，本项目主要介绍回归直线法。

回归直线法，也称一元回归分析法。它假定影响预测对象销售量的因素只有一个，根据直线方程 $y = a + bx$，按照最小二乘法原理，来确定一条误差最小的、能正确反映自变量 x 和因变量 y 之间关系的直线，其常数项 a 和系数 b 的计算公式为：

$$b=\frac{n\sum xy-\sum x\sum y}{n\sum x^2-(\sum x)^2}$$

$$a=\frac{\sum y-b\sum x}{n}$$

待求出 a，b 的值后，代入 $y=a+bx$，结合自变量 x 的取值，即可求得预测对象 y 的预测销售量或销售额。

【例5】沿用例 1 中的资料，假定产品销售量只受广告费支出大小的影响，2015 年度预计广告费支出为 155 万元，以往年度的广告费支出资料如表 7－3 所示。

表 7－3

年　度	2007	2008	2009	2010	2011	2012	2013	2014
销售量/吨	3 250	3 300	3 150	3 350	3 450	3 500	3 400	3 600
广告费/万元	100	105	90	125	135	140	140	150

根据上述资料，用回归直线法预测该公司 2015 年的产品销售量如表 7－4 所示。

表 7－4

年度	广告费支出 x/万元	销售量 y/吨	xy	x^2	y^2
2007	100	3 250	325 000	10 000	10 562 500
2008	105	3 300	346 500	11 025	10 890 000
2009	90	3 150	283 500	8 100	9 922 500
2010	125	3 350	418 750	15 625	11 222 500
2011	135	3 450	465 750	18 225	11 902 500
2012	140	3 500	490 000	19 600	12 250 000
2013	140	3 400	476 000	19 600	11 560 000
2014	150	3 600	540 000	22 500	12 960 000
$n=8$	$\sum x=985$	$\sum y=27\ 000$	$\sum xy=3\ 345\ 500$	$\sum x^2=124\ 675$	$\sum y^2=91\ 270\ 000$

根据公式，有：

$$b=\frac{n\sum xy-\sum x\sum y}{n\sum x^2-(\sum x)^2}=\frac{8\times 3\ 345\ 500-985\times 2\ 700}{8\times 124\ 675-985^2}=6.22$$

$$a=\frac{\sum y-b\sum x}{n}=\frac{27\ 000-6.22\times 985}{8}=2\ 609.16$$

将 a，b 代入公式，得出结果，即 2015 年的产品预测销售量为：

$$y=a+bx=2\ 609.16+6.22x=2\ 609.16+6.22\times 155=3\ 573.26\text{（吨）}$$

二、销售定价管理

销售定价不仅影响产品的边际贡献，而且影响产品的销售数量与市场地位，从而对企业收入产生复杂而直接的影响。正确制定销售定价策略，直接关系到企业的生存和发展，加强销售定价管理是企业财务管理的重要内容。

（一）销售定价管理的含义

销售定价管理是指在调查分析的基础上，选用合适的产品定价方法，为销售的产品制定最为恰当的售价，并根据具体情况运用不同价格策略，以实现经济效益最大化的过程。

企业销售各种产品都必须确定合理的产品销售价格。产品价格的高低直接影响到销售量的大小，进而影响到企业的营利水平。单价水平过高，导致销售量降低，如果达不到保本点，企业就会亏损；单价水平过低，虽然会起到促销作用，但单位毛利降低，使企业的营利水平下降。因此，产品销售价格的高低，价格策略运用的恰当与否，都会影响企业正常的生产经营活动，甚至影响企业的生存和发展。进行良好的销售定价管理，可以使企业的产品更富有吸引力，扩大市场占有率，改善企业的相对竞争地位。

（二）影响产品价格的因素

影响产品价格的因素非常复杂，主要包括以下几个方面。

1. 价值因素

价格是价值的货币体现，价值的大小决定着价格的高低，价值量的大小又是由生产产品的社会必要劳动时间决定的。因此，提高社会劳动生产率，缩短生产产品的社会必要劳动时间，可以相对地降低产品价格。

2. 成本因素

成本是影响定价的基本因素。企业必须获得可以弥补已发生成本费用的足够多的收入，才能长期生存发展下去。虽然短期内的产品价格有可能会低于其成本，但从长期来看，产品价格应等于总成本加上合理的利润，否则企业无利可图，难以长久生存。

3. 市场供求因素

市场供求变动对价格的变动具有重大影响。当一种产品的市场供应大于需求时，就会对其价格产生向下的压力；而当其供应小于需求时，则会推动价格的提升。市场供求关系是永远矛盾着的两个方面，因此，产品价格也会不断地波动。

4. 竞争因素

产品竞争程度不同，对定价的影响也不同。竞争越激烈，对价格的影响也越大。在完全竞争的市场，企业几乎没有定价的主动权；在不完全竞争的市场，竞争的强度主要取决于产品生产的难易和供求形势。为了做好定价决策，企业必须充分了解竞争者的情况，最重要的是竞争对手的定价策略。

5. 政策法规因素

各个国家对市场物价的高低和变动都有限制和法律规定，同时国家会通过生产市场、货币金融等手段间接调节价格。企业在制定定价策略时一定要深入地了解本国及所在国有关方面的政策和法规。

（三）产品定价方法

产品定价方法主要包括以成本为基础的定价方法和以市场需求为基础的定价方法两大类。

1. 以成本为基础的定价方法

企业成本范畴基本上有三种成本可以作为定价基础，即变动成本、制造成本和完全成本。

变动成本是指其总额会随业务量的变动而变动的成本。变动成本可以作为增量产量的定价依据，但不能作为一般产品的定价依据。

制造成本是指企业为生产产品或提供劳务等发生的直接费用支出，一般包括直接材料、直接人工和制造费用。由于它不包括各种期间费用，因此不能正确反映企业产品的真实价值消耗和转移。利用制造成本定价不利于企业简单再生产的继续进行。

完全成本是指企业为生产、销售一定种类和数量的产品所发生的费用总额，包括制造成本和管理费用、销售费用及财务费用等各种期间费用。在完全成本基础上制定价格，既可以保证企业简单再生产的正常进行，又可以使劳动者为社会劳动所创造的价值得以全部实现。因此，当前产品定价的基础，仍然是产品的完全成本。

（1）完全成本加成定价法，是在完全成本的基础上，加合理利润来定价。合理利润的确定，在工业企业一般是根据成本利润率，在商业企业一般是根据销售利润率。在考虑税金的情况下，有关计算公式如下。

①成本利润率定价：

$$\text{成本利润率}=\frac{\text{预测利润总额}}{\text{预测成本总额}}\times 100\%$$

$$\text{单位产品价格}=\frac{\text{单位成本}\times(1+\text{成本利润率})}{1-\text{适用税率}}$$

②销售利润率定价：

$$\text{销售利润率}=\frac{\text{预测利润总额}}{\text{预测销售总额}}\times 100\%$$

$$\text{单位产品价格}=\frac{\text{单位成本}}{1-\text{销售利润率}-\text{适用税率}}$$

上述公式中，单位成本是指单位完全成本，可以用单位制造成本加上单位产品负担的期间费用来确定。

【例6】某企业生产甲产品，预计单位产品的制造成本为100元，计划销售10 000件，计划期的期间费用总额为900 000元，该产品适用的消费税税率为5%，成本利润率必须达到20%，根据上述资料，运用完全成本加成定价法测算的单位甲产品的价格应为：

$$\text{单位甲产品价格}=\frac{(100+\frac{900\ 000}{10\ 000})\times(1+20\%)}{1-5\%}=240\text{（元）}$$

完全成本加成定价法可以保证全部生产耗费得到补偿，但它很难适应市场需求的变化，往往导致定价过高或过低。并且，当企业生产多种产品时，间接费用难以准确分摊，从而会导致定价不准确。

（2）保本点定价法。保本点，又称盈亏平衡点，是指企业在经营活动中既不赢利也

不亏损的销售水平，在此水平上利润等于零。在这种方法下，成本需按其性态，即随产量变动而变动的关系，分为固定成本和变动成本。保本点定价法的基本原理就是根据产品销售量计划数和一定时期的成本水平、适用税率来确定产品的销售价格。采用这一方法确定的价格是销售价格。其计算公式为：

$$\text{单位产品价格}=\frac{\text{单位固定成本}+\text{单位变动成本}}{1-\text{适用税率}}=\frac{\text{单位完全成本}}{1-\text{适用税率}}$$

【例7】某企业生产乙产品，本期计划销售量为10 000件，应负担的固定成本总额为250 000元，单位产品变动成本为70元，适用的消费税税率为5%，根据上述资料，运用保本点定价法测算的单位乙产品的价格应为：

$$\text{单位乙产品价格}=\frac{\frac{250\ 000}{10\ 000}+70}{1-5\%}=100\ (\text{元})$$

（3）目标利润法。目标利润是指企业在预定时期内应实现的利润水平。目标利润定价法是根据预期目标利润和产品销售量、产品成本、适用税率等因素来确定产品销售价格的方法。其计算公式为：

$$\text{单位产品价格}=\frac{\text{目标利润总额}+\text{完成成本总额}}{\text{产品销量}\times(1-\text{适用税率})}$$

或：

$$=\frac{\text{单位目标利润}+\text{单位完全成本}}{1-\text{适用税率}}$$

【例8】某企业生产丙产品，本期计划销售量为10 000件，目标利润总额为240 000元，完全成本总额为520 000元，适用的消费税税率为5%，根据上述资料，运用目标利润法测算的单位丙产品的价格应为：

$$\text{单位丙产品价格}=\frac{240\ 000+520\ 000}{10\ 000\times(1-5\%)}=80\ (\text{元})$$

（4）变动成本定价法，是指企业在生产能力有剩余的情况下增加生产一定数量的产品所应分担的成本。这些增加的产品可以不负担企业的固定成本，只负担变动成本。在确定价格时产品成本仅以变动成本计算。此处所指变动成本是指完全变动成本，包括变动制造成本和变动期间费用。其计算公式为：

$$\text{单位产品价格}=\frac{\text{单位变动成本}\times(1-\text{成本利润率})}{1-\text{适用税率}}$$

【例9】某企业生产丁产品，设计生产能力为12 000件，计划生产10 000件，预计单位产品的变动成本为190元，计划期的固定成本费用总额为950 000元，该产品适用的消费税税率为5%，成本利润率必须达到20%。假定本年度接到一额外订单，订购1 000件丁产品，单价300元。请问：该企业计划内产品单位价格是多少？是否应接受这一额外订单？

根据上述资料，企业计划内生产的产品价格为：

$$\text{计划内单位丁产品价格}=\frac{\left(\frac{950\ 000}{10\ 000}+190\right)(1-20\%)}{1-50\%}=360\ (\text{元})$$

追加生产1 000件的变动成本为190元，则：

$$计划外单位丁产品价格=\frac{190\times(1-20\%)}{1-5\%}=240\ (元)$$

因为额外订单单价高于其按变动成本计算的价格，故应接受这一额外订单。

2. 以市场需求为基础的定价方法

以成本为基础的定价方法，主要关注企业的成本状况而不考虑市场需求状况，因而这种方法制定的产品价格不一定满足企业销售收入或利润最大化的要求。最优价格应是企业取得最大销售收入或利润时的价格。以市场需求为基础的定价方法可以契合这一要求，主要有需求价格弹性系数定价法和边际分析定价法等。

（1）需求价格弹性系数定价法。产品在市场上的供求变动关系，实质上体现在价格的刺激和制约作用上。需求增大导致价格上升，刺激企业生产；而需求减小，则会引起价格下降，从而制约了企业的生产规模。从另一个角度看，企业也可以根据这种关系，通过价格的升降来作用于市场需求。在其他条件不变的情况下，某种产品的需求量随其价格的升降而变动的程度，就是需求价格弹性系数。其计算公式为：

$$E=\frac{\Delta Q/Q_0}{\Delta P/P_0}$$

式中：E——某种产品的需求价格弹性系数；ΔP——价格变动量；ΔQ——需求变动量；P_0——基期单位产品价格；Q_0——基期需求量。

运用需求价格弹性系数确定产品的销售价格时，其基本计算公式为：

$$P=\frac{P_0{Q_0}^{\alpha}}{Q^{\alpha}}$$

式中：P——单位产品价格；P_0——基期单位产品价格；Q_0——基期销售数量；E——需求价格弹性系数；Q——预计销售数量；α——需求价格弹性系数绝对值的倒数，即$\frac{1}{|E|}$。

【例 10】某企业生产销售戊产品，2014 年前三个季度中，实际销售价格和销售数量如表 7－5 所示。若企业在第四季度要完成 4 000 件的销售任务，那么销售价格应为多少？

表 7－5

项　　目	第一季度	第二季度	第三季度
销售价格/元	750	800	780
销售数量/件	3 859	3 378	3 558

根据上述资料，产品的销售价格的计算过程为：

$$E_1=\frac{(3\,378-3\,859)\ /3\,859}{(800-750)\ /750}=\frac{-0.124\,6}{0.066\,7}=-1.87$$

$$E_2=\frac{(3\,558-3\,378)\ /3\,378}{(780-800)\ /800}=\frac{-0.053\,3}{-0.025}=-2.13$$

$$E=\frac{E_1+E_2}{2}=\frac{-1.87-2.13}{2}=-2$$

$$\alpha=\frac{1}{|E|}=\frac{1}{|-2|}=\frac{1}{2}$$

$$P=\frac{P_0Q_0{}^{\alpha}}{Q^{\alpha}}=\frac{780\times 3\ 558^{(\frac{1}{2})}}{4\ 000^{(\frac{1}{2})}}=735.64\ (元)$$

即第四季度要完成4 000件的销售任务，其单位产品的销售价格为735.64元。

(2) 边际分析定价法，是指基于微分极值原理，通过分析不同价格与销售量组合下的产品边际收入、边际成本和边际利润之间的关系，进行定价决策的一种定量分析方法。

边际是指每增加或减少一个单位所带来的差异。那么，产品边际收入、边际成本和边际利润就是指销售量每增加或减少一个单位所形成的收入、成本和利润的差额。按照微分极值原理，如果利润函数的一阶导数等于零，即边际利润等于零，边际收入等于边际成本，那么，利润将达到最大值。此时的价格就是最优销售价格。

当收入函数和成本函数均可微时，直接对利润函数求一阶导数，即可得到最优售价；当收入函数或成本函数为离散型函数时，可以通过列表法，分别计算各种价格与销售量组合下的边际利润，那么，在边际利润大于或等于零的组合中，边际利润最小时的价格就是最优售价。

(四) 价格运用策略

企业之间的竞争在很大程度上表现为企业产品在市场上的竞争。市场占有率的大小是衡量产品市场竞争能力的主要指标。除了提升产品质量之外，根据具体情况合理运用不同的价格策略，可以有效地提高产品的市场占有率和企业的竞争能力。其中，主要的价格运用策略有以下几种。

1. 折让定价策略

折让定价策略是指在一定条件下，以降低产品的销售价格来刺激购买者，从而达到扩大产品销售量的目的。价格的折让主要表现是折扣，一般表现为单位折扣、数量折扣、现金折扣、推广折扣和季节性折扣等形式。单价折扣，是指给予所有购买者以价格折扣，而不管其购买数量的多少。数量折扣，即按照购买者购买数量的多少所给予的价格折扣。购买数量越多，则折扣越大；反之，则越小。现金折扣，即按照购买者付款期限长短所给予的价格折扣，其目的是鼓励购买者尽早偿还货款，以加速资金周转。推广折扣，是指企业为了鼓励中间商帮助推销本企业产品而给予的价格优惠。季节折扣，即企业为鼓励购买者购买季节性商品所给予的价格优惠。这样可以鼓励购买者提早采购，减轻企业的仓储压力，加速资金周转。

2. 心理定价策略

心理定价策略是指针对购买者的心理特点而采取的一种定价策略，主要有声望定价、尾数定价、双位定价和高位定价等。声望定价，是指企业按照其产品在市场上的知名度和消费者中的信任程度来制定产品价格的一种方法。一般地说，声望越高，价格越高，这就是产品的“名牌效应”。尾数定价，即在制定产品价格时，价格的尾数取接近整数的小数（如199.9元）或带有一定谐音的数（158元）等。它一般只适用于价值较小的中低档日用消费品定价。双位定价，是指在向市场以挂牌价格销售时，采用两种不同的标价来促销的一种定价方法。比如：某产品标明“原价158元，现促销价99元”。这种策略适用于市场接受程度较低或销路不太好的产品。高位定价，即根据消费者“价高质优”的心理特点实行高标价促销的方法。但高位定价的必须是优质产品，不能弄虚作假。

3. 组合定价策略

组合定价策略是针对相关产品组合所采取的一种方法。它根据相关产品在市场竞争中的不同情况，使互补产品价格有高有低，或使组合售价优惠。对于具有互补关系的相关产品，可以采取降低部分产品价格而提高互补产品价格，以促进销售，提高整体利润，如便宜的整车与高价的配件等。对于具有配套关系的相关产品，可以对组合购买进行优惠，比如西服套装中的上衣和裤子等。组合定价策略可以扩大销售量，节约流通费用，有利于企业整体效益的提高。

4. 寿命周期定价策略

寿命周期定价策略是根据产品从进入市场到退出市场的生命周期，分阶段确定不同价格的定价策略。产品在市场中的寿命周期一般分为推广期、成长期、成熟期和衰退期。推广期产品需要获得消费者的认同，进一步占有市场，应采取低价促销策略；成长期的产品有了一定的知名度，销售量稳步上升，可以采用中等价格；成熟期的产品市场知名度处于最佳状态，可以采用高价促销，但由于市场需求接近饱和，竞争激烈，定价时必须考虑竞争者的情况，以保持现有市场销售量；衰退期的产品市场竞争力下降，销售量下滑，应该降价促销或维持现价并辅之以折扣等其他手段，同时，积极开发新产品，保持企业的市场竞争优势。

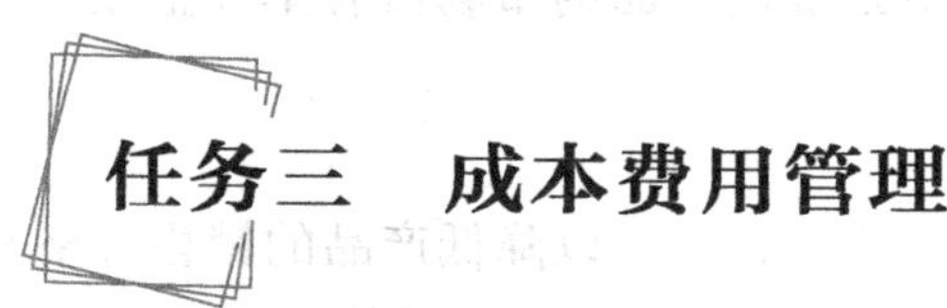

任务三 成本费用管理

成本费用是企业生产经营过程中资金消耗的反映，可以理解为企业为取得预期收益而发生的各项支出，主要包括制造成本和期间费用等。成本费用是衡量企业内部运行效率的重要指标，在收入一定的情况下，它直接决定了公司的营利水平。成本费用指标在促进企业提高经营管理水平、降低生产经营中的劳动耗费方面起着十分重要的作用。

成本费用管理是指企业对在生产经营过程中全部费用的发生和产品成本的形成所进行的计划、控制、核算、分析和考核等一系列科学管理工作的总称。加强成本费用管理，具有重要意义。它既是企业提高经营管理水平的重要因素，也是企业增加盈利的要求，并且为企业抵抗内外压力、求得生存发展提供了可靠保障。主要的成本费用管理模式有标准成本管理和责任成本管理。

一、标准成本管理

（一）标准成本管理及相关概念

标准成本，是指通过调查分析、运用技术测定等方法制定的，在有效经营条件下所能达到的目标成本。标准成本主要用来控制成本开支，衡量实际工作效率。

标准成本管理，又称标准成本控制，是以标准成本为基础，将实际成本与标准成本进行对比，揭示成本差异形成的原因和责任，进而采取措施，对成本进行有效控制的管

理方法。标准成本管理以标准成本的确定作为起点，通过差异的计算、分析等得出结论性报告，然后据以采取有效措施，巩固成绩或克服不足。

（二）标准成本的确定

企业在确定标准成本时，可以根据自身的技术条件和经营水平，在以下类型中进行选择：

一是理想标准成本，这是一种理论标准，它是指在现有条件下所能达到的最优成本水平，即在生产过程无浪费、机器无故障、人员无闲置、产品无废品的假设条件下制定的成本标准。

二是正常标准成本，是指在正常情况下，企业经过努力可以达到的成本标准，这一标准考虑了生产过程中不可避免的损失、故障和偏差等。

通常来说，正常标准成本大于理想标准成本。由于理想标准成本要求异常严格，一般很难达到，而正常标准成本具有客观性、现实性和激励性等特点，所以，正常标准成本在实践中得到广泛应用。

产品成本由直接材料、直接人工和制造费用三个项目组成。无论是确定哪一个项目的标准成本，都需要分别确定其用量标准和价格标准，两者的乘积就是每一成本项目的标准成本，将各项目的标准成本汇总，即得到单位产品的标准成本。其计算公式为：

$$\begin{aligned}\text{单位产品的标准成本} &= \text{直接材料标准成本} + \text{直接人工标准成本} + \text{制造费用标准成本} \\ &= \sum(\text{价格标准} \times \text{用量标准})\end{aligned}$$

1. 直接材料标准成本的制定

单位产品耗用的直接材料的标准成本是由材料的价格标准和用量标准来确定的。

材料的价格标准通常采用企业编制的计划价格，它通常是以订货合同的价格为基础，并考虑到未来物价、供求等各种变动因素后按材料种类分别计算的。一般由财务部门和采购部门等共同制定。

材料的用量标准是指在现有生产技术条件下，生产单位产品所需的材料数量。它包括构成产品实体的材料和有助于产品形成的材料，以及生产过程中必要的损耗和难以避免的损失所耗用的材料。材料的用量标准一般应根据科学的统计调查，以技术分析为基础计算确定。

在制定直接材料标准成本时，其基本程序是：首先，区分直接材料的种类；其次，逐一确定它们在单位产品中的标准用量和标准价格；再次，按照种类分别计算各种直接材料的标准成本；最后，汇总得出单位产品的直接材料标准成本。其计算公式是：

$$\text{直接材料标准成本} = \sum(\text{材料价格标准} \times \text{单位产品材料用量标准})$$

【例 11】假定某企业 A 产品耗用甲、乙、丙三种直接材料，其直接材料标准成本的计算如表 7－6 所示。

表 7－6　A 产品直接材料标准成本

项　目	标　准		
	甲材料	乙材料	丙材料
价格标准①	45 元/千克	15 元/千克	30 元/千克
用量标准②	3 千克/件	6 千克/件	9 千克/件
成本标准③＝①×②	135 元/件	90 元/件	270 元/件
单位产品直接材料标准成本④＝∑③	495 元		

2. 直接人工标准成本的制定

直接人工是由直接人工的价格和直接人工用量两项标准决定的。

直接人工的价格标准就是标准工资率，它通常由劳动工资部门根据用工情况制定。当采用计时工资时，标准工资率就是单位标准工资率，是由标准工资总额与标准总工时的商来确定的，即：

$$标准工资率=\frac{标准工资总额}{标准总工时}$$

人工用量标准，即工时用量标准，它是指现有的生产技术条件下，生产单位产品所耗用的必要的工作时间，包括对产品的直接加工工时、必要的间歇或停工工时以及不可避免的废次品所耗用的工时等。一般由生产技术部门、劳动工资部门等运用特定的技术测定方法和分析统计资料后确定。

因此，直接人工标准成本＝标准工资率×工时用量标准。

【例 12】沿用例 11 中的资料，A 产品直接人工标准成本的计算如表 7－7 所示。

表 7－7　A 产品直接人工标准成本

项　目	标　准
月标准总工时①	15 600 时
月标准总工资②	168 480 元
标准工资率③＝②÷①	10.8 元/时
单位产品工时用量标准④	1.5 时/件
直接人工标准成本⑤＝③×④	16.2 元/件

3. 制造费用标准成本

制造费用的标准成本是由制造费用价格标准和制造费用用量标准两项因素决定的。

制造费用价格标准，即制造费用的分配率标准。其计算公式为：

$$制造费用分配率标准=\frac{标准制造费用总额}{标准总工时}$$

制造费用的用量标准，即工时用量标准，其含义与直接人工用量标准相同。

因此，制造费用标准成本＝制造费用分配率标准×工时用量标准。

成本按照其性态分为变动成本和固定成本。前者随着产量的变动而变动；后者相对固定，不随产量波动。所以，在制定费用标准时，也应分别制定变动制造费用和固定制造费用的成本标准。

【例13】沿用例7～例11中的资料，甲产品制造费用的标准成本计算如表7-8所示。

表7-8 甲产品制造费用标准成本

项目		标准
工时	月标准总工时①	15 600 时
	单位产品工时标准②	1.5 时/件
变动制造费用	标准变动制造费用总额③	56 160 元
	标准变动制造费用分配率④=③÷①	3.6 时/件
	变动制造费用标准成本⑤=②×④	5.4 元/件
固定制造费用	标准固定制造费用总额⑥	187 200 元
	标准固定制造费用分配率⑦=⑥÷①	12 元/时
	固定制造费用标准成本⑧=②×⑦	18 元/件
单位产品制造费用标准成本⑨=⑤+⑧		23.4 元

（三）成本差异的计算及分析

在标准成本管理模式下，成本差异是指一定时期生产一定数量的产品所产生的实际成本与相关的标准成本之间的差额。凡实际成本大于标准成本的称为超支差异，凡实际成本小于标准成本的则称为节约差异。

从标准成本的制定过程可以看出，任何一项费用的标准成本都是由用量标准和价格标准两个因素决定的，因此，差异分析就应该从这两个方面进行。实际产量下的总差异的计算公式为：

总差异＝实际价格×实际用量－标准价格×标准用量

＝（实际价格×实际用量－标准价格×实际用量）＋（标准价格×实际用量－标准价格×标准用量）

＝（实际价格－标准价格）×实际用量＋标准价格×（实际用量－标准用量）

＝价格差异＋用量差异

其中，价格差异＝（实际价格－标准价格）×实际用量

用量差异＝标准价格×（实际用量－标准用量）

1. 直接材料成本差异的计算分析

直接材料成本差异，是指直接材料的实际总成本与实际产量下标准总成本之间的差异。它可进一步分解为直接材料价格差异和直接材料用量差异两部分。有关计算公式如下：

直接材料成本差异＝实际产量下实际成本－实际产量下标准成本

＝实际价格×实际用量－标准价格×标准用量

＝直接材料价格差异＋直接材料用量差异

直接材料价格差异 =（实际价格 - 标准价格）× 实际用量

直接材料用量差异 = 标准价格 ×（实际用量 - 实际产量下标准用量）

材料价格差异的形成受各种主客观因素的影响，较为复杂，如市场价格、供货厂商、运输方式、采购批量等的变动，都可以导致材料的价格差异。但由于它与采购部门的关系更为密切，所以其差异应主要由采购部门承担责任。

直接材料的用量差异形成的原因是多方面的，有生产部门的原因，也有非生产部门的原因。如产品设计结构、原料质量、工人的技术熟练程度、废品率的高低等都会导致材料用量的差异。材料用量差异的责任需要通过具体分析才能确定，但主要往往应由生产部门承担。

【例 14】沿用例 7 ~ 例 11 中的资料，A 产品甲材料的标准价格为 45 元/千克，用量标准为 3 千克/件。假定企业本月投产 A 产品 8 000 件，领用甲材料 32 000 千克，其实际价格为 40 元/千克。其直接材料成本差异计算如下：

直接材料成本差异 = 40 × 32 000 - 45 × 3 × 8 000 = 200 000（元）（超支）

其中：材料价格差异 =（40 - 45）× 32 000 = -160 000（元）（节约）

材料用量差异 = 45 ×（32 000 - 8 000 × 3）= 360 000（元）（超支）

通过以上计算可以看出，A 产品本月耗用甲材料发生 200 000 元超支差异。由于生产部门耗用材料超过标准，导致超支 360 000 元，应该查明材料用量超标的具体原因，以便改进工作，节约材料。就材料价格而言，由于材料价格降低节约了 160 000 元，从而抵消了一部分由于材料超标耗用而形成的成本超支。这是材料采购部门的工作成绩，也应查明原因，巩固和发扬成绩。

2. 直接人工成本差异的计算分析

直接人工成本差异，是指直接人工的实际总成本与实际产量下标准总成本之间的差异。它可分为直接人工工资率差异和直接人工效率差异两部分。有关计算公式如下：

直接人工成本差异 = 实际总成本 - 实际产量下标准成本

= 实际工资率 × 实际人工工时 - 标准工资率 × 标准人工工时

= 直接人工工资率差异 + 直接人工效率差异

直接人工工资率差异 =（实际工资率 - 标准工资率）× 实际人工工时

直接人工效率差异 = 标准工资率 ×（实际人工工时 - 实际产量下标准人工工时）

工资率差异是价格差异，其形成原因比较复杂，工资制度的变动、工人的升降级、加班或临时工的增减等都将导致工资率差异。一般地说，这种差异的责任不在生产部门，劳动人事部门更应对其承担责任。

直接人工效率差异是效率差异，其形成原因也是多方面的，工人技术状况、工作环境和设备条件的好坏等，都会影响效率的高低，但其主要责任还是在生产部门。

【例 15】沿用例 12 中的资料，A 产品标准工资率为 10.8 元/时，工时标准为 1.5 时/件，工资标准为 16.2 元/件。假定企业本月实际生产 A 产品 8 000 件，用工 10 000 小时，实际应付直接人工工资 110 000 元。其直接人工差异计算如下：

直接人工成本差异 = 110 000 - 16.2 × 8 000 = -19 600（元）（节约）

其中：直接人工工资率差异 =（110 000 ÷ 10 000 - 10.8）× 10 000 = 2 000（元）（超支）

直接人工效率差异 = 10.8 ×（10 000 - 1.5 × 8 000）= -21 600（元）（节约）

通过以上计算可以看出，该产品的直接人工成本总体上节约 19 600 元。其中，人工效率差异节约 21 600 元，但工资率差异超支 2 000 元。工资率超过标准，可能是为了提高产品质量，调用了一部分技术等级和工资级别较高的工人，使小时工资率增加了 0.2（110 000 ÷ 10 000 − 10.8）元。但也因此在提高产品质量的同时，提高了销量，使工时的耗用由标准的 12 000（8 000 × 1.5）小时降低为 10 000 小时，节约工时 2 000 小时，从而导致了最终的成本节约。可见生产部门在生产组织上的成绩是值得肯定的。

3. 变动制造费用成本差异的计算分析

变动制造费用成本差异是指实际发生的变动制造费用总额与实际产量下标准变动费用总额之间的差异。它可以分解为耗费差异和效率差异两部分。其计算公式如下：

变动制造费用成本差异 = 实际总变动制造费用 − 实际产量下标准变动制造费用

= 实际变动制造费用分配率 × 实际工时 − 标准变动制造费用分配率 × 标准工时

= 变动制造费用耗费差异 + 变动制造费用效率差异

$$\text{变动制造费用耗费差异} = (\frac{\text{变动制造费用}}{\text{实际分配率}} - \text{变动制造费用标准分配率}) \times \text{实际工时}$$

变动制造费用效率差异 = 变动制造费用标准分配率 ×（实际工时 − 实际产量下标准工时）

其中，耗费差异属于价格差异，效率差异是用量差异。变动制造费用效率差异的形成原因与直接人工效率差异的形成原因基本相同。

【例 16】沿用例 13 中的资料，A 产品标准变动费用分配率为 3.6 元/时，工时标准为 1.5 时/件。假定企业本月实际生产 A 产品 8 000 件，用工 10 000 小时，实际发生变动制造费用 40 000 元。其变动制造费用成本差异计算如下：

变动制造费用成本差异 = 40 000 − 3.6 × 1.5 × 8 000 = −3 200（元）（节约）

其中：变动制造费用耗费差异 =（40 000 ÷ 10 000 − 3.6）× 10 000 = 4 000（元）（超支）

变动制造费用效率差异 = 3.6 ×（10 000 − 1.5 × 8 000）= −7 200（元）（节约）

通过以上计算可以看出，A 产品变动制造费用节约 3 200 元，这是由于提高效率，工时由 12 000（1.5 × 8 000）小时降为 10 000 小时的结果。由于费用分配率由 3.6 元提高到 4（40 000 ÷ 10 000）元，使变动制造费用发生超支，从而抵消了一部分变动制造费用的节约额。应该查明费用分配率提高的具体原因。

4. 固定制造费用成本差异的计算分析

固定制造费用成本差异是指实际发生的固定制造费用与实际产量下标准固定制造费用的差异。其计算公式为：

固定制造费用成本差异 = 实际产量下实际固定制造费用 − 实际产量下标准固定制造费用

= 实际分配率 × 实际工时 − 标准分配率 × 实际产量下标准工时

其中，标准分配率 = 固定制造费用预算总额 ÷ 预算产量下标准总工时

由于固定制造费用相对固定，实际产量与预算产量的差异会对单位产品所应承担的固定制造费用产生影响，所以，固定制造费用成本差异的分析有其特殊性，分为两差异分析法和三差异分析法。

（1）两差异分析法。它是指将总差异分为耗费差异和能量差异两部分，计算公式如下：

耗费差异 = 实际固定制造费用 - 预算产量下标准固定制造费用

= 实际固定制造费用 - 标准分配率 × 工时标准 × 预算产量

= 实际固定制造费用 - 标准分配率 × 预算产量下标准工时

能量差异 = 预算产量下标准固定制造费用 - 实际产量下固定制造费用

= 标准分配率 ×（预算产量下标准工时 - 实际产量下标准工时）

【例17】沿用例13中的资料，A产品固定制造费用标准分配率为12元/时，工时标准为1.5时/件。假定企业A产品预算产量为10 400件，实际生产A产品8 000件，用工10 000小时，实际发生固定制造费用190 000元。其固定制造费用的成本差异计算如下：

固定制造费用成本差异 = 190 000 - 12 × 105 × 8 000 = 46 000（元）（超支）

其中：耗费差异 = 190 000 - 12 × 1.5 × 10 400 = 2 800（元）（超支）

能量差异 = 12 ×（1.5 × 10 400 - 1.5 × 8 000）= 43 200（元）（超支）

通过以上计算可以看出，该企业A产品固定制造费用超支46 000元，主要是由于生产能力不足，实际产量小于预算产量所致。

（2）三差异分析法。它是将两差异分析法下的能量差异进一步分解为产量差异和效率差异，即将固定制造费用成本差异分为耗费差异、产量差异和效率差异三个部分。其中耗费差异的概念和计算与两差异法下一致。相关计算公式为：

耗费差异 = 实际固定制造费用 - 预算产量下标准固定制造费用

= 实际固定制造费用 - 标准分配率 × 工时标准 × 预算产量

= 实际固定制造费用 - 标准分配率 × 预算产量下标准工时

产量差异 = 标准分配率 ×（预算产量下标准工时 - 实际产量下实际工时）

效率差异 = 标准分配率 ×（实际产量下实际工时 - 实际产量下标准工时）

【例18】沿用例17中的资料，计算其固定制造费用的成本差异如下：

固定制造费用成本差异 = 190 000 - 12 × 1.5 × 8 000 = 46 000（元）（超支）

其中：耗费差异 = 19 000 - 12 × 1.5 × 10 400 = 2 800（元）（超支）

产量差异 = 12 ×（1.5 × 10 400 - 10 000）= 67 200（元）（超支）

效率差异 = 12 ×（10 000 - 1.5 × 8 000）= -24 000（元）（节约）

通过上述计算可以看出，采用三差异法，能够更好地说明生产能力利用程度和生产效率高低所导致的成本差异情况，便于分清责任。

5. 分析结果的反馈

标准成本差异分析是企业规划与控制的重要手段。通过差异分析，企业管理人员可以进一步揭示实际执行结果与标准不同的深层次原因。差异分析的结果，可以更好地凸显实际生产经营活动中存在的不足或在必要时修改成本标准，这对企业成本的持续降低、责任的明确划分以及经营效率的提高具有十分重要的意义。

二、责任成本管理

（一）责任成本管理的内容

责任成本管理，是指将企业内部划分成不同的责任中心，明确责任成本，并根据各责任中心的权、责、利关系，来考核其工作业绩的一种成本管理模式。其中，责任中心

也叫责任单位，是指企业内部具有一定权力并承担相应工作责任的部门或管理层次。

（二）责任中心及其考核

按照企业内部责任中心的权责范围以及业务活动的不同特点，责任中心一般可以划分为成本中心、利润中心和投资中心三类。每一类责任中心均对应着不同的决策权力及不同的业绩评价指标。

1. 成本中心

成本中心是指有权发生并控制成本的单位。成本中心一般不会产生收入，通常只计量考核发生的成本。成本中心是责任中心中应用最为广泛的一种形式，只要是对成本的发生负有责任的单位或个人都可以成为成本中心。例如：负责生产产品的车间、工段、班组等生产部门或确定费用标准的管理部门等。成本中心具有以下特点：

（1）成本中心不考核收益，只考核成本。一般情况下，成本中心不能形成真正意义上的收入，故只需衡量投入，而不衡量产出，这是成本中心的首要特点。

（2）成本中心只对可控成本负责，不负责不可控成本。可控成本是指成本中心可以控制的各种耗费。它应具备三个条件：第一，该成本的发生是成本中心可以预见的；第二，该成本是成本中心可以计量的；第三，该成本是成本中心可以调节和控制的。

凡不符合上述三个条件的成本都是不可控成本。可控成本和不可控成本的划分是相对的。它们与成本中心所处的管理层级别、管理权限与控制范围大小有关。对于一个独立企业而言，几乎所有的成本都是可控的。

（3）责任成本是成本中心考核和控制的主要内容。成本中心当期发生的所有可控成本之和就是其责任成本。

成本中心考核和控制主要使用的指标包括预算成本节约额和预算成本节约率。计算公式为：

$$预算成本节约额 = 预算责任成本 - 实际责任成本$$

$$预算成本节约率 = 预算成本节约额/预算成本 \times 100\%$$

【例19】某企业内部某车间为成本中心，生产甲产品，预算产量3 500件，单位成本150元，实际产量4 000件，成本145.5元，该成本中心的考核指标计算为：

$$预算成本节约额 = 150 \times 4\,000 - 145.5 \times 4\,000 = 18\,000\ (元)$$

$$预算成本节约率 = 18\,000/(150 \times 4\,000) \times 100\% = 3\%$$

结果表明，该成本中心的成本节约额为18 000元，节约率为3%。

2. 利润中心

利润中心是指既能控制成本，又能控制收入和利润的责任单位。它不但有成本发生，而且还有收入发生。因此，它要同时对收入与成本的差额即利润负责。利润中心有两种形式：一是自然利润中心，它是自然形成的，直接对外提供劳务或销售产品以取得收入的责任中心；二是人为利润中心，它是人为设定的，通过企业内部各责任中心之间使用内部结算价格结算半成品内部销售收入的责任中心。利润中心往往处于企业内部的较高层次，如分店或分厂等。利润中心与成本中心相比，其权利和责任相对较大，它不仅要降低绝对成本，还要寻求收入的增长使之超过成本，即更要强调相对成本的降低。

通常情况下，利润中心采用利润作为业绩考核指标，分为边际贡献、可控边际贡献和部门边际贡献。相关公式为：

边际贡献=销售收入总额-变动成本总额

可控边际贡献=边际贡献-该中心负责人可控固定成本

部门边际贡献=可控边际贡献-该中心负责人不可控固定成本

其中：边际贡献是将收入减去变动成本总额，反映了该利润中心的营利能力。

可控边际贡献也称部门经理边际贡献，它衡量了部门经理有效运用其控制下的资源的能力，是评价利润中心管理者业绩的理想指标。但是，该指标一个很大的局限就是难以区分可控和不可控的与生产能力相关的成本。如果该中心有权处置固定资产，那么相关的折旧费是可控成本；反之，相关的折旧费用就是不可控成本。可控边际贡献忽略了应追溯但又不可控的生产能力成本，不能全面反映该利润中心对整个公司所做的经济贡献。

部门边际贡献，又称部门毛利，它扣除了利润中心管理者不可控的间接成本，因为，对于公司最高层来说，所有成本都是可控的。部门边际贡献反映了部门为企业利润和弥补与生产能力有关的成本所做的贡献，它更多的用于评价部门业绩而不是利润中心管理者的业绩。

【例20】某企业内部乙车间是人为利润中心，本期实现内部销售收入200万元，销售变动成本为120万元，该中心负责人可控固定成本为20万元，不可控但应由该中心负担的固定成本10万元。该利润中心的考核指标计算为：

边际贡献=200-120=80（万元）

可控边际贡献=80-20=60（万元）

部门边际贡献=60-10=50（万元）

3. 投资中心

投资中心是指既对成本、收入和利润负责，又对投资及其投资收益负责的责任单位。它本质上也是一种利润中心，但它拥有最大限度的决策权，同时承担最大限度的经济责任，属于企业中最高层次的责任中心，如事业部、子公司等。从组织形式上看，投资中心一般具有独立法人资格，而成本中心和利润中心往往是内部组织，不具有独立法人地位。

对投资中心的业绩进行评价时，不仅要使用利润指标，还需要计算、分析利润与投资的关系，主要有投资报酬率和剩余收益等指标。

（1）投资报酬率。投资报酬率是投资中心获得的利润与投资额的比率，其计算公式为：

投资报酬率=营业利润/平均营业资产

平均营业资产=（期初营业资产+期末营业资产）/2

其中，营业利润是指扣减利息和所得税之前的利润，即息税前利润。由于利润是整个期间内实现并累积形成的，属于期间指标，而营业资产属于时点指标，故取其平均数。

投资报酬率主要说明了投资中心运用公司的每单位资产对公司整体利润贡献的大小。它能够反映投资中心的综合获利能力，并具有横向可比性，因此，可以促使经理人员关注营业资产运用效率，并有利于资产存量的调整，优化资源配置。然而，过于关注投资利润率也会引起短期行为的产生，追求局部利益最大化而损害整体利益最大化目标，导

致经理人员为眼前利益而牺牲长远利益。

（2）剩余收益。剩余收益是指投资中心的营业收益扣减营业资产按要求的最低投资报酬率计算的收益额之后的余额。其计算公式为：

剩余收益 = 经营利润 -（经营资产 × 最低投资报酬率）

公式中的最低投资报酬率是根据资本成本来确定的。它一般等于或大于资本成本，通常可以采用企业整体的最低期望投资报酬率，也可以是企业为该投资中心单独规定的最低投资报酬率。

剩余收益指标弥补了投资报酬率指标会使局部利益与整体利益相冲突的不足，但由于其是一个绝对指标，故而难以在不同规模的投资中心之间进行业绩比较。另外，剩余收益同样仅反映当期业绩，单纯使用这一指标也会导致投资中心管理者的短期行为。

【例 21】某公司的投资报酬率如表 7 -9 所示。

表 7 -9

投资中心	利润/万元	投资额/万元	投资报酬率/%
A	280	2 000	14
B	80	1 000	8
全公司	360	3 000	12

假定 A 投资中心面临一个投资额为 1 000 万元的投资机会，可获利润 131 万元，投资报酬率为 13.1%，假定公司整体的预期最低投资报酬率为 12%。

若 A 投资中心接受该投资，则 A、B 投资中心的相关数据计算如表 7 -10 所示。

表 7 -10

投资中心	利润/万元	投资额/万元	投资报酬率/%
A	280 + 131 = 411	2 000 + 1 000 = 3 000	13.7
B	80	1 000	8
全公司	491	4 000	12.275

（1）用投资报酬率指标衡量业绩。就全公司而言，接受投资后，投资报酬率增加了 0.275%，应接受这项投资。然而，由于 A 投资中心的投资报酬率下降了 0.3%，该投资中心可能不会接受这一投资。

（2）用剩余收益指标来衡量业绩。

A 投资中心接受新投资前的剩余收益 = 280 - 2 000 × 12% = 40（万元）

A 投资中心接受新投资后的剩余收益 = 411 - 3 000 × 12% = 51（万元）

所以如果用剩余收益指标来衡量投资中心的业绩，则 A 投资中心应该接受这项投资。

（三）内部转移价格的制定

内部转移价格是指企业内部有关责任单位之间提供产品或劳务的结算价格。内部转移价格直接关系到不同责任中心的获利水平，其制定可以有效地防止成本转移引起的责任中心之间的责任转嫁，使每个责任中心都能够作为单独的组织单位进行业绩评价，并且可以作为一种价格信号引导下级采取正确决策，保证局部利益和整体利益的一致。

内部转移价格的制定，可以参照以下几种类型：

（1）市场价格，即将产品或劳务的市场现行价格作为计价基础。市场价格具有客观真实的特点，能够同时满足分部和公司的整体利益，但是它要求产品或劳务有完全竞争的外部市场，以取得市价依据。

（2）协商价格，即内部责任中心之间以正常的市场价格为基础，并建立定期协商机制，共同确定双方都能接受的价格作为计价标准。采用该价格的前提是中间有非竞争性的市场可以交易，在该市场内双方有权决定是否买卖这种产品。协商价格的上限是市场价格，下限则是单位变动成本。当双方协商陷入僵持时，会导致公司高层的行政干预。

（3）双重价格，即由内部责任中心的交易双方采用不同的内部转移价格作为计价基础。采用双重价格，买卖双方可以选择不同的市场价格或协商价格，能够较好地满足企业内部交易双方在不同方面的管理需要。

（4）以成本为基础的转移定价，是指所有的内部交易均以某种形式的成本价格进行结算，它适用于内部转移的产品或劳务没有市价的情况，包括完全成本、完全成本加成、变动成本以及变动成本加固定制造费用四种形式。以成本为基础的转移定价方法具有简便、客观的特点，但存在信息和激励方面的问题。比如，采用完全成本作为计价基础，对于中间产品的“买方”有利，而“卖方”得不到任何利润，虽然采用完全成本加成可以解决这个问题，但加成比例的确定又容易产生代理问题。同样，变动成本和变动成本加固定制造费用的计价方法也存在类似的问题。

任务四　利润分配管理

一、股利政策与企业价值

股利政策是指在法律允许的范围内，企业是否发放股利、发放多少股利以及何时发放股利的方针及对策。

股利政策的最终目标是使公司价值最大化。股利往往可以向市场传递一些信息，股利发放的多寡、是否稳定、是否增长等，往往是大多数投资者推测公司经营状况、发展前景优劣的依据。因此，股利政策关系到公司在市场上、在投资者中间的形象，成功的股利政策有利于提高公司的市场价值。

（一）股利分配理论

企业的股利分配方案既取决于企业的股利政策，又取决于决策者对股利分配的理解与认识，即股利分配理论。股利分配理论是指人们对股利分配的客观规律的科学认识与总结，其核心问题是股利政策与公司价值的关系问题。市场经济条件下，股利分配要符合财务管理目标。人们对股利分配与财务目标之间关系的认识存在不同的流派与观念，还没有一种被大多数人所接受的权威观点和结论。但主要有以下两种较流行的观点：

1. 股利无关论

股利无关论认为，在一定的假设条件限制下，股利政策不会对公司的价值或股票的价格产生任何影响，投资者不关心公司股利的分配。公司市场价值的高低，是由公司所选择的投资决策的获利能力和风险组合所决定的，与公司的利润分配政策无关。

由于公司对股东的分红只是盈利减去投资之后的差额部分，且分红只能采取派现或股票回购等方式，因此，一旦投资政策已定，那么，在完全的资本市场上，股利政策的改变就仅仅意味着收益在现金股利与资本利得之间分配上的变化。如果投资者按理性行事的话，这种改变不会影响公司的市场价值以及股东的财富。该理论是建立在完全资本市场理论之上的，假定条件包括：第一，市场具有强势效率；第二，不存在任何公司或个人所得税；第三，不存在任何筹资费用；第四，公司的投资决策与股利决策彼此独立。

2. 股利相关理论

与股利无关理论相反，股利相关理论认为，企业的股利政策会影响股票价格和公司价值。主要观点有以下几种：

（1）“手中鸟”理论。该理论认为，用留存收益再投资给投资者带来的收益具有较大的不确定性，并且投资的风险随着时间的推移会进一步加大，因此，厌恶风险的投资者会偏好确定的股利收益，而不愿将收益留存在公司内部，去承担未来的投资风险。该理论认为公司的股利政策与公司的股票价格是密切相关的，即当公司支付较高的股利时，公司的股票价格会随之上升，公司价值将得到提高。

（2）信号传递理论。该理论认为，在信息不对称的情况下，公司可以通过股利政策向市场传递有关公司未来获利能力的信息，从而影响公司的股价。一般来讲，预期未来获利能力强的公司，往往愿意通过相对较高的股利支付水平吸引更多的投资者。对于市场上的投资者来讲，股利政策的差异或许是反映公司预期获利能力的有价值的信号。如果公司连续保持较为稳定的股利支付水平，那么投资者会对公司未来的营利能力与现金流量抱有乐观的预期。如果公司的股利支付水平突然发生变动，那么股票市价也会对这种变动做出反应。

（3）所得税差异理论。该理论认为，由于普遍存在的税率和纳税时间的差异，资本利得收入比股利收入更有助于实现收益最大化目标，公司应当采用低股利政策。一般来说，对资本利得收入征收的税率低于对股利收入征收的税率；再者，即使两者没有税率上的差异，由于投资者对资本利得收入的纳税时间选择更具有弹性，投资者仍可以享受延迟纳税带来的收益差异。

（4）代理理论。该理论认为，股利政策有助于减缓管理者与股东之间的代理冲突，即股利政策是协调股东与管理者之间代理关系的一种约束机制。该理论认为，股利的支付能够有效地降低代理成本。首先，股利的支付减少了管理者对自由现金流量的支配权，这在一定程度上可以抑制公司管理者的过度投资或在职消费行为，从而保护外部投资者的利益；其次，较多的现金股利发放，减少了内部融资，导致公司进入资本市场寻求外部融资，从而公司将接受资本市场上更多的、更严格的监督，这样便通过资本市场的监督减少了代理成本。因此，高水平的股利政策降低了企业的代理成本，但同时增加了外部融资成本，理想的股利政策应当使两种成本之和最小。

（二）股利政策

股利政策由企业在不违反国家有关法律、法规的前提下，根据本企业具体情况制定。股利政策既要保持相对稳定，又要符合公司财务目标和发展目标。在实际工作中，通常有以下几种股利政策可供选择。

1. 剩余股利政策

剩余股利政策是指公司在有良好的投资机会时，根据目标资本结构，测算出投资所需的权益资本额，先从盈余中留用，然后将剩余的盈余作为股利来分配，即净利润首先满足公司的资金需求，如果还有剩余，就派发股利；如果没有，则不派发股利。剩余股利政策的理论依据是股利无关理论（也称 MM 理论）。根据股利无关理论，在完全理想状态下的资本市场中，公司的股利政策与普通股每股市价无关，故而股利政策只需随着公司投资、融资方案的制定而自然确定。因此，采用剩余股利政策时，公司要遵循如下四个步骤。

（1）设定目标资本结构，在此资本结构下，公司的加权平均资本将达到最低水平。

（2）确定公司的最佳资本预算，并根据公司的目标资本结构预计资金需求中所需增加的权益资本数额。

（3）最大限度地使用留存收益来满足资金需求中所需增加的权益资本数额。

（4）留存收益在满足公司权益资本增加需求后，若还有剩余再用来发放股利。

【例22】某公司2014 年税后净利润为1 000 万元，2015 年的投资计划需要资金1 200 万元，公司的目标资本结构为权益资本占60%，债务资本占40%。

按照目标资本结构的要求，公司投资方案所需的权益资本数额为：1 200 × 60% = 720（万元）

公司当年全部可用于分派的盈利为1 000 万元，除了满足上述投资方案所需的权益资本数额外，还有剩余可用于发放股利。2018 年，公司可以发放的股利额为：1 000 − 720 = 280（万元）

假设该公司当年流通在外的普通股为1 000 万股，那么，每股股利为：280 ÷ 1 000 = 0.28（元/股）

剩余股利政策的优点是：留存收益优先保证再投资的需要，有助于降低再投资的资金成本，保持最佳的资本结构，实现企业价值的长期最大化。

剩余股利政策的缺陷是：若完全遵照执行剩余股利政策，股利发放额就会每年随着投资机会和营利水平的波动而波动。在营利水平不变的前提下，股利发放额与投资机会的多寡呈反方向变动；而在投资机会维持不变的情况下，股利发放额将与公司盈利呈同方向波动。剩余股利政策不利于投资者安排收入与支出，也不利于公司树立良好的形象，一般适用于公司初创阶段。

2. 固定或稳定增长的股利政策

固定或稳定增长的股利政策是指公司将每年派发的股利额固定在某一特定水平或是在此基础上维持某一固定比率逐年稳定增长。公司只有在确信未来应该不会发生逆转时才会宣布实施固定或稳定增长的股利政策。在这一政策下，应首先确定股利分配额，而且该分配额一般不随资金需求的波动而波动。

固定或稳定增长股利政策的优点有：

（1）由于股利政策本身的信息含量，稳定的股利向市场传递着公司正常发展的信息，有利于树立公司的良好形象，增强投资者对公司的信心，稳定股票的价格。

（2）稳定的股利额有助于投资者安排股利收入和支出，有利于吸引那些打算进行长期投资并对股利有很高依赖性的股东。

（3）稳定的股利政策可能会不符合剩余股利理论，但考虑到股票市场会受多种因素影响（包括股东的心理状态和其他要求），为了将股利维持在稳定的水平上，即使推迟某些投资方案或暂时偏离目标资本结构，也可能比降低股利或股利增长率更为有利。

固定或稳定增长股利政策的缺点有，股利的支付与企业的盈利相脱节，即不论公司盈利多少，均要支付固定的或按固定比率增长的股利，这可能会导致企业资金紧缺，财务状况恶化。此外，在企业无利可分的情况下，若依然实施固定或稳定增长的股利政策，也是违反《公司法》的行为。

因此，采用固定或稳定增长的股利政策，要求公司对未来的盈利和支付能力能做出准确的判断。一般来说，公司确定的固定股利额不宜太高，以免陷入无力支付的被动局面。固定或稳定增长的股利政策通常适用于经营比较稳定或正处于成长期的企业，且很难被长期采用。

3. 固定股利支付率政策

固定股利支付率政策是指公司将每年净利润的某一固定百分比作为股利分派给股东。这一百分比通常称为股利支付率，股利支付率一经确定，一般不得随意变更。在这一股利政策下，只要公司的税后利润一经计算确定，所派发的股利也就相应确定了。固定股利支付率越高，公司留存的净利润越少。

固定股利支付率的优点：

（1）采用固定股利支付率政策，股利与公司盈余紧密配合，体现了“多盈多分、少盈少分、无盈不分”的股利分配原则。

（2）由于公司的获利能力在年度间是经常变动的，因此，每年的股利也应当随着公司收益的变动而变动。采用固定股利支付率政策，公司每年按固定的比例从税后利润中支付现金股利，从企业的支付能力的角度看，这是一种稳定的股利政策。

固定股利支付率的缺点：

（1）大多数公司每年的收益很难保持稳定不变，导致年度间的股利额波动较大，由于股利的信号传递作用，波动的股利很容易给投资者带来经营状况不稳定、投资风险较大的不良印象，成为影响公司形象的不利因素。

（2）容易使公司面临较大的财务压力。这是因为公司实现的盈利多，并不能代表公司有足够的现金流用来支付较多的股利额。

（3）合适的固定股利支付率的确定难度比较大。

由于公司每年面临的投资机会、筹资渠道都不同，而这些都可以影响到公司的股利分派，所以，一成不变地奉行固定股利支付率政策的公司在实际中并不多见，固定股利支付率政策只是比较适用于那些处于稳定发展且财务状况也较稳定的公司。

【例23】某公司长期以来用固定股利支付率政策进行股利分配，确定的股利支付率为30%。2014年税后净利润为1 500万元，如果仍然继续执行固定股利支付率政策，公司本年度将要支付的股利为：

$$1\ 500 \times 30\% = 450\text{（万元）}$$

但公司下一年度有较大的投资需求，因此，准备本年度采用剩余股利政策。如果公司下一年度的投资预算为2 000万元，目标资本结构为权益资本占60%。按照目标资本结构的要求，公司投资方案所需的权益资本额为：2 000×60% =1 200（万元）

公司2014年度可以发放的股利为：1 500 -1 200 =300（万元）

4. 低正常股利加额外股利政策

低正常股利加额外股利政策，是指公司事先设定一个较低的正常股利额，每年除了按正常股利额向股东发放股利外，还在公司盈余较多、资金较为充裕的年份向股东发放额外股利。但是，额外股利并不固定化，不意味着公司永久地提高了股利支付率。可以用以下公式表示：

$$Y = a + bX$$

其中：Y——每股股利；X——每股收益；a——低正常股利；b——股利支付比率。

低正常股利加额外股利政策的优点：

（1）赋予公司较大的灵活性，使公司在股利发放上留有余地，并具有较大的财务弹性。公司可根据每年的具体情况，选择不同的股利发放水平，以稳定和提高股价，进而实现公司价值的最大化。

（2）使那些依靠股利度日的股东每年至少可以得到虽然较低但比较稳定的股利收入，从而吸引住这部分股东。

低正常股利加额外股利政策的缺点：

（1）由于年份之间公司盈利的波动使得额外股利不断变化，造成分派的股利不同，容易给投资者收益不稳定的感觉。

（2）当公司在较长时间持续发放额外股利后，可能会被股东误认为“正常股利”，一旦取消，传递出的信号可能会使股东认为这是公司财务状况恶化的表现，进而导致股价下跌。

相对来说，对那些盈利随着经济周期而波动较大的公司或者盈利与现金流量很不稳定时，低正常股利加额外股利政策也许是一种不错的选择。

二、利润分配制约因素

企业的利润分配涉及企业相关各方的切身利益，受众多不确定因素的影响，在确定分配政策时，应当考虑各种相关因素的影响，主要包括法律、公司、股东及其他因素。

（一）法律因素

为了保护债权人和股东的利益，法律就公司的利润分配做出如下规定。

1. 资本保全约束

规定公司不能用资本（包括实收资本或股本和资本公积）发放股利，目的在于维持企业资本的完整性，保护企业完整的产权基础，保障债权人的利益。

2. 资本积累约束

规定公司必须按照一定的比例和基数提取各种公积金，股利只能从企业的可供分配

利润中支付。此处可供分配利润包含公司当期的净利润按照规定提取各种公积金后的余额和以前累积的未分配利润。另外，在进行利润分配时，一般应当贯彻“无利不分”的原则，即当企业出现年度亏损时，一般不进行利润分配。

3. 超额累积利润约束

由于资本利得与股利收入的税率不一致，如果公司为了避税而使得盈余的保留大大超过了公司目前及未来的投资需要时，将被加征额外的税款。

4. 偿债能力约束

要求公司考虑现金股利分配对偿债能力的影响，确定在分配后仍能保持较强的偿债能力，以维持公司的信誉和借贷能力，从而保证公司的正常资金周转。

（二）公司因素

公司基于短期经营和长期发展的考虑，在确定利润分配政策时，需要关注以下因素。

1. 现金流量

由于会计规范的要求和核算方法的选择，公司盈余与现金流量并非完全同步，净收益的增加不一定意味着可供分配的现金流量的增加。公司在进行利润分配时，要保证正常的经营活动对现金的需求，以维持资金的正常周转，使生产经营得以有序进行。

2. 资产的流动性

企业现金股利的支付会减少其现金持有量，降低资产的流动性，而保持一定的资产流动性是企业正常运转的必备条件。

3. 盈余的稳定性

一般来讲，公司的盈余越稳定，其股利支付水平也就越高。

4. 投资机会

如果公司的投资机会多，对资金的需求量大，那么它就很可能会考虑采用低股利支付水平的分配政策；相反，如果公司的投资机会少，对资金的需求量小，那么它就很可能倾向于采用较高的股利支付水平。此外，如果公司将留存收益用于再投资所得报酬低于股东个人单独将股利收入投资于其他投资机会所得的报酬时，公司就不应多留存收益，而应多发股利，这样有利于股东价值的最大化。

5. 筹资因素

如果公司具有较强的筹资能力，随时能筹集到所需资金，那么它会具有较强的股利支付能力。另外，留存收益是企业内部筹资的一种重要方式，它同发行新股或举债相比，不需花费筹资费用，同时增加了公司权益资本的比重，降低了财务风险，便于低成本取得债务资本。

6. 其他因素

由于股利的信号传递作用，公司不宜经常改变其利润分配政策，应保持一定的连续性和稳定性。此外，利润分配政策还会受到其他公司的影响，比如不同发展阶段、不同行业的公司股利支付比例会有差异，这就要求公司在进行政策选择时要考虑发展阶段以及所处行业状况。

（三）股东因素

股东在控制权、收入和税赋方面的考虑也会对公司的利润分配政策产生影响。

1. 控制权

现有股东往往将股利政策作为维持其控制地位的工具。企业支付较高的股利导致留存收益的减少，当企业为有利可图的投资机会筹集所需资金时，发行新股的可能性增大，新股东的加入必然稀释公司的控制权。所以，股东会倾向于较低的股利支付水平，以便从内部的留存收益中取得所需资金。

2. 稳定的收入

如果股东依赖现金股利维持生活，他们往往要求企业能够支付稳定的股利，而反对过多的留存。

3. 避税

由于股利收入的税率要高于资本利得的税率，一些高股利收入的股东出于避税的考虑而往往倾向于较低的股利支付水平。

（四）其他因素

1. 债务契约

一般来说，股利支付水平越高，留存收益越少，企业的破产风险加大，就越有可能损害到债权人的利益。因此，为了保证自己的利益不受侵害，债权人通常都会在债务契约、租赁合同中加入关于借款企业股利政策的限制条款。

2. 通货膨胀

通货膨胀会带来货币购买力水平下降，导致固定资产重置资金不足，此时，企业往往不得不考虑留用一定的利润，以便弥补由于购买力下降而造成的固定资产重置资金缺口。因此，在通货膨胀时期，企业一般会采取偏紧的利润分配政策。

三、股利支付形式与程序

（一）股利支付形式

股利支付形式可以分为不同的种类，主要有以下四种。

1. 现金股利

现金股利是以现金支付的股利，它是股利支付的最常见的方式。公司选择发放现金股利除了要有足够的留存收益外，还要有足够的现金，而现金充足与否往往会成为公司发放现金股利的主要制约因素。

2. 财产股利

财产股利，是以现金以外的其他资产支付的股利，主要是以公司所拥有的其他公司的有价证券，如债券、股票等，作为股利支付给股东。

3. 负债股利

负债股利，是以负债方式支付的股利，通常以公司的应付票据支付给股东，有时也以发放公司债券的方式支付股利。

财产股利和负债股利实际上是现金股利的替代，但这两种股利支付形式在我国公司实务中很少使用。

4. 股票股利

股票股利，是公司以增发股票的方式所支付的股利，我国实务中通常也称其为“红

股”。股票股利对公司来说，并没有现金流出企业，也不会导致公司的财产减少，而只是将公司的留存收益转化为股本和资本公积。但股票权利会增加流通在外的股票数量，同时降低股票的每股价值。它不改变公司股东权益总额，但会改变股东权益的构成。

【例24】某上市公司在2014年发放股票股利前，其资产负债表上的股东权益账户情况如表7－11所示。

表7－11

单位：万元

普通股（面值1元，发行在外2 000万股）	2 000
资本公积	3 000
盈余公积	2 000
未分配利润	3 000
股东权益合计	10 000

假设该公司宣布发放10%的股票股利，现有股东每持有10股，即可获赠1股普通股。若该股票当时市价为5元，那么随着股票股利的发放，需从“未分配利润”项目划转出的资金为：

$$2\ 000 \times 10\% \times 5 = 1\ 000\ (\text{万元})$$

由于股票面值（1元）不变，发放200万股，“普通股”项目只应增加200万元，其余的800万元（1 000－200）应作为股票溢价转至“资本公积”项目，而公司的股东权益总额并未发生改变，仍是10 000万元，股票股利发放后的资产负债表上的股东权益部分如表7－12所示。

表7－12

单位：万元

普通股（面值1元，发行在外2 200万股）	2 200
资本公积	3 800
盈余公积	2 000
未分配利润	2 000
股东权益合计	10 000

假设某股东在公司派发股票股利之前持有公司的普通股10万股，那么，他所拥有的股权比例为：

$$10\ (\text{万股}) \div 2000\ (\text{万股}) = 0.5\%$$

派发股利之后，他所拥有的股票数量和股份比例为：

$$10 \times (1 + 10\%) = 11\ (\text{万股})$$

$$11\ (\text{万股}) \div 2\ 200\ (\text{万股}) = 0.5\%$$

可见，发放股票股利，不会对公司股东权益总额产生影响，但会引起资金在各股东权益项目间的再分配。而股票股利派发前后每一位股东的持股比例也不会发生变化。需要说明的是，例题中股票股利以市价计算价格的做法，在很多西方国家是通行的，但在我国，股票股利价格则是按照股票面值来计算的。

发放股票股利虽不直接增加股东的财富，也不增加公司的价值，但对股东和公司都有特殊意义。

对股东来讲，股票股利的优点主要有：

（1）派发股票股利后，理论上每股市价会成比例下降，但实际中这并非必然结果。因为市场和投资者普遍认为，发放股票股利往往预示着公司会有较大的发展和成长，这样的信息传递会稳定股价或使股价下降比例减少甚至不降反升，股东便可以获得股票价值相对上升的好处。

（2）由于股利收入和资本利得税率的差异，如果股东把股票股利出售，还会给他带来资本利得纳税上的好处。

对公司来讲，股票股利的优点主要有：

（1）发放股票股利不需要向股东支付现金，在再投资机会较多的情况下，公司就可以为再投资提供成本较低的资金，从而有助于公司的发展。

（2）发放股票股利可以降低公司股票的市场价格，既有利于促进股票的交易和流通，又有利于吸引更多的投资者成为公司股东，进而使股权更为分散，能有效地防止公司被恶意控制。

（3）股票股利的发放可以传递公司未来发展前景良好的信息，从而增强投资者的信心，在一定程度上稳定股票价格。

（二）股利支付程序

公司股利的发放必须遵守相关的要求，按照日程安排来进行。一般情况下，先由董事会提出分配预案，然后提交股东大会决议通过才能进行分配。股东大会决议通过分配预案后，要向股东宣布发放股利的方案，并确定股权登记日、除息日和股利发放日。

（1）股利宣告日，即股东大会决议通过并由董事会将股利支付情况予以公告的日期。公告中将宣布每股应支付的股利、股权登记日、除息日以及股利支付日。

（2）股权登记日，即有权领取本期股利的股东资格登记截止日期。凡是在此指定日期收盘之前取得公司股票，成为公司在册股东的投资者都可以作为股东享受公司分派的股利。在这一天之后取得股票的股东则无权领取本次分派的股利。

（3）除息日，即领取股利的权利与股票分离的日期。在除息日之前购买的股票才能领取本次股利，而在除息日当天或是以后购买的股票，则不能领取本次股利。由于失去了“付息”的权利，除息日的股票价格会下跌。

（4）股利发放日，即公司按照公布的分红方案向股权登记日在册的股东实际支付股利的日期。

职业能力训练

一、单项选择题

1. 企业的收益分配有狭义和广义之分，下列各项中，属于狭义收益分配的是（　　）。

A. 企业收入的分配　　B. 企业净利润的分配

C. 企业产品成本的分配　　D. 企业职工薪酬的分配

2. 收益分配的基本原则中，（　　）是正确处理投资者利益关系的关键。

A. 依法分配原则　　B. 兼顾各方面利益原则

C. 分配与积累并重原则　　D. 投资与收益对等原则

3. 在确定企业的收益分配政策时，应当考虑相关因素的影响，其中“资本保全约束”属于（　　）。

A. 股东因素　　B. 公司因素

C. 法律因素　　D. 债务契约因素

4. 在除息日之前，股利权利从属于股票；从（　　）开始，新购入股票的投资者不能分享本次已宣告发放的股利。

A. 股权登记日　　B. 除息日

C. 股利发放日　　D. 付息日

5. 以下股利分配政策中，最有利于股价稳定的是（　　）。

A. 剩余股利政策　　B. 固定或稳定增长的股利政策

C. 固定股利支付率政策　　D. 低正常股利加额外股利政策

6. 下列（　　）股利政策是基于股利无关论确立的。

A. 剩余股利政策　　B. 固定或稳定增长股利政策

C. 固定股利支付率政策　　D. 低正常股利加额外股利政策

7. 以下关于企业公司收益分配的说法中正确的有（　　）。

A. 公司持有的本公司股份也可以分配利润

B. 企业在提取公积金前向股东分配利润

C. 公司的初创阶段和衰退阶段都适合采用剩余股利政策

D. 只要有盈余就要提取法定盈余公积金

8. 适用于营利水平随着经济周期而波动较大的公司或行业的股利分配政策是（　　）。

A. 剩余股利政策　　B. 固定股利政策

C. 固定股利支付率政策　　D. 低正常股利加额外股利政策

9. 以下关于利润分配的描述中，正确的是（　　）。

A. 公司在提取法定公积金之前，应当先用当年利润弥补亏损

B. 法定盈余公积的提取比例为当年税后利润（弥补亏损后）的20%

C. 公司不能从税后利润中提取盈余公积金

D. 有限责任公司和股份有限公司股东都按照实缴的出资比例分红

10. 下列关于股票回购的说法不正确的是（　　）。

A. 公司可以根据资本运作的需要自主确定是否需要回购股票

B. 公司在股票的公开交易市场上按照公司股票当前市场价格回购

C. 公司在特定期间向市场发出以高于股票当前市场价格的某一价格回购既定数量股票的要约

D. 协议回购是公司以协议价格直接向一个或几个主要股东回购股票

11. 适用于营利水平随着经济周期而波动较大的公司或行业的股利分配政策是（　　）。

A. 剩余股利政策　　B. 固定股利政策

C. 固定股利支付率政策　　D. 低正常股利加额外股利政策

12. 在下列股利分配政策中，能保持股利与利润之间一定的比例关系，并体现风险投资与风险收益对等原则的是（　　）。

A. 剩余股利政策　　B. 固定股利政策

C. 固定股利支付率政策　　D. 低正常股利加额外股利政策

13. 我国上市公司不得用于支付股利的权益资金是（　　）。

A. 资本公积　　B. 任意盈余公积

C. 法定盈余公积　　D. 上年未分配利润

14. 上市公司按照剩余股利政策发放股利的好处是（　　）。

A. 有利于公司合理安排资金结构　　B. 有利于投资者安排收入与支出

C. 有利于公司稳定股票的市场价格　　D. 有利于公司树立良好的形象

15. 在下列公司中，通常适合采用固定股利政策的是（　　）。

A. 收益显著增长的公司　　B. 收益相对稳定的公司

C. 财务风险较高的公司　　D. 投资机会较多的公司

16. 下列各项中，不属于股票回购方式的是（　　）。

A. 用本公司普通股股票换回优先股

B. 与少数大股东协商购买本公司普通股股票

C. 在市场上直接购买本公司普通股股票

D. 向股东要约回购本公司普通股股票

17. 股利支付率的计算公式是（　　）。

A. 每股收益除以每股股利　　B. 每股股利除以每股收益

C. 每股股利除以每股市价　　D. 每股收益除以每股市价

18. 在下列各项中，能够增加普通股股票发行在外的股数，但不改变公司资本结构的行为是（　　）。

A. 支付现金股利　　B. 增发普通股

C. 股票分割　　D. 股票回购

19. 在确定企业的收益分配政策时，应当考虑相关因素的影响，其中“资本保全约束”属于（　　）。

A. 股东因素　　B. 公司因素

C. 法律因素　　D. 债务契约因素

20. 如果上市公司以其应付票据作为股利支付给股东，则这种支付股利的方式称为（　　）。

A. 现金股利　　B. 股票股利

C. 财产股利　　D. 负债股利

二、多项选择题

1. 以下属于企业收益与分配意义的是（　　）。

A. 收益分配集中体现了企业所有者、经营者与劳动者之间的关系

B. 收益分配是企业再生产的条件以及优化资本结构的重要措施

C. 收益分配是国家建设资金的重要来源之一

D. 收益分配是企业扩大再生产的条件以及优化资本结构的重要措施

2. 企业的收益分配应当遵循的原则包括（　　）。

A. 依法分配原则　　B. 投资机会优先

C. 兼顾各方面利益　　D. 分配与积累并重

3. 法定盈余公积可用于（　　）。

A. 弥补亏损　　B. 扩大公司生产经营

C. 转增资本　　D. 职工集体福利

4. 公司选择发放现金股利必须具备的两个条件是（　　）。

A. 要有足够的现金　　B. 要有足够的净利润

C. 要有足够的利润总额　　D. 要有足够的留存收益

5. 下列关于固定股利支付率政策的说法正确的是（　　）。

A. 使股利和公司盈余紧密结合　　B. 有利于传递公司上升发展的信息

C. 公司面临的财务压力较大　　D. 制定合适的固定股利支付率难度较大

6. 有利于公司树立良好的形象、增强投资者信心、稳定公司股价的股利政策有（　　）。

A. 剩余股利政策　　B. 固定或稳定增长的股利政策

C. 固定股利支付率政策　　D. 低正常股利加额外股利政策

7. 股利相关理论认为，企业的股利政策会影响到股票价格和公司价值。主要观点包括（　　）。

A. “手中鸟”理论　　B. 信号传递理论

C. 代理理论　　D. 所得税差异理论

8. 下列各项中属于对公司的利润分配政策产生影响的股东因素有（　　）。

A. 债务因素　　B. 控制权

C. 投资机会　　D. 避税

9. 下列关于股票回购方式的说法正确的有（　　）。

A. 公司在股票的公开交易市场上按照高出股票当前市场价格的价格回购

B. 公司在股票的公开交易市场上按照公司股票当前市场价格回购

C. 公司在特定期间向市场发出以高于股票当前市场价格的某一价格回购既定数量股

票的要约

D．公司以协议价格直接向一个或几个主要股东回购股票，协议价格一般高于当前的股票市场价格

10．根据《公司法》规定，下列关于盈余公积金的说法不正确的有（　　）。

A．只要弥补亏损后，当年的税后利润还有剩余，就必须计提盈余公积金

B．法定盈余公积的提取比例为当年税后利润（弥补亏损后）的10%

C．法定盈余公积可用于弥补亏损、扩大公司生产经营或转增资本

D．用盈余公积金转增资本后，法定盈余公积金的余额不得低于转增后公司注册资本的25%

11．处于初创阶段的公司，一般不宜采用的股利分配政策有（　　）。

A．固定股利政策　　B．剩余股利政策

C．固定股利支付率政策　　D．稳定增长股利政策

12．下列各项中，属于上市公司股票回购动机的有（　　）。

A．替代现金股利　　B．提高每股收益

C．规避经营风险　　D．稳定公司股价

13．上市公司发放股票股利可能导致的结果有（　　）。

A．公司股东权益内部结构发生变化　　B．公司股东权益总额发生变化

C．公司每股利润下降　　D．公司股份总额发生变化

14．按照资本保全约束的要求，企业发放股利所需资金的来源包括（　　）。

A．当期利润　　B．留存收益

C．原始投资　　D．股本

15．公司在制定利润分配政策时应考虑的因素有（　　）。

A．通货膨胀因素　　B．股东因素

C．法律因素　　D．公司因素

16．股东从保护自身利益的角度出发，在确定股利分配政策时应考虑的因素有（　　）。

A．避税　　B．控制权

C．稳定收入　　D．规避风险

17．从公司角度看，制约股利分配的因素有（　　）。

A．控制权的稀释　　B．筹资能力的强弱

C．盈利的稳定性　　D．股利的政策惯性

18．下列哪些情况下，公司会限制股利发放（　　）。

A．盈利不够稳定　　B．筹资能力强

C．投资机会不多　　D．收益可观但资产流动性差

19．下列属于股票分割的优点（　　）。

A．有利于促进股票流通和交易

B．有助于公司并购政策的实施，增加对被并购方的吸引力

C．有利于防止被恶意收购

D．有利于促进新股的发行

20. 股票回购对上市公司的不利影响主要体现为（　　）。

A. 资金紧张，资产流动性降低

B. 削弱了对债权人利益的保障

C. 忽视公司长远的发展，损害公司的根本利益

D. 容易导致公司操纵股价

三、判断题

1. 根据《公司法》的规定，法定盈余公积的提取比例为当年税后利润的10%。（　　）

2. 股利无关论的假定条件之一是不存在任何公司或个人所得税。（　　）

3. 从理论上说，债权人不得干预企业的资金投向和股利分配方案。（　　）

4. 企业发放股票股利将使企业的利润下降。（　　）

5. 采用固定或稳定增长股利政策公司财务压力较小，有利于股票价格的稳定与上涨。（　　）

6. 剩余股利政策能保持理想的资本结构，使企业价值长期最大化。（　　）

7. 股权登记日在除息日之前。（　　）

8. 协议回购，是指公司以协议价格直接向一个或几个主要股东回购股票。协议价格一般高于当前的股票市场价格。（　　）

9. 在不同规模的投资中心之间进行业绩比较时，使用剩余收益指标优于投资报酬率指标。（　　）

10. 在其他条件不变的情况下，股票分割会使发行在外的股票总数增加，进而降低公司资产负债率。（　　）

11. 根据“无利不分”的原则，当企业出现年度亏损时，一般不得分配利润。（　　）

12. 对于盈余不稳定的公司而言，较多采取低股利政策。（　　）

13. 在连续通货膨胀的条件下，公司应采取偏紧的股利政策。（　　）

14. 负债资金较多、资金结构不健全的企业在选择筹资渠道时，往往将留用利润作为首选，以降低筹资的外在成本。（　　）

15. “在手之鸟”理论的观点认为公司分配的股利越多，公司的股票价格越高。（　　）

16. 按照股利的所得税差异理论，股利政策与股价相关，由于税赋影响，企业应采取高股利政策。（　　）

17. 企业的衰退阶段应当采用稳定增长性股利政策来吸引股东。（　　）

18. 在除息前，股利权从属于股票；从除息开始，股利权与股票分离。（　　）

19. 采用固定股利支付率政策分配利润时，股利不受经营状况的影响，有利于公司股票价格的稳定。（　　）

20. 执行剩余股利政策，股利发放额不受营利水平的影响，而是会受投资机会的影响。（　　）

四、计算题

1. 某公司2007—2014年的产品销售量资料及各期数据的权数如表7－13所示。

表7－13

年度	2007	2008	2009	2010	2011	2012	2013	2014
销售量/吨	3 200	3 400	3 250	3 350	3 500	3 450	3 300	3 600
权数	0.04	0.06	0.08	0.12	0.14	0.16	0.18	0.22

已知预测前期的预测销售量为3 475吨，平滑指数为0.4。

要求：

（1）根据加权平均法计算公司2015年的预测销售量；

（2）根据移动平均法计算公司2015年的预测销售量（假设样本期为三期）；

（3）根据指数平滑法计算公司2015年的预测销售量。

2. 某企业对各项产品均建立标准成本制度，本年度男式衬衫每件的标准成本及实际成本的资料如表7－14、表7－15所示。

表7－14　某企业男式衬衫每件标准成本的资料

成本项目	价格标准	用量标准	标准成本/元
直接材料	2.1元/米	4米	8.4
直接人工	4.5元/工时	1.6工时	7.2
变动性制造费用	1.8元/工时	1.6工时	2.88
合计	—	—	18.48

表7－15　某企业男式衬衫每件实际成本的资料

成本项目	实际单价	实际用量	实际成本/元
直接材料	2元/米	4.4米	8.8
直接人工	4.85元/工时	1.4工时	6.79
变动性制造费用	2.15元/工时	1.4工时	3.01
合计	—	—	18.60

假定该厂在本会计期间共生产衬衫4 800件。

要求：

（1）计算本会计期间的直接材料成本差异并分析差异的构成情况；

（2）计算本会计期间的直接人工成本差异并分析差异的构成情况；

（3）计算变动制造费用成本差异并分析差异构成情况；

（4）计算成本差异总额。

项目八
撰写财务分析报告

知识目标

- 了解常用的财务分析方法。
- 掌握财务分析的内容及指标。
- 理解杜邦财务分析体系。
- 了解财务分析报告的基本知识。

能力目标

- 能够利用财务分析方法对企业的财务状况和经营成果进行分析评价。
- 能够利用杜邦财务分析法评价企业业绩。
- 能够撰写简单的财务分析报告。

案例导入

广州友谊集团股份有限公司（下称“广州友谊”）是一家国有控股的大型综合性商业上市公司（股票代码000987），是广东省流通龙头企业。其前身是始创于1959年的“广州友谊商店”，目前已有逾50年历史。

广州友谊以“友谊·超越·创造新生活”为企业哲学，践行“体验尊贵　共享友谊”的企业使命，在以“高级百货商店”为定位的经营实践中不断精耕细作，坚持锐意进取，凭着出色的经营能力和一流的管理水平，创造出一些骄人成绩。表8-1、表8-2是广州友谊集团近两年的有关财务报表信息（为便于分析及计算，在原有报表基础上做了适当简化）。2014年广州友谊集团的财务状况、经营管理成果如何？你怎样判断？借助这些财务报表信息，你可以利用本项目财务分析的方法和指标对广州友谊集团财务经营情况做出较全面的分析和评价。

表8-1　广州友谊（000987）资产负债表

2014年12月31日　　　　单位：万元

资产	年初数	年末数	负债与所有者权益	年初数	年末数
流动资产：			流动负债：		
货币资金	236 386	125 539	应付账款	49 995	42 609
应收账款	124	68	预收账款	81 243	65 023
预付款项	1 777	1 155	应付职工薪酬	1 138	756

续上表

资产	年初数	年末数	负债与所有者权益	年初数	年末数
其他应收款	7 425	7 079	应交税费	6 447	4 598
存货	18 432	13 643	其他应付款	11 946	13 074
其他流动资产	35 000	120 078	流动负债合计	150 769	126 059
流动资产合计	297 828	267 562	非流动负债：		
非流动资产：			其他非流动负债	819	910
长期股权投资	30 519	188	非流动负债合计	819	910
投资性房地产	7 195	6 693	负债合计	151 588	126 969
固定资产	15 701	14 601	所有者权益：		
在建工程	15	91	实收资本（或股本）	35 896	35 896
无形资产	2 083	2 033	资本公积	6 014	6 014
其他非流动资产	7 459	53 338	盈余公积	39 354	42 107
非流动资产合计	62 973	76 944	未分配利润	127 949	133 520
			所有者权益合计	209 213	217 537
资产总计	360 800	344 506	负债和所有者权益总计	360 800	344 506

表 8－2　广州友谊（000987）利润表

2014 年 12 月 31 日　　　　单位：万元

项　　目	上年数（2013 年度）	本年数（2014 年度）
一、营业收入	409 205	336 262
减：营业成本	319 162	255 794
营业税金及附加	5 448	4 900
销售费用	47 200	44 946
管理费用	5 054	5 885
财务费用	－4 935	－3 985
其中：利息费用	－8 549	－11 007
加：投资收益	4 028	6 610
二、营业利润	41 303	35 331
加：营业外收入	566	292

续上表

项　　目	上年数（2013 年度）	本年数（2014 年度）
减：营业外支出	183	167
三、利润总额	41 686	35 456
减：所得税费用	10 808	9 183
四、净利润	30 878	26 272

（备注：利息费用 = 应付利息 − 应收利息，负号表示获得的利息比支出的利息多。账面项目的财务费用为负数，一般是因为企业收到了存款利息，并且这个利息收入比当期支付的利息和手续费高。）

补充资料：

（1）2013 年年初应收账款余额为 120 万元，存货余额为 20 347 万元，流动资产余额为 314 425 万元，资产余额为 356 009 万元，所有者权益为 196 282 万元。

（2）根据公司的现金流量表，其 2013 年度、2014 年度经营活动产生的现金净流量分别为 31 958 万元、5 682 万元。

（数据来源：http：//www. cgzfs. com/广州友谊集团股份有限公司官网，http：//quotes. money. 163. com/f10/zycwzb_ 000987，year. html 网易财经－广州友谊，作者整理）

财务分析是以会计核算和报表资料及其他相关资料为依据，采用一系列专门的分析技术和方法，对企业等经济组织过去和现在有关筹资活动、投资活动、经营活动、分配活动的偿债能力、营利能力、营运能力和增长能力状况等进行分析与评价的经济管理活动。财务分析是已完成的财务活动的总结，又是财务预测的前提，其提供的财务分析资料，为企业的投资者、债权人、经营者及其他关心企业的组织或个人了解企业过去、评价企业现状、预测企业未来做出正确决策提供了准确的信息或依据。

财务分析的方法有很多种，主要包括比较分析法、趋势分析法、比率分析法、因素分析法。财务分析的内容包括偿债能力分析、营运能力分析、营利能力分析、其他能力分析（如发展与贡献能力分析）。

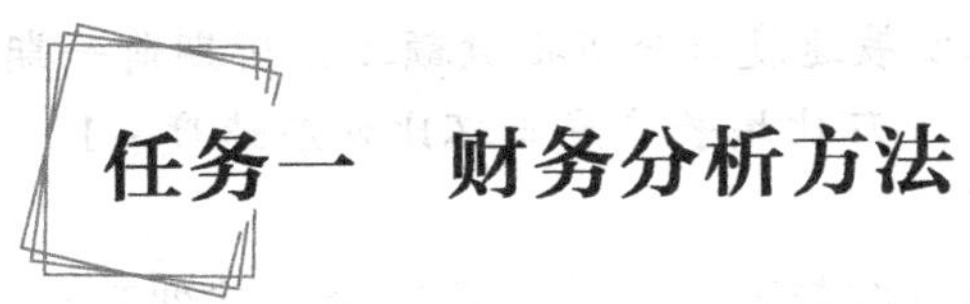

任务一　财务分析方法

一、比较分析法

比较分析法是通过对有关财务报表数据或财务比率指标进行对比，揭示企业存在的差异和矛盾，了解企业的财务状况及变化趋势的一种分析方法。这种比较可以是将实际与计划相比，可以是本期与上期相比，也可以是与同行业的其他企业相比。

1. 实际与计划相比

实际与计划相比可以揭示实际与计划的差异，了解计划的完成情况。

2. 本期与上期相比

这是一种纵向比较，以确定不同时期有关指标的变动情况，了解企业生产经营管理的发展趋势和管理工作的改进情况。

3. 与同行业的其他企业相比

与同行业的平均水平或先进企业横向比较，可以确定自己在行业中的位置，发现差距和问题，推动本企业改善经营管理，赶超先进水平。

【例1】广州友谊集团2014年营业收入为336 262万元，2013年营业收入为409 205万元，2014年的营业收入与2013年相比降低了17.83%。与批发零售行业的平均营业收入1 266 204万元相比，其营业销售规模低于同行水平，但在销售净利率方面为7.81%，显著高于行业平均0.03%，在167家批发零售上市公司中排第22位。

二、趋势分析法

趋势分析法又称水平分析法，是将两期或连续数期财务报告中相同指标进行对比，确定其增减变动的方向、数额和幅度，以说明企业财务状况和经营成果的变动趋势的一种方法。用于进行趋势分析的数据既可以是绝对值，也可以是比率或百分比数据。

趋势分析法的具体运用主要有以下三种方式。

1. 重要财务指标的比较

它是将不同时期财务报告中的相同指标或比率进行比较，直接观察其增减变动情况及变动幅度，考察其发展趋势，预测其发展前景。对不同时期财务指标的比较，可以有两种方法。

（1）定基分析法。它是以某一时期的数额为固定的基期数额，其他各期与之对比，而计算出来的定基发展速度（或定基增长速度），其目的是考察各期相对于固定基期的变化趋势。其计算公式为：

定基发展速度 = 分析期数额 ÷ 固定基期数额

定基增长速度 = 定基发展速度 - 1

（2）环比分析法。它是以每一分析期的前期数额为基期数额而计算出来的动态比，其目的是观察每一期相对于前一期的增减变化情况。其计算公式为：

环比发展速度 = 分析期数额 ÷ 分析期前一期数额

环比增长速度 = 环比发展速度 - 1

2. 会计报表的比较

会计报表的比较是将连续数期的会计报表的金额并列起来，比较其相同指标的增减变动金额和幅度，据以判断企业财务状况和经营成果发展变化的一种方法。

3. 会计报表项目构成的比较

这是在会计报表比较的基础上发展而来的。它以会计报表中的某个总体指标作为100%，再计算出其各组成项目占该总体指标的百分比，从而比较各个项目百分比的增减变动，以此来判断有关财务活动的变化趋势。

但在采用趋势分析法时，必须注意以下问题：

（1）用于进行对比的各个时期的指标，在计算口径上必须一致。

（2）剔除偶发性项目的影响，使作为分析的数据能反映正常的经营状况。

(3) 应用例外原则，应对某项有显著变动的指标做重点分析，研究其产生的原因，以便采取对策，趋利避害。

三、比率分析法

比率分析法是指利用财务报表中两项相关数值的比率揭示企业财务状况和经营成果的一种分析方法，往往要借助于比较分析和趋势分析方法。根据分析的目的和要求的不同，比率分析法主要有以下三种。

1. 结构比率

结构比率又称构成比率，是某个经济指标的各个组成部分与总体的比率，反映部分与总体的关系，如负债比率。其计算公式为：

结构比率 = 某个组成部分数额/总体数额

利用结构比率，可以考察总体中某个部分的形成和安排是否合理，以便协调各项财务活动。

2. 效率比率

效率比率是某项经济活动中所费与所得的比率，反映投入与产出的关系。利用效率比率指标，可以进行得失比较，考察经营成果，评价经济效益，如成本费用利润率。

3. 相关比率

相关比率是根据经济活动客观存在的相互依存、相互联系的关系，以某个项目和与其有关但又不同的项目加以对比所得的比率，反映有关经济活动的相互关系，如流动比率。

比率分析法的优点是计算简便，计算结果容易判断，而且可以使某些指标在不同规模的企业之间进行比较，甚至也能在一定程度上超越行业间的差别进行比较。但采用这一方法时，对比率指标的使用应该注意以下几点。

(1) 对比项目的相关性。计算比率的子项和母项必须具有相关性，把不相关的项目进行对比是没有意义的。

(2) 对比口径的一致性。计算比率的子项和母项必须在计算时间、范围等方面保持口径一致。

(3) 衡量标准的科学性。运用比率分析，需要选用一定的标准与之对比，以便对企业的财务状况做出评价。通常而言，科学合理的对比标准有：①预定目标；②历史标准；③行业标准；④公认标准。

四、因素分析法

因素分析法也称因素替换法、连环替代法，它是用来确定几个相互联系的因素对分析对象——综合财务指标或经济指标的影响程度的一种分析方法。采用这种方法的出发点在于，当有若干因素对分析对象产生影响作用时，假定其他各个因素都无变化，按顺序确定每一个因素单独变化所产生的影响。

【例2】某企业 2014 年 3 月某种原材料费用的实际数是 4 620 元，而其计划数是 4 000元，实际比计划增加620 元，具体数据如表 8－3 所示。要求运用因素分析法分析产品产量、单位产品材料消耗量和材料单价对材料费用的影响程度。

表 8-3　某原材料费用比较分析表

项　目	计划数	实际数	差异
产品产量/件	100	110	+10
单位产品材料消耗量/千克	8	7	-1
材料单价/元	5	6	+1
材料费用总额/元	4 000	4 620	+620

根据表 8-3 的资料，材料费用的实际数比计划数增加 620 元，这就是分析对象。材料费用的变动受产品产量、单位产品材料消耗量和材料单价三个因素变动的影响。运用连环替代法，可以计算各因素变动对材料费用总额的影响程度。如下：

计划指标：100×8×5=4 000（元）　①

第一次替代：110×8×5=4 400（元）　②

第二次替代：110×7×5=3 850（元）　③

第三次替代：110×7×6=4 620（元）　④

实际指标：

②-①=4 400-4 000=400（元）

这说明产品产量实际比计划增加 10 件，使材料费用增加了 400 元。

③-②=3 850-4 400=-550（元）

这说明单位产品材料消耗量实际比计划节约 1 千克，使材料费用下降了 550 元。

④-③=4 620-3 850=770（元）

这说明材料实际价格比计划增加 1 元，使材料费用增加了 770 元。

全部因素的影响：400-550+770=620（元）。

因素分析法既可以全面分析各因素对某一经济指标的影响，又可以单独分析某个因素对某一经济指标的影响，在财务分析中应用颇为广泛。

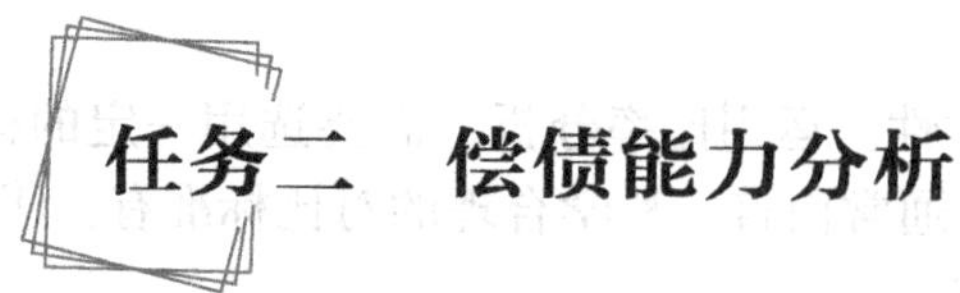

任务二　偿债能力分析

偿债能力是指企业偿还到期债务（包括本息）的能力。按照偿债期限的长短，企业偿债能力分析包括短期偿债能力分析和长期偿债能力分析两个方面。

一、短期偿债能力分析

短期偿债能力，就是企业以流动资产偿还流动负债的能力。它反映企业偿付日常到期债务的实力，企业能否及时偿付到期的流动负债，是衡量企业当前财务能力，特别是流动资产变现能力的重要指标，财务人员必须十分重视短期债务的偿还能力，维护企业的良好信誉。

短期偿债能力也是企业的债权人、投资人、材料供应单位等所关心的重要问题。对债权人来说，企业要具有充分的偿还能力，才能保证其债权的安全，按期取得利息，到期收回本金。对投资者来说，如果企业的短期偿债能力发生问题，就会牵制和消耗企业经营管理人员的大量精力来筹措资金，应付还债，难以全神贯注于经营管理，还会增加企业筹资的难度，或加大临时性紧急筹资的成本，影响企业的营利能力。对供应单位来说，则可能影响应收账款的收取。因此，企业短期偿债能力是企业本身及有关方面都很关心的重要问题。

反映企业短期偿债能力的财务指标主要有流动比率、速动比率、现金比率等。

（一）流动比率

流动比率是流动资产与流动负债的比率，它表明企业每一元流动负债有多少流动资产作为偿还的保证，反映企业可在短期内转变为现金的流动资产偿还到期流动负债的能力。其计算公式为：

$$流动比率=\frac{流动资产}{流动负债}$$

一般情况下，流动比率越高，反映企业短期偿债能力越强，债权人的权益越有保证。流动比率高，不仅反映企业拥有的营运资金多，可用以抵偿债务，而且表明企业可以变现的资产数额大，债权人遭受损失的风险小。按照西方企业的长期经验，一般认为2∶1的比例比较适宜，它表明企业财务状况稳定可靠，除了满足日常生产经营的流动资金需要外，还有足够的财力偿付到期短期债务。如果比例过低，则表示企业可能捉襟见肘，难以如期偿还债务。但是，流动比率也不能过高，过高则表明企业流动资产占用较多，会影响资金的使用效率和企业的获利能力。流动比率过高，还可能是由于应收账款占用过多，在产品、产成品呆滞、积压的结果。因此，分析流动比率还需注意流动资产的结构与周转、流动负债的数量与结构等情况。

流动负债是指企业在一年内或者超过一年的一个营业周期内应当偿还的债务，包括短期借款、应付票据、应付账款、应付工资、应付利润、应缴税金、其他应付款、预提费用等。流动负债是计算流动比率的因素之一，其数额和结构都会影响到对流动资产的需要程度。因此，分析流动比率时，应对不同性质的流动负债分别加以考察，以利于合理安排。这些短期负债项目，有的是因为短期借入和商业信用而形成的，有的则是因为结算程序的原因而形成的，作为借入资金，企业要按期还本付息，商业信用也必须按期偿付，这些都是首先要用易于变现的流动资产来保证偿还的。至于由于法定结算程序的原因，使得一部分应付款形成在先，支付在后，而占用其他单位或个人的资金，也必须遵守结算纪律，按规定要求支付，否则也会影响企业的信誉。

【例3】根据表8－1的资料，计算该企业2014年年初和年末的流动比率。

计算如下：

$$2014年年初（2013年年末）的流动比率=\frac{297\ 828}{150\ 769}=1.98$$

$$2014年年末的流动比率=\frac{267\ 562}{126\ 059}=2.12$$

（二）速动比率

速动比率是企业速动资产与流动负债的比率，这一比率用以衡量企业流动资产中可以立即用于偿付流动负债的财力。速动资产包括货币资金、短期投资、应收票据、应收账款、其他应收款项等流动资产。存货、预付账款、待摊费用等则不应计入。

计算速动资产时，之所以要扣除存货，是因为存货是流动资产中变现较慢的部分，它通常要经过产品的售出和账款的收回两个过程才能变为现金。存货中还可能包括不适销对路从而难以变现的产品。至于待摊费用和预付账款等，本质上属于费用，同时又具有资产的性质，只能减少企业未来时期的现金付出，却不能转变为现金，因此，不应计入速动资产。

速动比率的计算公式为：

$$速动比率=\frac{速动资产}{流动负债}$$

$$\begin{aligned}速动资产&=货币资金+交易性金融资产+应收票据+应收账款+其他应收账款\\&=流动资产-存货-预付账款-待摊费用-一年内到期的非流动资产\\&\quad-其他流动资产\end{aligned}$$

速动比率可用作流动比率的辅助指标。有时企业流动比率虽然较高，但流动资产中易于变现、可用于立即支付的资产很少，则企业的短期偿债能力仍然较差。因此，速动比率能更准确地反映企业的短期偿债能力。根据经验，一般认为速动比率 1∶1 较为合适。它表明企业的每一元短期负债，都有一元易于变现的资产作为抵偿。如果速动比率过低，说明企业的短期偿债能力存在问题；但如果速动比率过高，则又说明企业因拥有过多的货币性资产，而可能失去一些有利的投资和获利机会。

【例4】根据表 8－1 的资料，计算该企业 2014 年年初和年末的速动比率。

计算如下：

$$2014\text{ 年年初的速动比率}=\frac{236\ 386+124+7\ 425}{150\ 769}=1.62$$

$$2014\text{ 年年末的速动比率}=\frac{267\ 562-13\ 643-1\ 155-120\ 078}{126\ 059}=1.05$$

（三）现金比率

现金比率是企业现金类资产与流动负债的比率。现金类资产包括企业所拥有的货币资金和持有的有价证券（指易于变为现金的有价证券）。它是速动资产扣除应收账款后的余额。由于应收账款存在着产生坏账损失的可能，某些到期的账款也不一定能按时收回，因此，速动资产扣除应收账款后计算出来的金额，最能反映企业直接偿付流动负债的能力。其计算公式如下：

$$现金比率=\frac{货币资金+交易性金融资产}{流动负债}$$

用该指标评价企业短期偿债能力比流动比率和速动比率更加谨慎。该指标越大，表明企业偿还短期债务的能力就越强，但也并不是越大越好。现金比率虽然能反映企业的直接支付能力，但在一般情况下，企业不可能、也无必要保留过多的现金类资产。如果这一比率过高，说明其经营者过于保守，周转不灵，现金及等价物闲置过多，现金利用

不充分，获利能力不强。

【例5】根据表8－1的资料，计算该企业2014年年初和年末的现金比率。

计算如下：

$$2014\text{年年初的现金比率}=\frac{236\ 386}{150\ 769}=1.57$$

$$2014\text{年年末的现金比率}=\frac{125\ 539}{126\ 059}=1.00$$

（四）现金流动负债比率

现金流动负债比率是企业一定时期的经营现金净流量同流动负债的比率，它可以从现金流量角度来反映企业当期偿付短期负债的能力。其计算公式如下：

$$\text{现金流动负债比率}=\frac{\text{年经营活动现金净流量}}{\text{年末流动负债}}$$

该指标从现金流入和流出的动态角度对企业的实际短期偿债能力进行考察，反映本期经营活动所产生的现金净流量足以抵付流动负债的倍数。

由于净利润与经营活动产生的现金净流量有可能背离，有利润的年份不一定有足够的现金（含现金等价物）来偿还债务，所以利用以收付实现制为基础计量的现金流动负债比率指标，能充分体现企业经营活动所产生的现金净流量，可以在多大程度上保证当期流动负债的偿还，直观地反映出企业偿还流动负债的实际能力。

一般该指标大于1，表示企业流动负债的偿还有可靠保证。该指标越大，表明企业经营活动产生的现金净流量越多，越能保障企业按期偿还到期债务，但也并不是越大越好，该指标过大则表明企业流动资金利用不充分，营利能力不强。

【例6】根据表8－1的资料，计算该企业2014年年初和年末的现金流动负债率。

计算如下：

$$2014\text{年年初的现金流动负债率}=\frac{31\ 958}{150\ 769}=0.21$$

$$2014\text{年年末的现金流动负债率}=\frac{5\ 682}{126\ 059}=0.05$$

二、长期偿债能力分析

长期偿债能力，指企业偿还长期负债的能力。企业的长期负债，包括长期借款、应付长期债券等。

评价企业长期偿债能力：从偿债的义务看，包括按期支付利息和到期偿还本金两个方面；从偿债的资金来源看，则应是企业经营所得的利润。在企业正常生产经营的情况下，企业不可能依靠变卖资产还债，而只能依靠实现利润来偿还长期债务。因此，企业的长期偿债能力是和企业的获利能力密切相关的。在这里，我们仅从债权人考察借出款项的安全程度以及企业考察负债经营的合理程度出发，来分析企业对长期负债还本与付息的能力。

（一）资产负债率

资产负债率又称负债比率，是企业负债总额对资产总额的比率。它表明企业资产总额中，债权人提供资金所占的比重，以及企业资产对债权人权益的保障程度。其计算公式如下：

$$资产负债率 = \frac{负债总额}{资产总额} \times 100\%$$

这一比率越小，表明企业的长期偿债能力越强。资产负债率比较保守的经验判断一般不高于50%，国际上一般认为60%比较好。资产负债率也表示企业对债权人资金的利用程度。如果此项比率较大，从企业所有者的角度来说，利用较少的自有资本投资，形成较多的生产经营用资产，不仅扩大了生产经营规模，而且在经营状况良好的情况下，还可以利用财务杠杆的原理，得到较多的投资利润。但如果这一比率过大，则表明企业的债务负担重，企业的资金实力不强，遇有风吹草动，企业的债务能力就缺乏保证，对债权人不利。企业资产负债率过高，债权人的权益就有风险，一旦资产负债率超过1，则说明企业资不抵债，有濒临倒闭的危险，债权人将受损失。在企业管理实践中，很难简单地用资产负债率的高低来判断负债的优劣，应结合企业的营利能力进一步分析。

【例7】根据表8－1的资料，计算该企业2014年年初和年末的资产负债率。

计算如下：

$$年初资产负债率 = \frac{151\ 588}{360\ 800} \times 100\% = 42.01\%$$

$$年末资产负债率 = \frac{126\ 969}{344\ 506} \times 100\% = 36.86\%$$

（二）所有者权益比率和权益乘数

所有者权益比率是所有者权益同资产总额的比率。该比率反映企业资产中有多少是所有者投入的。其可以用下列公式表示：

$$所有者权益比率 = \frac{所有者权益总额}{资产总额} \times 100\%$$

式中所有者权益和资产总额可以按期末数计算，也可以按本期平均数计算。

所有者股益比率与资产负债比率之和按同口径计算应等于1。所有者权益比率越大，负债比率就越小，企业的财务风险也就越小。所有者权益比率是从另一个侧面来反映企业长期财务状况和长期偿债能力。

【例8】根据表8－1的资料，计算该企业2014年年初和年末的所有者权益比率。

计算如下：

$$年初所有者权益比率 = \frac{209\ 213}{360\ 800} \times 100\% = 57.99\%$$

$$年末所有者权益比率 = \frac{217\ 537}{344\ 506} \times 100\% = 63.14\%$$

所有者权益比率的倒数，称为权益乘数，也称权益总资产率，说明企业资产总额是股东权益的多少倍。该项比率越大，表明所有者投入的资本在资产总额中所占的比重越小，对负债经营利用得越充分。其可用下列公式表示：

$$权益乘数 = \frac{资产总额}{所有者权益总额} \times 100\% = \frac{1}{1 - 资产负债率}$$

【例9】根据表8－1的资料，计算该企业2013年和2014年的权益乘数。

计算如下：

$$2013\text{ 年权益乘数}=\frac{(360\ 800+356\ 009)\div 2}{(209\ 213+196\ 282)\div 2}\times 100\%=176.77\%$$

$$2014\text{ 年权益乘数}=\frac{(344\ 506+360\ 800)\div 2}{(217\ 537+209\ 213)\div 2}\times 100\%=165.27\%$$

（三）产权比率

产权比率又称负债与股东权益比率，是负债总额与所有者权益之间的比率。它反映企业投资者权益对债权人权益的保障程度。其计算公式如下：

$$\text{产权比率}=\frac{\text{负债总额}}{\text{所有者权益总额}}\times 100\%$$

这一比率越低，表明企业的长期偿债能力越强，债权人权益的保障程度越高，承担的风险越小。在这种情况下，债权人就愿意向企业增加借款。

【例 10】根据表 8－1 的资料，计算该企业 2014 年年初和年末的产权比率。

计算如下：

$$\text{年初产权比率}=\frac{151\ 588}{209\ 213}\times 100\%=72.46\%$$

$$\text{年末产权比率}=\frac{126\ 969}{217\ 537}\times 100\%=58.37\%$$

产权比率与资产负债率的计算，都以负债总额为分子，对比的分母，资产负债率是资产总额，产权比率是资产总额与负债总额之差。它们分别从不同的角度表示对债权的保障程度和企业长期偿债能力。因此，两者的经济意义是相同的，具有相互补充的作用。

（四）利息保障倍数

利息保障倍数又称已获利息倍数，是指企业生产经营所获得的息税前利润与利息费用的比率。它是衡量企业获利能力对偿付负债利息能力的指标。企业生产经营所获得的利息保障倍数越多，说明企业支付利息费用的能力越强。因此，债权人要分析利息保障倍数指标，来衡量债权的安全程度。企业利润总额加利息费用为息税前利润，因此，利息保障倍数可按以下公式计算：

$$\text{利息保障倍数}=\frac{\text{息税前利润}}{\text{利息费用}}=\frac{\text{利润总额}+\text{利息费用}}{\text{利息费用}}$$

一般情况下，如果利息保障倍数大于 1，说明企业负债经营赚取比资本成本高的利润，企业具有偿付当期利息的能力；如果小于 1，表明企业所得连利息都不足以支付，企业财务风险很大。国际上公认的标准为 3。美国商业银行的系统显示，当利息保障倍数为 1 或 1 以下时，企业的违约风险很大，在这种情况下，35% 以上的企业到期偿还不了债务和利息。究竟企业已获息税前利润应是利息费用的多少倍，才算偿付利息能力强，这要根据往年经验结合行业特点来判断。根据稳健原则考虑，应以倍数较低的年度为评价依据。

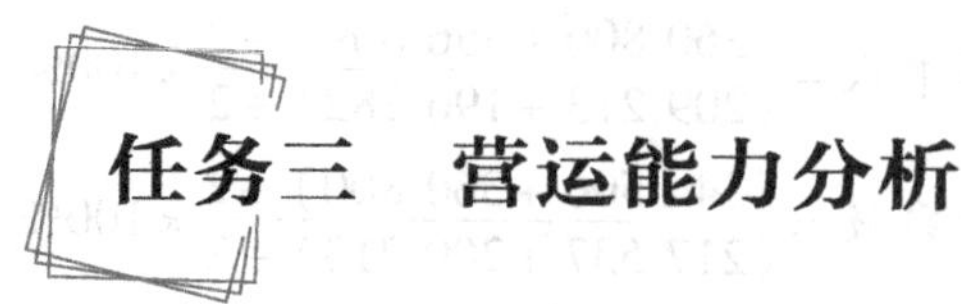

任务三　营运能力分析

营运能力是指通过企业生产经营资金周转速度的有关指标所反映出来的企业资金利用的效率，它表明企业管理人员经营管理、运用资金的能力。企业生产经营资金周转的速度越快，表明企业资金利用的效果越好，效率越高，企业管理人员的经营能力越强。衡量资金周转速度可以采用两种形式：周转次数与周转天数，二者可以换算。一定时期内周转次数越多，则周转速度越快；周转一次所需的时间越短，则周转速度越快。

$$周转次数=\frac{周转额}{资产平均余额}$$

$$周转天数=\frac{计算期天数}{周转次数}=\frac{资产平均余额}{周转额}\times计算期天数$$

营运能力分析包括流动资产周转情况分析、固定资产周转情况分析和总资产周转情况分析。实际工作中，一般通过先计算周转次数，再根据两者之间的关系推算出周转天数。以下各周转率指标仅给出周转次数的计算，周转天数据此推算，不再赘述。

一、流动资产周转情况分析

反映流动资产周转情况的指标主要有应收账款周转率、存货周转率和流动资产周转率。

（一）应收账款周转率

应收账款周转率是反映应收账款周转速度的指标，它是一定时期内营业收入数额与应收账款平均余额的比值。应收账款周转次数的计算公式如下：

$$应收账款周转次数=\frac{营业收入}{应收账款平均余额}$$

$$应收账款平均余额=\frac{期初应收账款+期末应收账款}{2}$$

在一定时期内应收账款周转的次数越多，表明应收账款回收速度越快，企业管理工作的效率越高。这不仅有利于企业及时收回货款，减少或避免发生坏账损失的可能性，而且有利于提高企业资产的流动性，提高企业短期债务的偿还能力。

应收账款周转天数，表示企业自产品销售出去开始，至应收账款收回为止所需经历的天数。周转天数越少，说明应收账款变现的速度越快，企业资金被外单位占用的时间越短，管理工作的效率越高。

应收账款周转速度，不仅反映企业的营运能力，而且由于应收账款是企业流动资产的重要组成部分，其变现速度和变现程度是企业流动比率的重要补充，它也反映着企业的短期偿债能力。通过应收账款账龄指标，与原定的赊销期限进行对比，还可以此评价购买单位的信用程度，以及企业原订的信用条件是否恰当。

【例 11】根据表 8－1、表 8－2 的数据资料，计算该企业 2013 年、2014 年应收账款周转次数和应收账款周转天数。

计算如下：

$$2013\text{ 年应收账款平均余额}=\frac{120+124}{2}=122\text{（万元）}$$

$$2013\text{ 年应收账款周转次数}=\frac{409\ 205}{122}=3\ 354.14\text{（次）}$$

$$2013\text{ 年应收账款周转天数}=\frac{360}{3\ 354.14}=0.11\text{（天）}$$

$$2014\text{ 年应收账款平均余额}=\frac{124+68}{2}=96\text{（万元）}$$

$$2014\text{ 年应收账款周转次数}=\frac{336\ 262}{96}=3\ 502.73\text{（次）}$$

$$2014\text{ 年应收账款周转天数}=\frac{360}{3\ 502.73}=0.10\text{（天）}$$

以上计算结果表明，该企业 2014 年应收账款周转率比 2013 年有所改善，周转次数提高，周转天数缩短，这不仅说明企业的营运能力有所增强，而且对流动资产的变现能力和周转速度也会起到促进作用。

（二）存货周转率

存货周转率是一定时期内企业营业成本与存货平均余额的比值。它是反映企业销售能力和流动资产流动性的一个指标，也是衡量企业生产经营各个环节中存货运营效率的一个综合性指标，用于反映存货的流动性及存货资金占用量的合理与否。其计算公式如下：

$$\text{存货周转次数}=\frac{\text{营业成本}}{\text{存货平均余额}}$$

$$\text{存货平均余额}=\frac{\text{期初存货}+\text{期末存货}}{2}$$

在一般情况下，存货周转率越高越好，表明企业资产由于销售顺畅而具有较高的流动性，存货转化为现金或应收账款的速度快，存货占用水平低。运用该指标时，还要注意综合考虑进货批量、生产销售的季节性变动及存货结构。

【例 12】根据表 8－1、表 8－2 的数据资料，计算该企业 2013 年、2014 年存货周转次数和存货周转天数。

计算如下：

$$2013\text{ 年存货周转次数}=\frac{319\ 162}{(20\ 347+18\ 432)\div 2}=16.46\text{（次）}$$

$$2013\text{ 年存货周转天数}=\frac{360}{16.46}=21.87\text{（天）}$$

$$2014\text{ 年存货周转次数}=\frac{255\ 794}{(18\ 432+13\ 643)\div 2}=15.95\text{（次）}$$

$$2014\text{ 年存货周转天数}=\frac{360}{15.95}=22.57\text{（天）}$$

以上计算结果说明，该企业2014年存货周转率比2013年延缓，周转次数由16.46次降为15.95次，周转天数由21.87天增为22.57天，这反映出该企业2014年存货管理效率不如2013年。

为了分析影响存货周转速度的具体原因，在工业企业中，还可以进一步分别按原材料、在产品和产成品计算周转率，考察在供、产、销不同阶段存货的运营情况，评价各环节的工作业绩。计算公式如下：

$$原材料周转次数=\frac{原材料耗用成本}{原材料平均余额}$$

$$在产品周转次数=\frac{制造成本}{在产品平均余额}$$

$$产成品周转次数=\frac{销货成本}{产成品平均余额}$$

以上所述是对流动资产中比重较大，需要经过一定过程才能变现的两项资产周转速度所做的分析。通过这种分析可以考察企业资产的营运能力，并作为流动比率的补充，反映企业的短期偿债能力。

（三）流动资产周转率

流动资产周转率是反映企业流动资产周转速度的指标，是指一定时期内营业收入同流动资产的平均余额的比值。其计算公式为：

$$流动资产周转次数=\frac{营业收入}{流动资产平均余额}$$

$$流动资产平均余额=\frac{期初流动资产数+期末流动资产数}{2}$$

在一定时期内，流动资产周转次数越多，表明以相同的流动资产完成的周转额越多，流动资产利用的效果越好。流动资产周转率用周转天数表示时，周转一次所需要的天数越少，表明流动资产在经历生产和销售各阶段时占用的时间越短，周转越快。要实现该指标的良性循环，应以营业收入的增长幅度高于流动资产的增长幅度作为保证。

【例13】根据表8-1、表8-2的数据资料，计算该企业2013年、2014年的流动资产周转率（流动资产周转次数和流动资产周转天数）。

计算如下：

$$2013年流动资产周转次数=\frac{409\ 205}{(314\ 425+297\ 828)\div 2}=1.34（次）$$

$$2013年流动资产周转天数=\frac{360}{1.34}=268.66（天）$$

$$2014年流动资产周转次数=\frac{336\ 262}{(297\ 828+267\ 562)\div 2}=1.19（次）$$

$$2014年流动资产周转天数=\frac{360}{1.19}=302.52（天）$$

由此可见，该企业2014年流动资产周转率比2013年延缓了302.52-268.66=33.86天。流动资金占用增加，利用效率下降。

二、固定资产周转情况分析

固定资产周转率也称固定资产利用率，是企业营业收入与固定资产平均余额的比率。它是反映企业固定资产周转情况，从而衡量固定资产利用效率的一项指标。其计算公式为：

$$固定资产周转次数=\frac{营业收入}{固定资产平均余额}$$

$$固定资产平均余额=\frac{期初固定资产数+期末固定资产数}{2}$$

固定资产周转率高，表明企业固定资产利用充分，同时也表明企业固定资产投资得当，固定资产结构合理，能够充分发挥效率。反之，如果固定资产周转率不高，则表明固定资产使用效率不高，提供的生产成果不多，企业的营运能力不强。运用固定资产周转率时，需要考虑固定资产净值因计提折旧而逐年减少、因更新重置而突然增加的影响；在不同企业间进行分析比较时，还要考虑采用不同折旧方法对净值的影响等。

【例 14】根据表 8－1、表 8－2 的数据资料，计算该企业 2013 年、2014 年的固定资产周转率。

计算如下：

$$2013\text{ 年固定资产周转次数}=\frac{409\ 205}{(15\ 107+15\ 701)\div 2}=26.56（次）$$

$$2013\text{ 年固定资产周转天数}=\frac{360}{26.56}=13.55（天）$$

$$2014\text{ 年固定资产周转次数}=\frac{336\ 262}{(15\ 701+14\ 601)\div 2}=22.19（次）$$

$$2014\text{ 年固定资产周转天数}=\frac{360}{22.19}=16.22（天）$$

以上计算表明，企业 2014 年固定资产周转率比 2013 年有所降低，固定资产使用效率下降。

三、总资产周转情况的分析

总资产周转率是指企业在一定时期营业收入与总资产平均余额的比率，反映了企业全部资产的管理质量和利用效率。其计算公式如下：

$$总资产周转次数=\frac{营业收入}{总资产平均余额}$$

$$总资产平均余额=\frac{期初总资产数+期末总资产数}{2}$$

一般情况下，该指标数值越高，资产周转速度越快，资产利用效率越高。如果这个比率较低，则说明企业利用全部资产进行经营的效率较差，最终会影响企业的获利能力。这样，企业就应该采取措施提高各项资产的利用程度，从而提高销售收入或处理多余资产。

【例 15】根据表 8－1、表 8－2 的数据资料，计算该企业 2013 年、2014 年的总资产周转率。

计算如下：

$$2013\text{ 年总资产周转次数}=\frac{409\ 205}{(356\ 009+360\ 800)\div 2}=1.14\text{（次）}$$

$$2013\text{ 年总资产周转天数}=\frac{360}{1.14}=315.79\text{（天）}$$

$$2014\text{ 年总资产周转次数}=\frac{336\ 262}{(360\ 800+344\ 506)\div 2}=0.95\text{（次）}$$

$$2014\text{ 年总资产周转天数}=\frac{360}{0.95}=378.95\text{（天）}$$

以上计算表明，企业2014年全部资产的周转率比2013年减慢，总资产的利用效率下降。

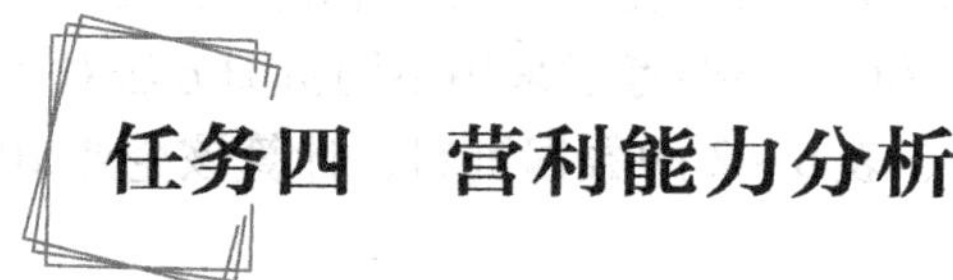

任务四　营利能力分析

营利能力是指企业获取利润的能力。利润是企业内外有关各方都关心的中心问题，是投资者取得投资收益、债权人收取本息的资金来源，是经营者经营业绩和管理效能的集中表现，也是职工集体福利设施不断完善的重要保障。因此，企业营利能力分析十分重要。

一、企业营利能力一般分析

反映企业营利能力的指标，主要有销售利润率、营业利润率、净资产收益率、总资产报酬率、成本费用利润率、盈余现金保障倍数等。

（一）销售利润率

销售利润率是企业利润总额与企业销售收入净额的比率。它反映企业销售收入中，企业为社会劳动新创价值所占的份额。其计算公式为：

$$\text{销售利润率}=\frac{\text{利润总额}}{\text{销售收入净额}}\times 100\%$$

该项比率越高，表明企业为社会新创价值越多，贡献越大，也反映企业在增产的同时，为企业多创造了利润，实现了增产增收。

【例16】已知该企业2013年、2014年销售收入净额为552 132万元、453 982万元。根据表8－2的数据资料，计算该企业2013年、2014年的销售利润率。

计算如下：

$$2013\text{ 年销售利润率：}\frac{41\ 686}{552\ 132}\times 100\%=7.55\%$$

$$2014\text{ 年销售利润率：}\frac{35\ 456}{453\ 982}\times 100\%=7.81\%$$

虽然2014年销售收入净额减少，但是销售利润率高于2013年。

（二）营业利润率

营业利润率是营业利润与营业收入的比率。该指标越高，表明企业主营业务的市场竞争力越强，发展潜力越大，获利能力越强。其计算公式为：

$$营业利润率=\frac{营业利润}{营业收入}\times100\%$$

从利润表来看，企业利润包括营业利润、利润总额和净利润三种形式。其中后两种形式包含着非营业利润因素，所以更能直接反映企业经营获利能力的指标是营业利润率。

【例17】根据表8-2的数据资料，计算该企业2013年、2014年的营业利润率。

计算如下：

$$2013年营业利润率：\frac{41\ 303}{409\ 205}\times100\%=10.09\%$$

$$2014年营业利润率：\frac{35\ 331}{336\ 262}\times100\%=10.51\%$$

虽然2014年营业收入、营业利润比2013年有所下降，但其营业利润率略高于2013年。

（三）净资产收益率

净资产收益率，是衡量企业营利能力的重要指标，是指企业一定时期内净利润与平均净资产的比率，该指标体现了自有资本获得净收益的能力。其计算公式为：

$$净资产收益率=\frac{净利润}{平均净资产}\times100\%$$

净资产即所有者权益，平均净资产是期初净资产与期末净资产的平均值。净资产收益率是评价企业自有资本及其累积获取报酬水平的最具有综合性和代表性的指标，充分反映了企业资本运营的综合效益，其通用性强，使用范围广，不受行业限制，在企业综合评价中使用率非常高，是评价企业资本运营效益的核心指标。该指标越高，说明投资带来的收益越高；该指标越低，说明企业所有者权益的获利能力越弱。

【例18】根据表8-1、表8-2的数据资料，计算该企业2013年、2014年的净资产收益率。

计算如下：

$$2013年净资产收益率：\frac{30\ 878}{(196\ 282+209\ 213)\div2}\times100\%=15.23\%$$

$$2014年净资产收益率：\frac{26\ 272}{(209\ 213+217\ 537)}\times100\%=12.31\%$$

2014年净资产收益率与2013年相比下降了2.92个百分点，企业所有者权益的获利能力有所减弱。

（四）总资产净利率

总资产净利率是指企业一定时期内获得的净利润与平均资产总额的百分比。该指标反映的是企业运用全部资产所获得利润的水平，即公司每占用1元的资产平均能获得多少元的利润。它是反映企业资产综合利用效果的指标，也是衡量企业利用债权和所有者权益总额所取得盈利的重要指标。其计算公式为：

$$总资产净利率=\frac{净利润}{平均资产总额}\times 100\%$$

平均资产总额为期初资产总额与期末资产总额的平均数。此项指标越高，表明资产利用的效益越好，整个企业获利能力越强，经营管理水平越高。

【例19】根据表8-1、表8-2的数据资料，计算该企业2013年、2014年的总资产净利率。

计算如下：

$$2013年总资产净利率：\frac{30\ 878}{(356\ 009+360\ 800)\div 2}\times 100\%=8.62\%$$

$$2014年总资产净利率：\frac{26\ 272}{(360\ 800+344\ 506)\div 2}\times 100\%=7.45\%$$

计算结果表明，企业资产综合利用效率2014年不如2013年，需要对企业资产的使用情况、增产节约工作开展情况等做进一步分析考察，以便改进管理，提高效益。

（五）成本费用利润率

成本费用利润率是指企业利润总额与成本费用总额的比率。它是反映企业生产经营过程中发生的耗费与获得的收益之间关系的指标，计算公式为：

$$成本费用利润率=\frac{利润总额}{成本费用总额}\times 100\%$$

该比率越高，表明企业耗费所取得的收益越高。这是一个能直接反映增收节支、增产节约效益的指标。企业生产销售的增加和费用开支的节约，都能使这一比率提高。

【例20】根据表8-2的数据资料，计算该企业2013年、2014年的总资产报酬率。

计算如下：

$$2013年成本费用利润率：\frac{41\ 686}{371\ 929}\times 100\%=11.21\%$$

$$2014年成本费用利润率：\frac{35\ 456}{307\ 540}\times 100\%=11.53\%$$

以上结果表明，该企业成本费用利润率2014年比2013年上升0.32%（11.53%-11.21%），企业成本费用下降，有关工作略有改进。

（六）盈余现金保障倍数

盈余现金保障倍数，又称利润现金保障倍数，是指企业一定时期经营现金净流量同净利润的比值，反映了企业当期净利润中现金收益的保障程度，真实地反映了企业盈余的质量。盈余现金保障倍数从现金流入和流出的动态角度，对企业收益的质量进行评价，对企业的实际收益能力再一次修正。其计算公式为：

$$盈余现金保障倍数=\frac{经营现金净流量}{净利润}\times 100\%$$

一般而言，若企业当期净利润大于0，该指标应大于1。该指标越大，表示企业经营活动产生的净利润对现金的贡献越大。但是，由于经营现金净流量变动较大，致使该指标的数值变动也较大，实际中应根据实际收益状况做针对性分析。

【例21】根据表8-2的数据资料，计算该企业2013年、2014年的盈余现金保障

倍数。

计算如下：

$$2013\text{ 年盈余现金保障倍数：}\frac{31\ 958}{30\ 878}\times 100\% = 103.50\%$$

$$2014\text{ 年盈余现金保障倍数：}\frac{5\ 682}{26\ 272}\times 100\% = 21.63\%$$

以上结果表明，该企业2014年盈余现金保障倍数与2013年相比大幅度下降，表示企业经营活动产生的净利润对现金的贡献减少。

二、股份公司税后利润分析

股份公司税后利润分析所用的指标很多，主要有每股收益、每股股利和市盈率。

（一）普通股每股收益

股份公司中的每股收益是指普通股每股税后利润。该指标中的利润是利润总额扣除应缴所得税的税后利润，如果发行了优先股还要扣除优先股应分的股利，然后除以普通股流通股数，即发行在外的普通股平均股数。其计算公式如下：

$$\text{普通股每股收益}=\frac{\text{归属于普通股股东的当期净利润}}{\text{当期普通股流通股数}}\times 100\%$$

$$=\frac{\text{税后利润（净利润）}-\text{优先股股利}}{\text{实际发行在外的普通股的加权平均数}}\times 100\%$$

【例22】根据表8-2资料，假定该公司未发行优先股，2013年、2014年普通股平均为35 905万股、35 989万股，则：

$$2013\text{ 年普通股每股收益为：}\frac{30\ 878}{35\ 905}\times 100\% = 0.86\text{（元/股）}$$

$$2014\text{ 年普通股每股收益为：}\frac{26\ 272}{35\ 989}\times 100\% = 0.73\text{（元/股）}$$

（二）每股股利

每股股利是企业股利总额与流通股数的比率。股利总额是用于对普通股分配现金股利的总额，流通股数是企业发行在外的普通股股份平均数。计算公式如下：

$$\text{普通股每股股利}=\frac{\text{支付现金股利总额}}{\text{普通股流通股数}}\times 100\%$$

每股股利是反映股份公司每一普通股获得股利多少的一个指标。每股股利的高低，一方面取决于企业获利能力的强弱，另一方面还受企业股利发放政策与利润分配需要的影响。如果企业为扩大再生产、增强企业的后劲而多留，则每股股利就少；反之，则多。

【例23】假定前述公司2014年决定发放股利总额为20 000万元，则每股股利为：

$$\frac{20\ 000}{35\ 989}\times 100\% = 0.56\text{（元/股）}$$

（三）市盈率

市盈率，又称价格—盈余比率，是普通股每股市场价格与每股收益的比率。它是反映股票盈利状况的重要指标，也是投资者对从某种股票获得一元利润所愿支付的价格。

计算公式如下：

$$市盈率=\frac{每股市价}{每股收益}\times 100\%$$

该项比率越高，表明投资者对公司未来充满信心，愿意为一元盈余多付多买，企业获利的潜力越大。反之，则表明企业的前景并不乐观。股票投资者通过对市盈率的比较，用作投资选择的参考。

【例24】假定前述公司普通股市场价格为23.5元，该股票每股利润为0.73元，则该企业的市盈率可计算如下：

$$\frac{23.5}{0.73}\times 100\% =32.19$$

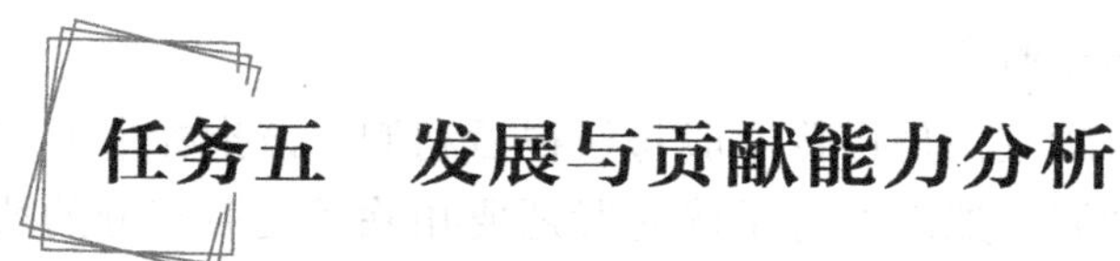

任务五　发展与贡献能力分析

一、发展能力分析

企业财务分析是一个动态与静态相结合的分析过程。所以，要全面衡量一个企业的价值，就不应该仅仅从静态的角度分析其经营能力，而更应该着眼于从动态的角度出发分析和预测企业的经营发展水平，即发展能力。

企业的发展能力，又称为企业的增长能力或成长能力，是企业在生存的基础上，扩大规模、壮大实力的潜在能力。从财务角度看，企业的发展必须具有可持续性的特征，即在不耗尽财务资源的情况下，企业财务具有增长的最大可能。考核企业的发展能力，可以抑制企业的短期行为，关注企业是否持续增长的问题，有利于完善现代企业制度。如果说以前任务讲的是企业现有价值，那么发展能力讲的就是企业未来价值。

发展能力分析常用的指标包括营业收入增长率、资本积累率、资本保值增值率等。

（一）营业收入增长率

营业收入增长率是指企业本期营业收入增加额同上期营业收入总额的比率，它表示与上期相比营业收入的增减变动情况，是评价企业成长状况和发展能力的重要指标。其计算公式为：

$$营业收入增长率=\frac{本期营业收入增长额}{上期营业收入总额}\times 100\%$$

市场是企业生存和发展的空间，客户是企业利润增长的源泉。一个企业的营业收入情况越好，市场所占份额越多，企业生存和发展的空间也就越大。相应地，企业的营业收入增长越快，说明企业生存和发展的能力提高越快。因此，可以用营业收入增长率来反映企业在营业收入方面发展的能力。营业收入增长率越高，说明企业产品收入在本期增长得越快，市场开拓和客户发展情况越好；反之则较差。

营业收入增长是企业收益增长的主要来源，也是企业价值增长的源泉。一个企业只有不

断开拓市场，保持稳定的市场份额，才能不断扩大收益，增加股东权益，同时为企业进一步扩大市场、开发新产品和进行技术改造提供资金来源，最终促进企业的进一步发展。

【例25】根据表8－2的数据资料，计算该企业2014年的营业收入增长率。

计算如下：

$$2014\text{ 年的营业收入增长率}=\frac{336\ 262-409\ 205}{409\ 205}\times 100\% = -17.83\%$$

（二）资本积累率

资本积累率是指企业本年所有者权益增长额同年初所有者权益总额的比率。资本积累率表示企业当年资本的积累能力，是评价企业发展潜力的重要指标。

$$\text{资本积累率}=\frac{\text{本年所有者权益增长额}}{\text{年初所有者权益总额}}\times 100\%$$

该指标越高，表明企业的资本积累越多，企业资本保全性越强，抵御风险、持续发展的能力越强；若指标小于0，则表明企业资本受到侵蚀，所有者权益受损，应充分重视，查找原因，解决问题。

【例26】根据表8－1的数据资料，计算该企业2014年的资本积累率。

计算如下：

$$2014\text{ 年的资本积累率}=\frac{217\ 537-209\ 213}{209\ 213}\times 100\% =3.98\%$$

（三）资本保值增值率

资本保值增值率是指企业本年末所有者权益扣除客观增减因素后同年初所有者权益的比率。

$$\text{资本保值增值率}=\frac{\text{扣除客观因素后的年末所有者权益总额}}{\text{年初所有者权益总额}}\times 100\%$$

该指标表示企业当年资本在企业自身的努力下的实际增减变动情况，是评价企业财务效益状况的辅助指标，反映了投资者投入企业资本的保全性和增长性。该指标越高，表明企业的资本保全状况越好，所有者权益增长越快，债权人的债务越有保障，企业发展后劲越强。

【例27】根据表8－1的数据资料，计算该企业2014年的资本保值增值率。

计算如下：

$$2014\text{ 年的资本保值增值率}=\frac{217\ 537}{209\ 213}\times 100\% =103.98\%$$

二、社会贡献能力分析

在现代经济社会，企业在追求自身营利能力不断增长的过程中，应该树立社会效益的观念，努力为社会做出应有的贡献。这种能力叫作社会贡献能力。企业对社会的贡献主要体现在：一是依法纳税。这是获得企业法人资格及合法权益的前提。二是履行法定的社会责任。主要评价指标有两个：社会贡献率和社会积累率。

（一）社会贡献率

社会贡献率是企业社会贡献总额与平均资产总额的比值。它反映了企业占用社会经济资源所产生的社会经济效益大小，是社会进行资源有效配置的基本依据。其计算公式为：

$$社会贡献率=\frac{企业社会贡献总额}{平均资产总额}\times 100\%$$

社会贡献总额包括：工资（含奖金、津贴等工资性收入）、劳保退休统筹及其他社会福利支出、利息支出净额、应交或已交的各项税款、附加及福利等。

（二）社会积累率

社会积累率是企业上交的各项财政收入与企业社会贡献总额的比值。其计算公式为：

$$社会积累率=\frac{上交国家财政总额}{企业社会贡献总额}\times 100\%$$

上交的财政收入总额包括企业依法向财政交纳的各项税款，如增值税、所得税、产品销售税金及附加、其他税款等。

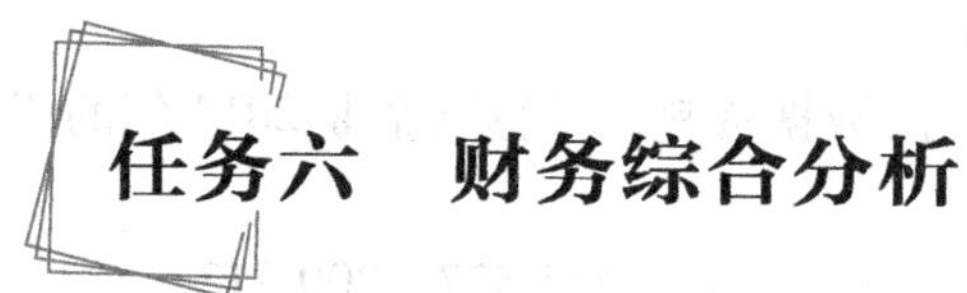

任务六　财务综合分析

单独分析任何一项财务指标或一张会计报表，都难以全面评价企业的财务状况和经营成果，要想对企业财务状况和经营成果有一个总的评价，就必须进行相互关联的分析，采用适当的标准进行综合性的评价。因此，必须对企业财务状况做综合分析。综合分析的主要方法有杜邦分析法和财务比率综合评价法。

一、杜邦分析法

前述对企业偿债能力分析、营运能力分析、营利能力分析，可以就企业某一方面的财务活动做出评价，但是，企业的各种财务活动、各项财务指标是相互联系着的，并且相互影响，必须结合起来加以研究。因此，进行财务分析应该将企业财务活动看作是一个大系统，对系统内的相互依存、相互作用的各种因素进行综合分析。杜邦分析法就是利用各个主要财务比率指标之间的内在联系，来综合分析企业财务状况的方法。这种方法系由美国杜邦公司最先采用的，故称杜邦分析法。利用这种方法可把各种财务指标间的关系绘制成杜邦分析图，如图 8－1 所示。

杜邦分析图中，包含以下几种主要的指标关系：

$$\begin{aligned}净资产收益率&=总资产净利率\times权益乘数（权益总资产率）\\&=营业净利率\times总资产周转率\times权益乘数\end{aligned}$$

按照各指标的含义，代入上面的公式即：

$$\begin{aligned}\frac{净利润}{平均净资产}&=\frac{净利润}{资产总额}\times\frac{资产总额}{所有者权益总额}\\&=\frac{净利润}{营业收入}\times\frac{营业收入}{资产总额}\times\frac{资产总额}{所有者权益总额}\end{aligned}$$

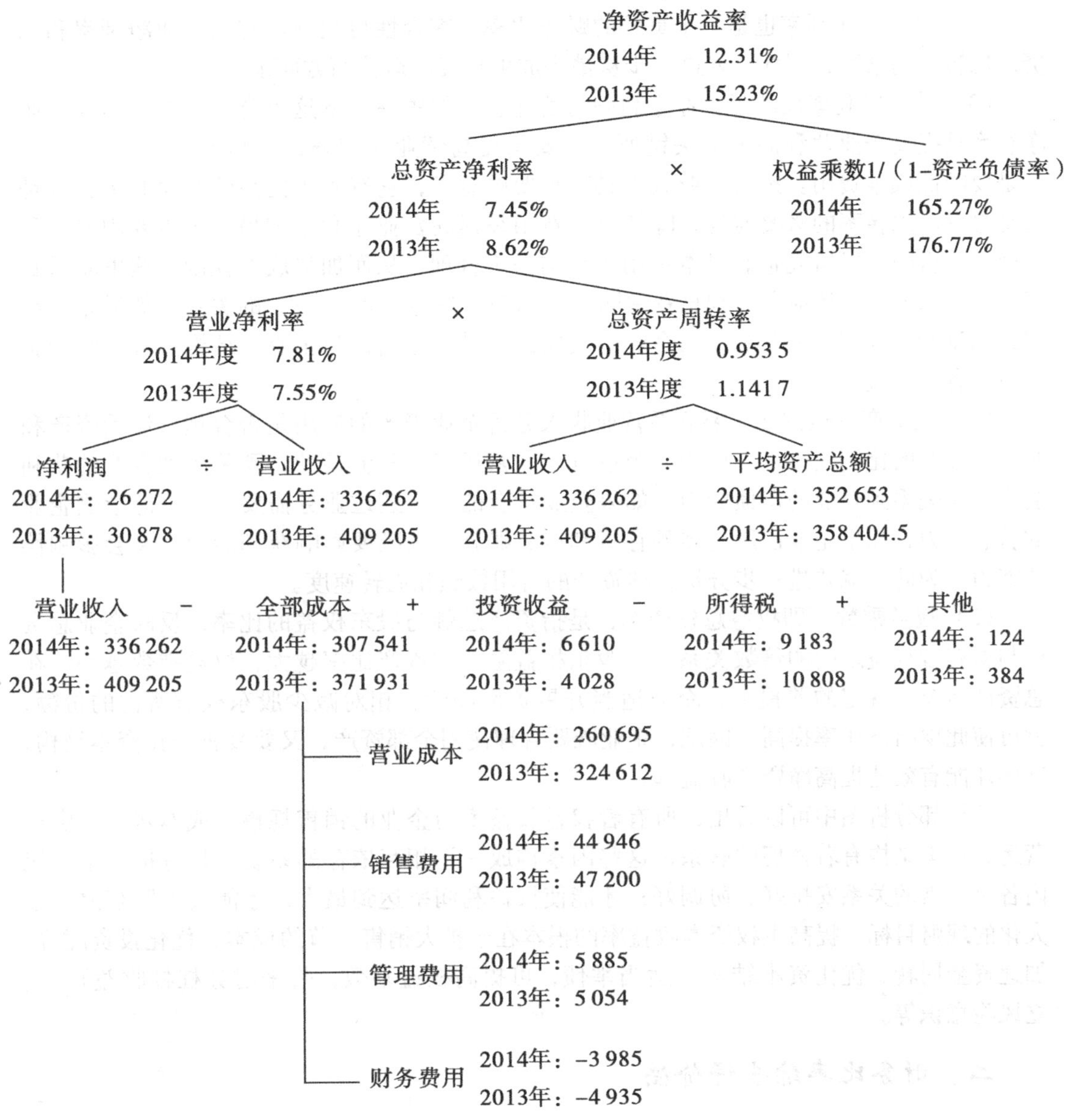

净资产收益率
2014年 12.31%
2013年 15.23%

总资产净利率 × 权益乘数1/（1-资产负债率）

总资产净利率
2014年 7.45%
2013年 8.62%

权益乘数1/（1-资产负债率）
2014年 165.27%
2013年 176.77%

营业净利率 × 总资产周转率

营业净利率
2014年度 7.81%
2013年度 7.55%

总资产周转率
2014年度 0.953 5
2013年度 1.141 7

净利润 ÷ 营业收入

净利润
2014年：26 272
2013年：30 878

营业收入
2014年：336 262
2013年：409 205

营业收入 ÷ 平均资产总额

营业收入
2014年：336 262
2013年：409 205

平均资产总额
2014年：352 653
2013年：358 404.5

营业收入 − 全部成本 + 投资收益 − 所得税 + 其他

营业收入
2014年：336 262
2013年：409 205

全部成本
2014年：307 541
2013年：371 931

投资收益
2014年：6 610
2013年：4 028

所得税
2014年：9 183
2013年：10 808

其他
2014年：124
2013年：384

营业成本
2014年：260 695
2013年：324 612

销售费用
2014年：44 946
2013年：47 200

管理费用
2014年：5 885
2013年：5 054

财务费用
2014年：-3 985
2013年：-4 935

图 8－1　杜邦财务分析体系

杜邦分析法是对企业财务状况的综合分析。它通过几种主要的财务指标之间的关系，全面系统地反映出企业的财务状况。杜邦分析图可以提供下列主要的财务指标关系。

（1）净资产收益率，即所有者权益收益率，是一个综合性最强的财务比率，是杜邦系统的核心。其他各项指标都是围绕这一核心指标，通过研究彼此之间的依存关系来揭示公司的获利能力及其前因后果。财务管理的目标是使所有者财富最大化，净资产收益率反映所有者投入资金的获利能力，反映企业筹资、投资、资产运营等活动的效率，提高净资产收益率是所有者财富最大化的基本保证。所以，所有者、经营者都十分关心这一财务指标，净资产收益率的高低，取决于总资产净利率和权益乘数的水平。

（2）总资产净利率也是一个重要的财务比率，综合性也较强。它是营业净利率和总资产周转率的乘积，因此，要进一步从销售成果和资产运营两方面来分析。

（3）营业净利率反映了企业净利润与营业收入的关系，从这个意义上看，提高营业净利率是提高企业营利能力的关键所在。要想提高营业净利率，一是要扩大营业收入，二是要降低成本费用。扩大营业收入具有重要的意义，它有利于提高营业净利率，也是提高总资产周转率的必要前提。降低成本费用是提高营业净利率的另一个重要因素，利用杜邦分析图可以研究企业成本费用的结构是否合理，从而加强成本控制。这里联系到资本结构来分析，还应研究利息费用同利润总额（或息税前利润）的关系，如果企业承担的利息费用太多，就需要查明企业的负债比率是否过高，防止资本结构不合理影响企业所有者的收益。

（4）在资产营运方面，要联系营业收入分析企业资产的使用是否合理，流动资产和非流动资产的比例安排是否恰当。企业资产的营运能力和流动性，既关系到企业的获利能力，又关系到企业的偿债能力。如果企业持有的现金超过业务需要，就可能影响企业的获利能力；如果企业占用过多的存货和应收账款，则既要影响获利能力，又会影响偿债能力。为此，就要进一步分析各项资产的占用数额和周转速度。

（5）权益乘数，即权益总资产率，是指资产总额与股东权益的比率，反映企业总资产与所有者权益之间的倍数关系，由股东权益融资的资产比率越大，权益乘数越小。在总资产需要量既定的前提下，企业适当开展负债经营，相对减少股东权益所占的份额，就可使此项财务比率提高。因此，企业既要合理使用全部资产，又要妥善安排资本结构，这样才能有效地提高净资产收益率。

从杜邦分析图中可以看出，所有者权益收益率与企业的销售规模、成本水平、资产营运、资本结构有着密切的联系，这些因素构成一个相互依存的系统。只有把这个系统内各个因素的关系安排好、协调好，才能使权益利润率达到最大，才能实现股东财富最大化的理财目标。提高主权资本收益率的根本在于扩大销售、节约成本、优化投资配置、加速资金周转、优化资本结构（适当举债，可提高权益乘数，带来财务杠杆收益）、确立风险意识等。

二、财务比率综合评价法

为了进行综合的财务分析，可以编制财务比率汇总表，将反映偿债能力、营运能力、获利能力和发展能力的比率进行分类，得出各方面的情况。

每项财务比率分别反映着企业某一方面的情况。为了能对企业财务状况进行总的评价，可以在这些财务比率中选择若干重要的指标，并分别给定其在总评价中占的比重，总和为 100 分，然后确定各项比率指标的标准值，再以实际比率与确定的标准比率相比较，评出每项指标的得分，最后求出总比分。这种方法称为财务比率综合评价法。综合评价法常采用的一种方法称为指数法。评价指标通常由反映企业财务效益状况、资产营运状况、偿债能力状况和发展能力状况四个方面内容的基本指标、修正指标和评议指标三层次的指标构成。

其操作步骤如下：

（1）选定评价企业财务状况的财务比率。

（2）根据各项财务比率的重要程度，确定其标准评分值。

（3）规定各财务比率评分值的上限和下限。

（4）确定各项财务比率的标准值。

（5）计算企业在一定时期财务比率的实际值。

（6）计算出各项比率实际值与标准值的比率。

（7）计算出各项财务比率的实际得分。

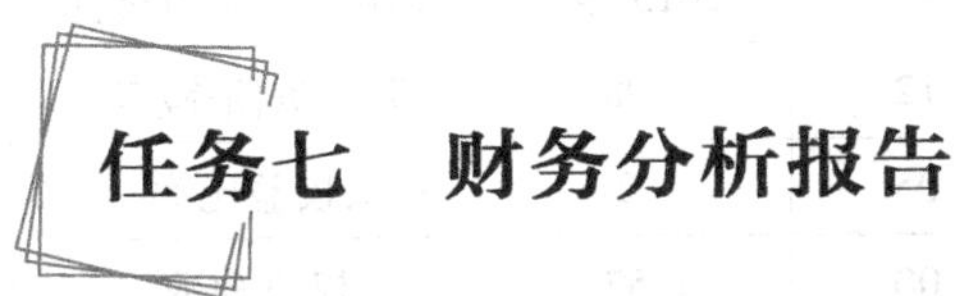

任务七 财务分析报告

财务分析报告是企业依据会计报表、财务分析表及经营活动和财务活动所提供的丰富、重要的信息及其内在联系，运用一定的科学分析方法，对企业的经营特征，利润实现及其分配情况，资金增减变动和周转利用情况，税金缴纳情况，存货、固定资产等主要财产物资的盘盈、盘亏、毁损等变动情况及对本期或下期财务状况将发生重大影响的事项做出客观、全面、系统的分析和评价，并进行必要的科学预测而形成的书面报告。

财务分析报告按其内容、范围不同，可分为综合分析报告、专题分析报告和简要分析报告。财务分析报告主要包括下列五个方面的内容。

第一部分提要段，即概括公司综合情况，让财务报告接受者对财务分析说明的主题有一个总括的认识。

第二部分说明段，是对公司运营及财务现状的介绍。该部分要求文字表述恰当，数据引用准确。对经济指标进行说明时可适当运用绝对数、比较数及复合指标数。特别要关注公司当前运作上的重心，对重要事项要单独反映。公司在不同阶段、不同月份的工作重点有所不同，所需要的财务分析重点也不同。如公司正进行新产品的投产、市场开发，则公司各阶层需要对新产品的成本、回款、利润数据进行财务分析。

第三部分分析段，是对公司的经营情况进行分析研究。报告在说明问题的同时还要分析问题，寻找问题的原因和症结，以达到解决问题的目的。财务分析一定要有理有据，要细化分解各项指标，因为有些报表的数据是比较含糊和笼统的，要善于运用表格、图示，突出表达分析的内容。分析问题一定要善于抓住当前要点，多反映公司经营焦点和易于忽视的问题。

第四部分评价段。做出财务说明和分析后，对于经营情况、财务状况、盈利业绩，应该从财务角度给予公正、客观的评价和预测。财务评价不能运用似是而非、可进可退、左右摇摆等不负责任的语言。评价要从正面和负面两方面进行。评价既可以单独分段进行，也可以将评价内容穿插在说明部分和分析部分。

第五部分建议段。即财务人员在对经营运作、投资决策进行分析后形成的意见和看法，特别是对运作过程中存在的问题所提出的改进建议。

案例分析

案例导入中给出了广州友谊集团2013年、2014年的有关财务报表信息，可以利用本项目财务分析的方法和指标对广州友谊集团财务经营情况做出较全面的分析和评价。

1．偿债能力分析

表8－4

短期偿债能力指标	2014年	2013年	长期偿债能力指标	2014年	2013年
流动比率	2.12	1.98	资产负债率/%	36.86	42.01
速动比率	1.05	1.2	股东权益比率/%	63.14	57.99
现金比率	1.00	1.57	权益乘数	165.27	176.77
现金流动负债比率	0.05	0.21	产权比率/%	58.37	72.46

从短期偿债能力指标来看，该企业这两年的流动比率接近2：1，较合理；2014年速动比率、现金比率与2013年相比有所下降，说明2014年短期偿债能力有所减弱，但更加接近合理比例，即2014年现金类资产运用得更有效，提高了资金的使用效率。所以，公司保持了较好的短期偿债能力。

该企业连续两年的负债比率均不高，2014年负债率更是下降到36.86%，这说明企业长期偿债能力较强，债权人每1元债权有2元以上的资产作为抵偿的后盾。这种比率有利于增强债权人对企业出借资金的信心。负债比率较低还表明企业可在资本利润率、负债利息率、增加负债所增加的风险之间进行权衡，适当增加对债权人资金的利用，提高企业的营利水平。该企业两年负债与股东权益比率较高，同资产负债率的计算结果可相互印证，表明企业的长期偿债能力较强，债权人的保障程度较高。

整体来看，该企业保持了较好的偿债能力。

2．营运能力分析

表8－5　广州友谊（000987）年度营运能力指标

营运能力指标	2014年	2013年
应收账款周转次数/次	3 502.73	3 354.14
应收账款周转天数/天	0.10	0.11
存货周转次数/次	15.95	16.46
存货周转天数/天	22.57	21.87
流动资产周转次数/次	1.19	1.34
流动资产周转天数/天	302.52	268.66
固定资产周转次数/次	22.19	26.56
固定资产周转天数/天	16.22	13.55
总资产周转次数/次	0.95	1.14
总资产周转天数/天	378.95	315.79

营运能力体现了企业运用资产的能力，资产运用效率高，则可以用较少的投入获取较高的收益。相比2013年，2014年企业的存货周转率、流动资产周转率、固定资产周转率和总资产周转率都有所下降，说明企业的存货、流动资产、固定资产等营运能力有所下降，大量营运资金过多地停止在存货上。因为该企业是综合性商业公司，其主要经营业务是以现金形式交易的商品零售，应收账款较少，所以，企业应更加重视和关注存货的周转情况。

3．营利能力分析

表8－6　广州友谊（000987）年度营利能力指标

营利能力指标	2014年	2013年
销售净利率/%	7.81	7.55
营业利润率/%	10.51	10.09
净资产收益率/%	12.31	15.23
总资产净利率/%	7.45	8.62
成本费用利润率/%	11.53	11.21
盈余现金保障倍数/%	21.63	103.50

销售净利率、营业利润率和成本费用利润率指标同比增加，说明商品销售收入净额、营业收入的获利能力有所上升，企业耗费成本所取得的收益有所增加。但净资产收益率与资产报酬率同比减少，说明资产的利用效率在降低。盈余现金保障倍数同比大幅度下降，表示企业经营活动产生的净利润对现金的贡献减少。

4．成长能力分析

表8－7　广州友谊（000987）年度成长能力指标

成长能力指标	2014年	2013年
营业收入增长率/%	－17.83	－8.26
净利润增长率/%	－14.92	－19.07
净资产增长率/%	3.98	6.59
总资产增长率/%	－4.52	1.35
资本保值增值率/%	103.98	106.59

2014年，该企业除了净资产略有增长外，营业收入、净利润大幅度下降，总资产也是负增长，与2013年的指标相比，成长能力继续下降。这说明该企业销售收入减少、净利润减少，企业生存和发展的空间缩小，未来面临较大的市场压力；企业虽然实现了净资产的保值增值，但资本积累幅度很小，企业资本抵御外来风险、持续发展的能力减弱。

5．综合分析——杜邦分析法

杜邦财务分析体系以净资产收益率为龙头，以资产净利率和权益乘数为核心，重点揭示企业获利能力，资产投资收益能力及权益乘数对净资产收益率的影响，以及各相关指标间的相互影响作用关系。

杜邦分析法中涉及的几种主要财务指标关系为：

净资产收益率 = 总资产净利率 × 权益乘数

总资产净利率 = 营业净利率 × 总资产周转率

净资产收益率 = 营业净利率 × 总资产周转率 × 权益乘数

广州友谊的杜邦分析数据如图 8 – 1 所示，数据分析结果如下：

（1）净资产收益率是一个综合性很强的与公司财务管理目标相关性最大的指标，而净资产收益率由公司的营业净利率、总资产周转率和权益乘数所决定。从上面数据可以看出，与 2013 年相比，广州友谊 2014 年的净资产收益率降低，说明企业的自有资本获利能力下降，财务风险增大。

（2）权益乘数主要受资产负债率影响。负债比率越大，权益乘数越高，说明企业有较高的负债程度，给企业带来较多的杠杆利益，同时也给企业带来了较多的风险。该公司权益乘数较小，说明广州友谊负债程度较低，企业风险较小。

（3）营业净利率反映了企业净利润与营业收入的关系，从这个意义上来说，提高营业净利率是提高企业营利能力的关键所在。要想提高营业净利率，一是要扩大营业收入，二是要降低成本费用。广州友谊 2014 年的营业净利率略有上升，说明该企业的营利能力有所提高；但是，该企业 2014 年的资产周转速度减慢，资产的利用程度下降。最终，销售成果和资产运营两者共同作用的结果使企业的总资产收益率下降。

综上所述，只有把这个系统内各个因素的关系安排好、协调好，才能使净资产收益率达到最大，实现股东财富最大化的理财目标。广州友谊提高主权资本收益率的根本在于扩大销售、控制成本费用、加速资金周转（提高资金使用效率，特别是存货的周转率）、优化资本结构（适当举债，可提高权益乘数，带来财务杠杆收益）、确立风险意识等。

职业能力训练

一、单项选择题

1. 一般而言，平均收现期越短，应收账款周转率则（　　）。

A. 不变　　B. 越低　　C. 越高　　D. 波动越大

2. 下列衡量指标不属于短期偿债能力指标的是（　　）。

A. 流动比率　　B. 资产负债率　　C. 速动比率　　D. 现金比率

3. 关于权益乘数指标的正确计算方法是（　　）。

A. 资产总额/负债总额　　B. 1 + 股权比率

C. （1/股权比率） – 1　　D. 1 + 产权比率

4. 杜邦分析体系的源头和核心指标是（　　）。

A. 权益收益率　　B. 资产净利率　　C. 权益乘数　　D. 总资产收益率

5. 若企业占用过多的存货和应收账款，一般不会直接影响企业的（　　）。

A. 资金周转　　B. 获利能力　　C. 偿债能力　　D. 长期资本结构

6. 某企业去年的营业净利率为 5.73%，资产周转率为 2.17%；今年营业净利率为 4.88%，资产周转率为 2.88%。若两年的资产负债率相同，则今年的净资产收益率与去

年相比的变化趋势是（　　）。

A. 下降　　B. 不变　　C. 上升　　D. 难以确定

二、多项选择题

1. 下列各项中，可能直接影响企业净资产收益率指标的措施有（　　）。

A. 提高销售净利润率　　B. 提高资产负债率

C. 提高资产周转率　　D. 提高流动比率

2. 下列有关反映企业状况的财务指标的表述中，正确的有（　　）。

A. 已获利息倍数提高，说明企业支付债务利息的能力降低

B. 应收账款周转率提高，说明企业信用销售严格

C. 净资产收益率越高，说明企业所有者权益的获利能力越弱

D. 净资产收益率越高，说明企业所有者权益的获利能力越强

3. 某公司当年的经营利润很多，却不能偿还到期债务。为查清其原因，应检查的财务比率包括（　　）。

A. 资产负债率　　B. 流动比率

C. 存货周转率　　D. 应收账款周转率

4. 影响速动比率的因素有（　　）。

A. 应收账款　　B. 库存商品　　C. 原材料　　D. 应付票据

5. 影响息税前利润率的因素有（　　）。

A. 净利润　　B. 所得税　　C. 利息　　D. 资产平均总额

6. 在企业效绩评价规则中，用于评价发展能力状况的基本指标有（　　）。

A. 营业收入增长率　　B. 资本积累率

C. 资本保值增值率　　D. 固定资产成新率

三、简答题

1. 进行财务分析运用比较法和比率分析法要注意哪些问题？

2. 偿债能力分析要应用哪些财务比率指标？如何进行计算？

3. 营运能力分析要应用哪些财务比率指标？如何进行计算？

4. 营利能力分析要应用哪些财务比率指标？如何进行计算？

5. 发展能力分析要应用哪些财务比率指标？如何进行计算？

6. 试用计算公式说明杜邦分析法中主要的指标关系。

7. 财务比率综合评价法的计算过程是怎样的？

四、案例分析题

资料一：已知利华公司的有关资料如下：

存货期初数 200 万元，期末数 260 万元；流动负债期初数 160 万元，期末数 240 万元；速动比率期初数 0.8；流动比率期末数 1.8；本期总资产周转率 1.5 次；本期总资产平均数 1 000 万元。

1. 根据资料一，要求（计算结果保留两位小数）：

（1）计算该公司流动资产的期初数和期末数；

（2）计算该公司本期营业收入；

（3）计算该公司本期流动资产平均余额和流动资产周转率；

（4）如果又已知：本期的营业净利率5.5%，权益乘数2，计算该公司本期的总资产净利率和净资产收益率。

资料二：利华公司2014年12月31日的资产负债表（简表）如表8－8所示。

表8－8 利华公司资产负债表（简表）

2014年12月31日　　单位：万元

资产	期末数	负债及所有者权益	期末数
货币资金	300	应收账款	300
应收账款	900	应付票据	600
存货	1 800	长期借款	2 700
固定资产	2 100	实收资本	1 200
无形资产	300	留存收益	600
资产合计	5 400	负债及所有者权益合计	5 400

该企业2014年的营业收入为6 000万元，营业净利润为10%，净利润的50%分配给投资者。预计2015年的营业收入比2014年增长25%，为此需要增加固定资产200万元，增加无形资产100万元。根据有关情况分析，该企业流动资产项目和流动负债项目将随营业收入同比例增减。假定该企业2015年的营业净利率和利润分配政策与2014年保持一致，该年度长期借款不发生变化；2015年年末固定资产和无形资产合计为2 700万元。2015年该企业需要增加的对外筹集的资金由投资者增加投入解决。

2．根据资料二，要求：

（1）计算2015年需要增加的营运资金额；

（2）预测2015年需要增加的对外筹集的资金额（不考虑计提法定盈余公积金的因素；以前年度的预留收益均已指定用途）；

（3）预测2015年年末的流动资产额、流动负债额、资产总额、负债总额和所有者权益总额；

（4）预测2015年的速动比率和产权比率；

（5）预测2015年的流动资产周转次数和总资产周转次数；

（6）预测2015年的净资产收益率；

（7）预测2015年的资本积累率。

附录

1. 复利终值系数表

n	1%	2%	3%	4%	5%	6%	7%	8%	9%	10%	11%	12%	13%	14%	15%
1	1.010 0	1.020 0	1.030 0	1.040 0	1.050 0	1.060 0	1.070 0	1.080 0	1.090 0	1.100 0	1.110 0	1.120 0	1.130 0	1.140 0	1.150 0
2	1.020 1	1.040 4	1.060 9	1.081 6	1.102 5	1.123 6	1.144 9	1.166 4	1.188 1	1.210 0	1.232 1	1.254 4	1.276 9	1.299 6	1.322 5
3	1.030 3	1.061 2	1.092 7	1.124 9	1.157 6	1.191 0	1.225 0	1.259 7	1.295 0	1.331 0	1.367 6	1.404 9	1.442 9	1.481 5	1.520 9
4	1.040 6	1.082 4	1.125 5	1.169 9	1.215 5	1.262 5	1.310 8	1.360 5	1.411 6	1.464 1	1.518 1	1.573 5	1.630 5	1.689 0	1.749 0
5	1.051 0	1.104 1	1.159 3	1.216 7	1.276 3	1.338 2	1.402 6	1.469 3	1.538 6	1.610 5	1.685 1	1.762 3	1.842 4	1.925 4	2.011 4
6	1.061 5	1.126 2	1.194 1	1.265 3	1.340 1	1.418 5	1.500 7	1.586 9	1.677 1	1.771 6	1.870 4	1.973 8	2.082 0	2.195 0	2.313 1
7	1.072 1	1.148 7	1.229 9	1.315 9	1.407 1	1.503 6	1.605 8	1.713 8	1.828 0	1.948 7	2.076 2	2.210 7	2.352 6	2.502 3	2.660 0
8	1.082 9	1.171 7	1.266 8	1.368 6	1.477 5	1.593 8	1.718 2	1.850 9	1.992 6	2.143 6	2.304 5	2.476 0	2.658 4	2.852 6	3.059 0
9	1.093 7	1.195 1	1.304 8	1.423 3	1.551 3	1.689 5	1.838 5	1.999 0	2.171 9	2.357 9	2.558 0	2.773 1	3.004 0	3.251 9	3.517 9
10	1.104 6	1.219 0	1.343 9	1.480 2	1.628 9	1.790 8	1.967 2	2.158 9	2.367 4	2.593 7	2.839 4	3.105 8	3.394 6	3.707 2	4.045 6
11	1.115 7	1.243 4	1.384 2	1.539 5	1.710 3	1.898 3	2.104 9	2.331 6	2.580 4	2.853 1	3.151 8	3.478 6	3.835 9	4.226 2	4.652 4
12	1.126 8	1.268 2	1.425 8	1.601 0	1.795 9	2.012 2	2.252 2	2.518 2	2.812 7	3.138 4	3.498 5	3.896 0	4.334 5	4.817 9	5.350 3
13	1.138 1	1.293 6	1.468 5	1.665 1	1.885 6	2.132 9	2.409 8	2.719 6	3.065 8	3.452 3	3.883 3	4.363 5	4.898 0	5.492 4	6.152 8
14	1.149 5	1.319 5	1.512 6	1.731 7	1.979 9	2.260 9	2.578 5	2.937 2	3.341 7	3.797 5	4.310 4	4.887 1	5.534 8	6.261 3	7.075 7
15	1.161 0	1.345 9	1.558 0	1.800 9	2.078 9	2.396 6	2.759 0	3.172 2	3.642 5	4.177 2	4.784 6	5.473 6	6.254 3	7.137 9	8.137 1

续上表

n	1%	2%	3%	4%	5%	6%	7%	8%	9%	10%	11%	12%	13%	14%	15%
16	1. 172 6	1. 372 8	1. 604 7	1. 873 0	2. 182 9	2. 540 4	2. 952 2	3. 425 9	3. 970 3	4. 595 0	5. 310 9	6. 130 4	7. 067 3	8. 137 2	9. 357 6
17	1. 184 3	1. 400 2	1. 652 8	1. 947 9	2. 292 0	2. 692 8	3. 158 8	3. 700 0	4. 327 6	5. 054 5	5. 895 1	6. 866 0	7. 986 1	9. 276 5	10. 761 3
18	1. 196 1	1. 428 2	1. 702 4	2. 025 8	2. 406 6	2. 854 3	3. 379 9	3. 996 0	4. 717 1	5. 559 9	6. 543 6	7. 690 0	9. 024 3	10. 575 2	12. 375 5
19	1. 208 1	1. 456 8	1. 753 5	2. 106 8	2. 527 0	3. 025 6	3. 616 5	4. 315 7	5. 141 7	6. 115 9	7. 263 3	8. 612 8	10. 197 4	12. 055 7	14. 231 8
20	1. 220 2	1. 485 9	1. 806 1	2. 191 1	2. 653 3	3. 207 1	3. 869 7	4. 661 0	5. 604 4	6. 727 5	8. 062 3	9. 646 3	11. 523 1	13. 743 5	16. 366 5
21	1. 232 4	1. 515 7	1. 860 3	2. 278 8	2. 786 0	3. 399 6	4. 140 6	5. 033 8	6. 108 8	7. 400 2	8. 949 2	10. 803 8	13. 021 1	15. 667 6	18. 821 5
22	1. 244 7	1. 546 0	1. 916 1	2. 369 9	2. 925 3	3. 603 5	4. 430 4	5. 436 5	6. 658 6	8. 140 3	9. 933 6	12. 100 3	14. 713 8	17. 861 0	21. 644 7
23	1. 257 2	1. 576 9	1. 973 6	2. 464 7	3. 071 5	3. 819 7	4. 740 5	5. 871 5	7. 257 9	8. 954 3	11. 026 3	13. 552 3	16. 626 6	20. 361 6	24. 891 5
24	1. 269 7	1. 608 4	2. 032 8	2. 563 3	3. 225 1	4. 048 9	5. 072 4	6. 341 2	7. 911 1	9. 849 7	12. 239 2	15. 178 6	18. 788 1	23. 212 2	28. 625 2
25	1. 282 4	1. 640 6	2. 093 8	2. 665 8	3. 386 4	4. 291 9	5. 427 4	6. 848 5	8. 623 1	10. 834 7	13. 585 5	17. 000 1	21. 230 5	26. 461 9	32. 919 0
26	1. 295 3	1. 673 4	2. 156 6	2. 772 5	3. 555 7	4. 549 4	5. 807 4	7. 396 4	9. 399 2	11. 918 2	15. 079 9	19. 040 1	23. 990 5	30. 166 6	37. 856 8
27	1. 308 2	1. 706 9	2. 221 3	2. 883 4	3. 733 5	4. 822 3	6. 213 9	7. 988 1	10. 245 1	13. 110 0	16. 738 7	21. 324 9	27. 109 3	34. 389 9	43. 535 3
28	1. 321 3	1. 741 0	2. 287 9	2. 998 7	3. 920 1	5. 111 7	6. 648 8	8. 627 1	11. 167 1	14. 421 0	18. 579 9	23. 883 9	30. 633 5	39. 204 5	50. 065 6
29	1. 334 5	1. 775 8	2. 356 6	3. 118 7	4. 116 1	5. 418 4	7. 114 3	9. 317 3	12. 172 2	15. 863 1	20. 623 7	26. 749 9	34. 615 8	44. 693 1	57. 575 5
30	1. 347 8	1. 811 4	2. 427 3	3. 243 4	4. 321 9	5. 743 5	7. 612 3	10. 062 7	13. 267 7	17. 449 4	22. 892 3	29. 959 9	39. 115 9	50. 950 2	66. 211 8

续上表

n	16%	17%	18%	19%	20%	21%	22%	23%	24%	25%	26%	27%	28%	29%	30%
1	1. 160 0	1. 170 0	1. 180 0	1. 190 0	1. 200 0	1. 210 0	1. 220 0	1. 230 0	1. 240 0	1. 250 0	1. 260 0	1. 270 0	1. 280 0	1. 290 0	1. 300 0
2	1. 345 6	1. 368 9	1. 392 4	1. 416 1	1. 440 0	1. 464 1	1. 488 4	1. 512 9	1. 537 6	1. 562 5	1. 587 6	1. 612 9	1. 638 4	1. 664 1	1. 690 0
3	1. 560 9	1. 601 6	1. 643 0	1. 685 2	1. 728 0	1. 771 6	1. 815 8	1. 860 9	1. 906 6	1. 953 1	2. 000 4	2. 048 4	2. 097 2	2. 146 7	2. 197 0
4	1. 810 6	1. 873 9	1. 938 8	2. 005 3	2. 073 6	2. 143 6	2. 215 3	2. 288 9	2. 364 2	2. 441 4	2. 520 5	2. 601 4	2. 684 4	2. 769 2	2. 856 1
5	2. 100 3	2. 192 4	2. 287 8	2. 386 4	2. 488 3	2. 593 7	2. 702 7	2. 815 3	2. 931 6	3. 051 8	3. 175 8	3. 3038	3. 436 0	3. 572 3	3. 712 9
6	2. 436 4	2. 565 2	2. 699 6	2. 839 8	2. 986 0	3. 138 4	3. 297 3	3. 462 8	3. 635 2	3. 814 7	4. 001 5	4. 195 9	4. 398 0	4. 608 3	4. 826 8
7	2. 826 2	3. 001 2	3. 185 5	3. 379 3	3. 583 2	3. 797 5	4. 022 7	4. 259 3	4. 507 7	4. 768 4	5. 041 9	5. 328 8	5. 629 5	5. 944 7	6. 274 9
8	3. 278 4	3. 511 5	3. 758 9	4. 021 4	4. 299 8	4. 595 0	4. 907 7	5. 238 9	5. 589 5	5. 960 5	6. 352 8	6. 767 5	7. 205 8	7. 668 6	8. 157 3
9	3. 803 0	4. 108 4	4. 435 5	4. 785 4	5. 159 8	5. 559 9	5. 987 4	6. 443 9	6. 931 0	7. 450 6	8. 004 5	8. 594 8	9. 223 4	9. 892 5	10. 604 5
10	4. 411 4	4. 806 8	5. 233 8	5. 694 7	6. 191 7	6. 727 5	7. 304 6	7. 925 9	8. 594 4	9. 313 2	10. 085 7	10. 915 3	11. 805 9	12. 761 4	13. 785 8
11	5. 117 3	5. 624 0	6. 175 9	6. 776 7	7. 430 1	8. 140 3	8. 911 7	9. 748 9	10. 657 1	11. 641 5	12. 708 0	13. 862 5	15. 111 6	16. 462 2	17. 921 6
12	5. 936 0	6. 580 1	7. 287 6	8. 064 2	8. 916 1	9. 849 7	10. 872 2	11. 991 2	13. 214 8	14. 551 9	16. 012 0	17. 605 3	19. 342 8	21. 236 2	23. 298 1
13	6. 885 8	7. 698 7	8. 599 4	9. 596 4	10. 699 3	11. 918 2	13. 264 1	14. 749 1	16. 386 3	18. 189 9	20. 175 2	22. 358 8	24. 758 8	27. 394 7	30. 287 5
14	7. 987 5	9. 007 5	10. 147 2	11. 419 8	12. 839 2	14. 421 0	16. 182 2	18. 141 4	20. 319 1	22. 737 4	25. 420 7	28. 395 7	31. 691 3	35. 339 1	39. 373 8
15	9. 265 5	10. 538 7	11. 973 7	13. 589 5	15. 407 0	17. 449 4	19. 742 3	22. 314 0	25. 195 6	28. 421 7	32. 030 1	36. 062 5	40. 564 8	45. 587 5	51. 185 9
16	10. 748 0	12. 330 3	14. 129 0	16. 171 5	18. 488 4	21. 113 8	24. 085 6	27. 446 2	31. 242 6	35. 527 1	40. 357 9	45. 799 4	51. 923 0	58. 807 9	66. 541 7

续上表

n	16%	17%	18%	19%	20%	21%	22%	23%	24%	25%	26%	27%	28%	29%	30%
17	12. 467 7	14. 426 5	16. 672 2	19. 244 1	22. 186 1	25. 547 7	29. 384 4	33. 758 8	38. 740 8	44. 408 9	50. 851 0	58. 165 2	66. 461 4	75. 862 1	86. 504 2
18	14. 462 5	16. 879 0	19. 673 3	22. 900 5	26. 623 3	30. 912 7	35. 849 0	41. 523 3	48. 038 6	55. 511 2	64. 072 2	73. 869 8	85. 070 6	97. 862 2	112. 455 4
19	16. 776 5	19. 748 4	23. 214 4	27. 251 6	31. 948 0	37. 404 3	43. 735 8	51. 073 7	59. 567 9	69. 388 9	80. 731 0	93. 814 7	108. 890 4	126. 242 2	146. 192 0
20	19. 460 8	23. 105 6	27. 393 0	32. 429 4	38. 337 6	45. 259 3	53. 357 6	62. 820 6	73. 864 1	86. 736 2	101. 721 1	119. 144 6	139. 379 7	162. 852 4	190. 049 6
21	22. 574 5	27. 033 6	32. 323 8	38. 591 0	46. 005 1	54. 763 7	65. 096 3	77. 269 4	91. 591 5	108. 420 2	128. 168 5	151. 313 7	178. 406 0	210. 079 6	247. 064 5
22	26. 186 4	31. 629 3	38. 142 1	45. 923 3	55. 206 1	66. 264 1	79. 417 5	95. 041 3	113. 573 5	135. 525 3	161. 492 4	192. 168 3	228. 359 6	271. 002 7	321. 183 9
23	30. 376 2	37. 006 2	45. 007 6	54. 648 7	66. 247 4	80. 179 5	96. 889 4	116. 900 8	140. 831 2	169. 406 6	203. 480 4	244. 053 8	292. 300 3	349. 593 5	417. 539 1
24	35. 236 4	43. 297 3	53. 109 0	65. 032 0	79. 496 8	97. 017 2	118. 205 0	143. 788 0	174. 630 6	211. 758 2	256. 385 3	309. 948 3	374. 144 4	450. 975 6	542. 800 8
25	40. 874 2	50. 657 8	62. 668 6	77. 388 1	95. 396 2	117. 390 9	144. 210 1	176. 859 3	216. 542 0	264. 697 8	323. 045 4	393. 634 4	478. 904 9	581. 758 5	705. 641 0
26	47. 414 1	59. 269 7	73. 949 0	92. 091 8	114. 475 5	142. 042 9	175. 936 4	217. 536 9	268. 512 1	330. 872 2	407. 037 3	499. 915 7	612. 998 2	750. 468 5	917. 333 3
27	55. 000 4	69. 345 5	87. 259 8	109. 589 3	137. 370 6	171. 871 9	214. 642 4	267. 570 4	332. 955 0	413. 590 3	512. 867 0	634. 892 9	784. 637 7	968. 104 4	1 192. 533 3
28	63. 800 4	81. 134 2	102. 966 6	130. 411 2	164. 844 7	207. 965 1	261. 863 7	329. 111 5	412. 864 2	516. 987 9	646. 212 4	806. 314 0	1 004. 336 3	1 248. 854 6	1 550. 293 3
29	74. 008 5	94. 927 1	121. 500 5	155. 189 3	197. 813 6	251. 637 7	319. 473 7	404. 807 2	511. 951 6	646. 234 9	814. 227 6	1 024. 018 7	1 285. 550 4	1 611. 022 5	2 015. 381 3
30	85. 849 9	111. 064 7	143. 370 6	184. 675 3	237. 376 3	304. 481 6	389. 757 9	497. 912 9	634. 819 9	807. 793 6	1 025. 926 7	1 300. 503 8	1 645. 504 6	2 078. 219 0	2 619. 995 6

2. 复利现值系数表

n	1%	2%	3%	4%	5%	6%	7%	8%	9%	10%	11%	12%	13%	14%	15%
1	0. 990 1	0. 980 4	0. 970 9	0. 961 5	0. 952 4	0. 943 4	0. 934 6	0. 925 9	0. 917 4	0. 909 1	0. 900 9	0. 892 9	0. 885	0. 877 2	0. 869 6
2	0. 980 3	0. 961 2	0. 942 6	0. 924 6	0. 907	0. 89	0. 873 4	0. 857 3	0. 841 7	0. 826 4	0. 811 6	0. 797 2	0. 783 1	0. 769 5	0. 756 1
3	0. 970 6	0. 942 3	0. 915 1	0. 889	0. 863 8	0. 839 6	0. 816 3	0. 793 8	0. 772 2	0. 751 3	0. 731 2	0. 711 8	0. 693 1	0. 675	0. 657 5
4	0. 961 0	0. 923 8	0. 888 5	0. 854 8	0. 822 7	0. 792 1	0. 762 9	0. 735	0. 708 4	0. 683	0. 658 7	0. 635 5	0. 613 3	0. 592 1	0. 571 8
5	0. 951 5	0. 905 7	0. 862 6	0. 821 9	0. 783 5	0. 747 3	0. 713	0. 680 6	0. 649 9	0. 620 9	0. 593 5	0. 567 4	0. 542 8	0. 519 4	0. 497 2
6	0. 942 0	0. 888 0	0. 837 5	0. 790 3	0. 746 2	0. 705 0	0. 666 3	0. 630 2	0. 596 3	0. 564 5	0. 534 6	0. 506 6	0. 480 3	0. 455 6	0. 432 3
7	0. 932 7	0. 870 6	0. 813 1	0. 759 9	0. 710 7	0. 665 1	0. 622 7	0. 583 5	0. 547 0	0. 513 2	0. 481 7	0. 452 3	0. 425 1	0. 399 6	0. 375 9
8	0. 923 5	0. 853 5	0. 789 4	0. 730 7	0. 676 8	0. 627 4	0. 582 0	0. 540 3	0. 501 9	0. 466 5	0. 433 9	0. 403 9	0. 376 2	0. 350 6	0. 326 9
9	0. 914 3	0. 836 8	0. 766 4	0. 702 6	0. 644 6	0. 591 9	0. 543 9	0. 500 2	0. 460 4	0. 424 1	0. 390 9	0. 360 6	0. 332 9	0. 307 5	0. 284 3
10	0. 905 3	0. 820 3	0. 744 1	0. 675 6	0. 613 9	0. 558 4	0. 508 3	0. 463 2	0. 422 4	0. 385 5	0. 352 2	0. 322 0	0. 294 6	0. 269 7	0. 247 2
11	0. 896 3	0. 804 3	0. 722 4	0. 649 6	0. 584 7	0. 526 8	0. 475 1	0. 428 9	0. 387 5	0. 350 5	0. 317 3	0. 287 5	0. 260 7	0. 236 6	0. 214 9
12	0. 887 4	0. 788 5	0. 701 4	0. 624 6	0. 556 8	0. 497 0	0. 444 0	0. 397 1	0. 355 5	0. 318 6	0. 285 8	0. 256 7	0. 230 7	0. 207 6	0. 186 9
13	0. 878 7	0. 773 0	0. 681 0	0. 600 6	0. 530 3	0. 468 8	0. 415 0	0. 367 7	0. 326 2	0. 289 7	0. 257 5	0. 229 2	0. 204 2	0. 182 1	0. 162 5
14	0. 870 0	0. 757 9	0. 661 1	0. 577 5	0. 505 1	0. 442 3	0. 387 8	0. 340 5	0. 299 2	0. 263 3	0. 232 0	0. 204 6	0. 180 7	0. 159 7	0. 141 3
15	0. 861 3	0. 743 0	0. 641 9	0. 555 3	0. 481 0	0. 417 3	0. 362 4	0. 315 2	0. 274 5	0. 239 4	0. 209 0	0. 182 7	0. 159 9	0. 140 1	0. 122 9
16	0. 852 8	0. 728 4	0. 623 2	0. 533 9	0. 458 1	0. 393 6	0. 338 7	0. 291 9	0. 2519	0. 217 6	0. 188 3	0. 163 1	0. 141 5	0. 122 9	0. 106 9

续上表

n	1%	2%	3%	4%	5%	6%	7%	8%	9%	10%	11%	12%	13%	14%	15%
17	0. 844 4	0. 714 2	0. 605 0	0. 513 4	0. 436 3	0. 371 4	0. 316 6	0. 270 3	0. 231 1	0. 197 8	0. 169 6	0. 145 6	0. 125 2	0. 107 8	0. 092 9
18	0. 836 0	0. 700 2	0. 587 4	0. 493 6	0. 415 5	0. 350 3	0. 295 9	0. 250 2	0. 212 0	0. 179 9	0. 152 8	0. 130 0	0. 110 8	0. 094 6	0. 080 8
19	0. 827 7	0. 686 4	0. 570 3	0. 474 6	0. 395 7	0. 330 5	0. 276 5	0. 231 7	0. 194 5	0. 163 5	0. 137 7	0. 116 1	0. 098 1	0. 082 9	0. 070 3
20	0. 819 5	0. 673 0	0. 553 7	0. 456 4	0. 376 9	0. 311 8	0. 258 4	0. 214 5	0. 178 4	0. 148 6	0. 124 0	0. 103 7	0. 086 8	0. 072 8	0. 061 1
21	0. 811 4	0. 659 8	0. 537 5	0. 438 8	0. 358 9	0. 294 2	0. 241 5	0. 198 7	0. 163 7	0. 135 1	0. 111 7	0. 092 6	0. 076 8	0. 063 8	0. 053 1
22	0. 803 4	0. 646 8	0. 521 9	0. 422 0	0. 341 8	0. 277 5	0. 225 7	0. 183 9	0. 150 2	0. 122 8	0. 100 7	0. 082 6	0. 068 0	0. 056 0	0. 046 2
23	0. 795 4	0. 634 2	0. 506 7	0. 405 7	0. 325 6	0. 261 8	0. 210 9	0. 170 3	0. 137 8	0. 111 7	0. 090 7	0. 073 8	0. 060 1	0. 049 1	0. 040 2
24	0. 787 6	0. 621 7	0. 491 9	0. 390 1	0. 310 1	0. 247 0	0. 197 1	0. 157 7	0. 126 4	0. 101 5	0. 081 7	0. 065 9	0. 053 2	0. 043 1	0. 034 9
25	0. 779 8	0. 609 5	0. 477 6	0. 375 1	0. 295 3	0. 233 0	0. 184 2	0. 146 0	0. 116 0	0. 092 3	0. 073 6	0. 058 8	0. 047 1	0. 037 8	0. 030 4
26	0. 772 0	0. 597 6	0. 463 7	0. 360 7	0. 281 2	0. 219 8	0. 172 2	0. 135 2	0. 106 4	0. 083 9	0. 066 3	0. 052 5	0. 041 7	0. 033 1	0. 026 4
27	0. 764 4	0. 585 9	0. 450 2	0. 346 8	0. 267 8	0. 207 4	0. 160 9	0. 125 2	0. 097 6	0. 076 3	0. 059 7	0. 046 9	0. 036 9	0. 029 1	0. 023 0
28	0. 756 8	0. 574 4	0. 437 1	0. 333 5	0. 255 1	0. 195 6	0. 150 4	0. 115 9	0. 089 5	0. 069 3	0. 053 8	0. 041 9	0. 032 6	0. 025 5	0. 020 0
29	0. 749 3	0. 563 1	0. 424 3	0. 320 7	0. 242 9	0. 184 6	0. 140 6	0. 107 3	0. 082 2	0. 063 0	0. 048 5	0. 037 4	0. 028 9	0. 022 4	0. 017 4
30	0. 741 9	0. 552 1	0. 412 0	0. 308 3	0. 231 4	0. 174 1	0. 131 4	0. 099 4	0. 075 4	0. 057 3	0. 043 7	0. 033 4	0. 025 6	0. 019 6	0. 015 1

续上表

n	16%	17%	18%	19%	20%	21%	22%	23%	24%	25%	26%	27%	28%	29%	30%
1	0. 862 1	0. 854 7	0. 847 5	0. 840 3	0. 833 3	0. 826 4	0. 819 7	0. 813	0. 806 5	0. 8	0. 793 7	0. 787 4	0. 781 3	0. 775 2	0. 769 2
2	0. 743 2	0. 730 5	0. 718 2	0. 706 2	0. 694 4	0. 683	0. 671 9	0. 661	0. 650 4	0. 64	0. 629 9	0. 62	0. 610 4	0. 600 9	0. 591 7
3	0. 640 7	0. 624 4	0. 608 6	0. 593 4	0. 578 7	0. 564 5	0. 550 7	0. 537 4	0. 524 5	0. 512	0. 499 9	0. 488 2	0. 476 8	0. 465 8	0. 455 2
4	0. 552 3	0. 533 7	0. 515 8	0. 498 7	0. 482 3	0. 466 5	0. 451 4	0. 436 9	0. 423	0. 409 6	0. 396 8	0. 384 4	0. 372 5	0. 361 1	0. 350 1
5	0. 476 1	0. 456 1	0. 437 1	0. 419	0. 401 9	0. 385 5	0. 37	0. 355 2	0. 341 1	0. 327 7	0. 314 9	0. 302 7	0. 291	0. 279 9	0. 269 3
6	0. 410 4	0. 389 8	0. 370 4	0. 352 1	0. 334 9	0. 318 6	0. 303 3	0. 288 8	0. 275 1	0. 262 1	0. 249 9	0. 238 3	0. 227 4	0. 217 0	0. 207 2
7	0. 353 8	0. 333 2	0. 313 9	0. 295 9	0. 279 1	0. 263 3	0. 248 6	0. 234 8	0. 221 8	0. 209 7	0. 198 3	0. 187 7	0. 177 6	0. 168 2	0. 159 4
8	0. 305 0	0. 284 8	0. 266 0	0. 248 7	0. 232 6	0. 217 6	0. 203 8	0. 190 9	0. 178 9	0. 167 8	0. 157 4	0. 147 8	0. 138 8	0. 130 4	0. 122 6
9	0. 263 0	0. 243 4	0. 225 5	0. 209 0	0. 193 8	0. 179 9	0. 167 0	0. 155 2	0. 144 3	0. 134 2	0. 124 9	0. 116 4	0. 108 4	0. 101 1	0. 094 3
10	0. 226 7	0. 208 0	0. 191 1	0. 175 6	0. 161 5	0. 148 6	0. 136 9	0. 126 2	0. 116 4	0. 107 4	0. 099 2	0. 091 6	0. 084 7	0. 078 4	0. 072 5
11	0. 195 4	0. 177 8	0. 161 9	0. 147 6	0. 134 6	0. 122 8	0. 112 2	0. 102 6	0. 093 8	0. 085 9	0. 078 7	0. 072 1	0. 066 2	0. 060 7	0. 055 8
12	0. 168 5	0. 152 0	0. 137 2	0. 124 0	0. 112 2	0. 101 5	0. 092 0	0. 083 4	0. 075 7	0. 068 7	0. 062 5	0. 056 8	0. 051 7	0. 047 1	0. 042 9
13	0. 145 2	0. 129 9	0. 116 3	0. 104 2	0. 093 5	0. 083 9	0. 075 4	0. 067 8	0. 061 0	0. 055 0	0. 049 6	0. 044 7	0. 040 4	0. 036 5	0. 033 0
14	0. 125 2	0. 111 0	0. 098 5	0. 087 6	0. 077 9	0. 069 3	0. 061 8	0. 055 1	0. 049 2	0. 044 0	0. 039 3	0. 035 2	0. 031 6	0. 028 3	0. 025 4
15	0. 107 9	0. 094 9	0. 083 5	0. 073 6	0. 064 9	0. 057 3	0. 050 7	0. 044 8	0. 039 7	0. 035 2	0. 031 2	0. 027 7	0. 024 7	0. 021 9	0. 019 5
16	0. 093 0	0. 081 1	0. 070 8	0. 061 8	0. 054 1	0. 047 4	0. 041 5	0. 036 4	0. 032 0	0. 028 1	0. 024 8	0. 021 8	0. 019 3	0. 017 0	0. 015 0

续上表

n	16%	17%	18%	19%	20%	21%	22%	23%	24%	25%	26%	27%	28%	29%	30%
17	0. 080 2	0. 069 3	0. 060 0	0. 052 0	0. 045 1	0. 039 1	0. 034 0	0. 029 6	0. 025 8	0. 022 5	0. 019 7	0. 017 2	0. 015 0	0. 013 2	0. 011 6
18	0. 069 1	0. 059 2	0. 050 8	0. 043 7	0. 037 6	0. 032 3	0. 027 9	0. 024 1	0. 020 8	0. 018 0	0. 015 6	0. 013 5	0. 011 8	0. 010 2	0. 008 9
19	0. 059 6	0. 050 6	0. 043 1	0. 036 7	0. 031 3	0. 026 7	0. 022 9	0. 019 6	0. 016 8	0. 014 4	0. 012 4	0. 010 7	0. 009 2	0. 007 9	0. 006 8
20	0. 051 4	0. 043 3	0. 036 5	0. 030 8	0. 026 1	0. 022 1	0. 018 7	0. 015 9	0. 013 5	0. 011 5	0. 009 8	0. 008 4	0. 007 2	0. 006 1	0. 005 3
21	0. 044 3	0. 037 0	0. 030 9	0. 025 9	0. 021 7	0. 018 3	0. 015 4	0. 012 9	0. 010 9	0. 009 2	0. 007 8	0. 006 6	0. 005 6	0. 004 8	0. 004 0
22	0. 038 2	0. 031 6	0. 026 2	0. 021 8	0. 018 1	0. 015 1	0. 012 6	0. 010 5	0. 008 8	0. 007 4	0. 006 2	0. 005 2	0. 004 4	0. 003 7	0. 003 1
23	0. 032 9	0. 027 0	0. 022 2	0. 018 3	0. 015 1	0. 012 5	0. 010 3	0. 008 6	0. 007 1	0. 005 9	0. 004 9	0. 004 1	0. 003 4	0. 002 9	0. 002 4
24	0. 028 4	0. 023 1	0. 018 8	0. 015 4	0. 012 6	0. 010 3	0. 008 5	0. 007 0	0. 005 7	0. 004 7	0. 003 9	0. 003 2	0. 002 7	0. 002 2	0. 001 8
25	0. 024 5	0. 019 7	0. 016 0	0. 012 9	0. 010 5	0. 008 5	0. 006 9	0. 005 7	0. 004 6	0. 003 8	0. 003 1	0. 002 5	0. 002 1	0. 001 7	0. 001 4
26	0. 021 1	0. 016 9	0. 013 5	0. 010 9	0. 008 7	0. 007 0	0. 005 7	0. 004 6	0. 003 7	0. 003 0	0. 002 5	0. 002 0	0. 001 6	0. 001 3	0. 001 1
27	0. 018 2	0. 014 4	0. 011 5	0. 009 1	0. 007 3	0. 005 8	0. 004 7	0. 003 7	0. 003 0	0. 002 4	0. 001 9	0. 001 6	0. 001 3	0. 001 0	0. 000 8
28	0. 015 7	0. 012 3	0. 009 7	0. 007 7	0. 006 1	0. 004 8	0. 003 8	0. 003 0	0. 002 4	0. 001 9	0. 001 5	0. 001 2	0. 001 0	0. 000 8	0. 000 6
29	0. 013 5	0. 010 5	0. 008 2	0. 006 4	0. 005 1	0. 004 0	0. 003 1	0. 002 5	0. 002 0	0. 001 5	0. 001 2	0. 001 0	0. 000 8	0. 000 6	0. 000 5
30	0. 011 6	0. 009 0	0. 007 0	0. 005 4	0. 004 2	0. 003 3	0. 002 6	0. 002 0	0. 001 6	0. 001 2	0. 001 0	0. 000 8	0. 000 6	0. 000 5	0. 000 4

3. 年金终值系数表

n	1%	2%	3%	4%	5%	6%	7%	8%	9%	10%	11%	12%	13%	14%	15%
1	1.000 0	1.000 0	1.000 0	1.000 0	1.000 0	1.000 0	1.000 0	1.000 0	1.000 0	1.000 0	1.000 0	1.000 0	1.000 0	1.000 0	1.000 0
2	2.010 0	2.020 0	2.030 0	2.040 0	2.050 0	2.060 0	2.070 0	2.080 0	2.090 0	2.100 0	2.110 0	2.120 0	2.130 0	2.140 0	2.150 0
3	3.030 1	3.060 4	3.090 9	3.121 6	3.152 5	3.183 6	3.214 9	3.246 4	3.278 1	3.310 0	3.342 1	3.374 4	3.406 9	3.439 6	3.472 5
4	4.060 4	4.121 6	4.183 6	4.246 5	4.310 1	4.374 6	4.439 9	4.506 1	4.573 1	4.641 0	4.709 7	4.779 3	4.849 8	4.921 1	4.993 4
5	5.101 0	5.204 0	5.309 1	5.416 3	5.525 6	5.637 1	5.750 7	5.866 6	5.984 7	6.105 1	6.227 8	6.352 8	6.480 3	6.610 1	6.742 4
6	6.152 0	6.308 1	6.468 4	6.633 0	6.801 9	6.975 3	7.153 3	7.335 9	7.523 3	7.715 6	7.912 9	8.115 2	8.322 7	8.535 5	8.753 7
7	7.213 5	7.434 3	7.662 5	7.898 3	8.142 0	8.393 8	8.654 0	8.922 8	9.200 4	9.487 2	9.783 3	10.089 0	10.404 7	10.730 5	11.066 8
8	8.285 7	8.583 0	8.892 3	9.214 2	9.549 1	9.897 5	10.259 8	10.636 6	11.028 5	11.435 9	11.859 4	12.299 7	12.757 3	13.232 8	13.726 8
9	9.368 5	9.754 6	10.159 1	10.582 8	11.026 6	11.491 3	11.978 0	12.487 6	13.021 0	13.579 5	14.164 0	14.775 7	15.415 7	16.085 3	16.785 8
10	10.462 2	10.949 7	11.463 9	12.006 1	12.577 9	13.180 8	13.816 4	14.486 6	15.192 9	15.937 4	16.722 0	17.548 7	18.419 7	19.337 3	20.303 7
11	11.566 8	12.168 7	12.807 8	13.486 4	14.206 8	14.971 6	15.783 6	16.645 5	17.560 3	18.531 2	19.561 4	20.654 6	21.814 3	23.044 5	24.349 3
12	12.682 5	13.412 1	14.192 0	15.025 8	15.917 1	16.869 9	17.888 5	18.977 1	20.140 7	21.384 3	22.713 2	24.133 1	25.650 2	27.270 7	29.001 7
13	13.809 3	14.680 3	15.617 8	16.626 8	17.713 0	18.882 1	20.140 6	21.495 3	22.953 4	24.522 7	26.211 6	28.029 1	29.984 7	32.088 7	34.351 9
14	14.947 4	15.973 9	17.086 3	18.291 9	19.598 6	21.015 1	22.550 5	24.214 9	26.019 2	27.975 0	30.094 9	32.392 6	34.882 7	37.581 1	40.504 7
15	16.096 9	17.293 4	18.598 9	20.023 6	21.578 6	23.276 0	25.129 0	27.152 1	29.360 9	31.772 5	34.405 4	37.279 7	40.417 5	43.842 4	47.580 4
16	17.257 9	18.639 3	20.156 9	21.824 5	23.657 5	25.672 5	27.888 1	30.324 3	33.003 4	35.949 7	39.189 9	42.753 3	46.671 7	50.980 4	55.717 5

续上表

n	1%	2%	3%	4%	5%	6%	7%	8%	9%	10%	11%	12%	13%	14%	15%
17	18. 430 4	20. 012 1	21. 761 6	23. 697 5	25. 840 4	28. 212 9	30. 840 2	33. 750 2	36. 973 7	40. 544 7	44. 500 8	48. 883 7	53. 739 1	59. 117 6	65. 075 1
18	19. 614 7	21. 412 3	23. 414 4	25. 645 4	28. 132 4	30. 905 7	33. 999 0	37. 450 2	41. 301 3	45. 599 2	50. 395 9	55. 749 7	61. 725 1	68. 394 1	75. 836 4
19	20. 810 9	22. 840 6	25. 116 9	27. 671 2	30. 539 0	33. 760 0	37. 379 0	41. 446 3	46. 018 5	51. 159 1	56. 939 5	63. 439 7	70. 749 4	78. 969 2	88. 211 8
20	22. 019 0	24. 297 4	26. 870 4	29. 778 1	33. 066 0	36. 785 6	40. 995 5	45. 762 0	51. 160 1	57. 275 0	64. 202 8	72. 052 4	80. 946 8	91. 024 9	102. 443 6
21	23. 239 2	25. 783 3	28. 676 5	31. 969 2	35. 719 3	39. 992 7	44. 865 2	50. 422 9	56. 764 5	64. 002 5	72. 265 1	81. 698 7	92. 469 9	104. 768 4	118. 810 1
22	24. 471 6	27. 299 0	30. 536 8	34. 248 0	38. 505 2	43. 392 3	49. 005 7	55. 456 8	62. 873 3	71. 402 7	81. 214 3	92. 502 6	105. 491 0	120. 436 0	137. 631 6
23	25. 716 3	28. 845 0	32. 452 9	36. 617 9	41. 430 5	46. 995 8	53. 436 1	60. 893 3	69. 531 9	79. 543 0	91. 147 9	104. 602 9	120. 204 8	138. 297 0	159. 276 4
24	26. 973 5	30. 421 9	34. 426 5	39. 082 6	44. 502 0	50. 815 6	58. 176 7	66. 764 8	76. 789 8	88. 497 3	102. 174 2	118. 155 2	136. 831 5	158. 658 6	184. 167 8
25	28. 243 2	32. 030 3	36. 459 3	41. 645 9	47. 727 1	54. 864 5	63. 249 0	73. 105 9	84. 700 9	98. 347 1	114. 413 3	133. 333 9	155. 619 6	181. 870 8	212. 793 0
26	29. 525 6	33. 670 9	38. 553 0	44. 311 7	51. 113 5	59. 156 4	68. 676 5	79. 954 4	93. 324 0	109. 181 8	127. 998 8	150. 333 9	176. 850 1	208. 332 7	245. 712 0
27	30. 820 9	35. 344 3	40. 709 6	47. 084 2	54. 669 1	63. 705 8	74. 483 8	87. 350 8	102. 723 1	121. 099 9	143. 078 6	169. 374 0	200. 840 6	238. 499 3	283. 568 8
28	32. 129 1	37. 051 2	42. 930 9	49. 967 6	58. 402 6	68. 528 1	80. 697 7	95. 338 8	112. 968 2	134. 209 9	159. 817 3	190. 698 9	227. 949 9	272. 889 2	327. 104 1
29	33. 450 4	38. 792 2	45. 218 9	52. 966 3	62. 322 7	73. 639 8	87. 346 5	103. 965 9	124. 135 4	148. 630 9	178. 397 2	214. 582 8	258. 583 4	312. 093 7	377. 169 7
30	34. 784 9	40. 568 1	47. 575 4	56. 084 9	66. 438 8	79. 058 2	94. 460 8	113. 283 2	136. 307 5	164. 494 0	199. 020 9	241. 332 7	293. 199 2	356. 786 8	434. 745 1

续上表

n	16%	17%	18%	19%	20%	21%	22%	23%	24%	25%	26%	27%	28%	29%	30%
1	1. 000 0	1. 000 0	1. 000 0	1. 000 0	1. 000 0	1. 000 0	1. 000 0	1. 000 0	1. 000 0	1. 000 0	1. 000 0	1. 000 0	1. 000 0	1. 000 0	1. 000 0
2	2. 160 0	2. 170 0	2. 180 0	2. 190 0	2. 200 0	2. 210 0	2. 220 0	2. 230 0	2. 240 0	2. 250 0	2. 260 0	2. 270 0	2. 280 0	2. 290 0	2. 300 0
3	3. 505 6	3. 538 9	3. 572 4	3. 606 1	3. 640 0	3. 674 1	3. 708 4	3. 742 9	3. 777 6	3. 812 5	3. 847 6	3. 882 9	3. 918 4	3. 954 1	3. 990 0
4	5. 066 5	5. 140 5	5. 215 4	5. 291 3	5. 368 0	5. 445 7	5. 524 2	5. 603 8	5. 684 2	5. 765 6	5. 848 0	5. 931 3	6. 015 6	6. 100 8	6. 187 0
5	6. 877 1	7. 014 4	7. 154 2	7. 296 6	7. 441 6	7. 589 2	7. 739 6	7. 892 6	8. 048 4	8. 207 0	8. 368 4	8. 532 7	8. 699 9	8. 870 0	9. 043 1
6	8. 977 5	9. 206 8	9. 442 0	9. 683 0	9. 929 9	10. 183 0	10. 442 3	10. 707 9	10. 980 1	11. 258 8	11. 544 2	11. 836 6	12. 135 9	12. 442 3	12. 756 0
7	11. 413 9	11. 772 0	12. 141 5	12. 522 7	12. 915 9	13. 321 4	13. 739 6	14. 170 8	14. 615 3	15. 073 5	15. 545 8	16. 032 4	16. 533 9	17. 050 6	17. 582 8
8	14. 240 1	14. 773 3	15. 327 0	15. 902 0	16. 499 1	17. 118 9	17. 762 3	18. 430 0	19. 122 9	19. 841 9	20. 587 6	21. 361 2	22. 163 4	22. 995 3	23. 857 7
9	17. 518 5	18. 284 7	19. 085 9	19. 923 4	20. 798 9	21. 713 9	22. 670 0	23. 669 0	24. 712 5	25. 802 3	26. 940 4	28. 128 7	29. 369 2	30. 663 9	32. 015 0
10	21. 321 5	22. 393 1	23. 521 3	24. 708 9	25. 958 7	27. 273 8	28. 657 4	30. 112 8	31. 643 4	33. 252 9	34. 944 9	36. 723 5	38. 592 6	40. 556 4	42. 619 5
11	25. 732 9	27. 199 9	28. 755 1	30. 403 5	32. 150 4	34. 001 3	35. 962 0	38. 038 8	40. 237 9	42. 566 1	45. 030 6	47. 638 8	50. 398 5	53. 317 8	56. 405 3
12	30. 850 2	32. 823 9	34. 931 1	37. 180 2	39. 580 5	42. 141 6	44. 873 7	47. 787 7	50. 895 0	54. 207 7	57. 738 6	61. 501 3	65. 510 0	69. 780 0	74. 327 0
13	36. 786 2	39. 404 0	42. 218 7	45. 244 5	48. 496 6	51. 991 3	55. 745 9	59. 778 8	64. 109 7	68. 759 6	73. 750 6	79. 106 6	84. 852 9	91. 016 1	97. 625 0
14	43. 672 0	47. 102 7	50. 818 0	54. 840 9	59. 195 9	63. 909 5	69. 010 0	74. 528 0	80. 496 1	86. 949 5	93. 925 8	101. 465 4	109. 611 7	118. 410 8	127. 912 5
15	51. 659 5	56. 110 1	60. 965 3	66. 260 7	72. 035 1	78. 330 5	85. 192 2	92. 669 4	100. 815 1	109. 686 8	119. 346 5	129. 861 1	141. 302 9	153. 750 0	167. 286 3
16	60. 925 0	66. 648 8	72. 939 0	79. 850 2	87. 442 1	95. 779 9	104. 934 5	114. 983 4	126. 010 8	138. 108 5	151. 376 6	165. 923 6	181. 867 7	199. 337 4	218. 472 2

续上表

n	16%	17%	18%	19%	20%	21%	22%	23%	24%	25%	26%	27%	28%	29%	30%
17	71.673 0	78.979 2	87.068 0	96.021 8	105.930 6	116.893 7	129.020 1	142.429 5	157.253 4	173.635 7	191.734 5	211.723 0	233.790 7	258.145 3	285.013 9
18	84.140 7	93.405 6	103.740 3	115.265 9	128.116 7	142.441 3	158.404 5	176.188 3	195.994 2	218.044 6	242.585 5	269.888 2	300.252 1	334.007 4	371.518 0
19	98.603 2	110.284 6	123.413 5	138.166 4	154.740 0	173.354 0	194.253 5	217.711 6	244.032 8	273.555 8	306.657 7	343.758 0	385.322 7	431.869 6	483.973 4
20	115.379 7	130.032 9	146.628 0	165.418 0	186.688 0	210.758 4	237.989 3	268.785 3	303.600 6	342.944 7	387.388 7	437.572 6	494.213 1	558.111 8	630.165 5
21	134.840 5	153.138 5	174.021 0	197.847 4	225.025 6	256.017 6	291.346 9	331.605 9	377.464 8	429.680 9	489.109 8	556.717 3	633.592 7	720.964 2	820.215 1
22	157.415 0	180.172 1	206.344 8	236.438 5	271.030 7	310.781 3	356.443 2	408.875 3	469.056 3	538.101 1	617.278 3	708.030 9	811.998 7	931.043 8	1 067.279 6
23	183.601 4	211.801 3	244.486 8	282.361 8	326.236 9	377.045 4	435.860 7	503.916 6	582.629 8	673.626 4	778.770 7	900.199 3	1 040.358 3	1 202.046 5	1 388.463 5
24	213.977 6	248.807 6	289.494 5	337.010 5	392.484 2	457.224 9	532.750 1	620.817 4	723.461 0	843.032 9	982.251 1	1 144.253 1	1 332.658 6	1 551.640 0	1 806.002 6
25	249.214 0	292.104 9	342.603 5	402.042 5	471.981 1	554.242 2	650.955 1	764.605 4	898.091 6	1 054.791 2	1 238.636 3	1 454.201 4	1 706.803 1	2 002.615 6	2 348.803 3
26	290.088 3	342.762 7	405.272 1	479.430 6	567.377 3	671.633 0	795.165 3	941.464 7	1 114.633 6	1 319.489 0	1 561.681 8	1 847.835 8	2 185.707 9	2 584.374 1	3 054.444 3
27	337.502 4	402.032 3	479.221 1	571.522 4	681.852 8	813.675 9	971.101 6	1 159.001 6	1 383.145 7	1 650.361 2	1 968.719 1	2 347.751 5	2 798.706 1	3 334.842 6	3 971.777 6
28	392.502 8	471.377 8	566.480 9	681.111 6	819.223 3	985.547 9	1 185.744 0	1 426.571 9	1 716.100 7	2 063.951 5	2 481.586 0	2 982.644 4	3 583.343 8	4 302.947 0	5 164.310 9
29	456.303 2	552.512 1	669.447 5	811.522 8	984.068 0	1 193.512 9	1 447.607 7	1 755.683 5	2 128.964 8	2 580.939 4	3 127.798 4	3 788.958 3	4 587.680 1	5 551.801 6	6 714.604 2
30	530.311 7	647.439 1	790.948 0	966.712 2	1 181.881 6	1 445.150 7	1 767.081 3	2 160.490 7	2 640.916 4	3 227.174 3	3 942.026 0	4 812.977 1	5 873.230 6	7 162.824 1	8 729.985 5

4. 年金现值系数表

n	1%	2%	3%	4%	5%	6%	7%	8%	9%	10%	11%	12%	13%	14%	15%
1	0. 990 1	0. 980 4	0. 970 9	0. 961 5	0. 952 4	0. 943 4	0. 934 6	0. 925 9	0. 917 4	0. 909 1	0. 900 9	0. 892 9	0. 885 0	0. 877 2	0. 869 6
2	1. 970 4	1. 941 6	1. 913 5	1. 886 1	1. 859 4	1. 833 4	1. 808 0	1. 783 3	1. 759 1	1. 735 5	1. 712 5	1. 690 1	1. 668 1	1. 646 7	1. 625 7
3	2. 941 0	2. 883 9	2. 828 6	2. 775 1	2. 723 2	2. 673 0	2. 624 3	2. 577 1	2. 531 3	2. 486 9	2. 443 7	2. 401 8	2. 361 2	2. 321 6	2. 283 2
4	3. 902 0	3. 807 7	3. 717 1	3. 629 9	3. 546 0	3. 465 1	3. 387 2	3. 312 1	3. 239 7	3. 169 9	3. 102 4	3. 037 3	2. 974 5	2. 913 7	2. 855 0
5	4. 853 4	4. 713 5	4. 579 7	4. 451 8	4. 329 5	4. 212 4	4. 100 2	3. 992 7	3. 889 7	3. 790 8	3. 695 9	3. 604 8	3. 517 2	3. 433 1	3. 352 2
6	5. 795 5	5. 601 4	5. 417 2	5. 242 1	5. 075 7	4. 917 3	4. 766 5	4. 622 9	4. 485 9	4. 355 3	4. 230 5	4. 111 4	3. 997 5	3. 888 7	3. 784 5
7	6. 728 2	6. 472 0	6. 230 3	6. 002 1	5. 786 4	5. 582 4	5. 389 3	5. 206 4	5. 033 0	4. 868 4	4. 712 2	4. 563 8	4. 422 6	4. 288 3	4. 160 4
8	7. 651 7	7. 325 5	7. 019 7	6. 732 7	6. 463 2	6. 209 8	5. 971 3	5. 746 6	5. 534 8	5. 334 9	5. 146 1	4. 967 6	4. 798 8	4. 638 9	4. 487 3
9	8. 566 0	8. 162 2	7. 786 1	7. 435 3	7. 107 8	6. 801 7	6. 515 2	6. 246 9	5. 995 2	5. 759 0	5. 537 0	5. 328 2	5. 131 7	4. 946 4	4. 771 6
10	9. 471 3	8. 982 6	8. 530 2	8. 110 9	7. 721 7	7. 360 1	7. 023 6	6. 710 1	6. 417 7	6. 144 6	5. 889 2	5. 650 2	5. 426 2	5. 216 1	5. 018 8
11	10. 367 6	9. 786 8	9. 252 6	8. 760 5	8. 306 4	7. 886 9	7. 498 7	7. 139 0	6. 805 2	6. 495 1	6. 206 5	5. 937 7	5. 686 9	5. 452 7	5. 233 7
12	11. 255 1	10. 575 3	9. 954 0	9. 385 1	8. 863 3	8. 383 8	7. 942 7	7. 536 1	7. 160 7	6. 813 7	6. 492 4	6. 194 4	5. 917 6	5. 660 3	5. 420 6
13	12. 133 7	11. 348 4	10. 635 0	9. 985 6	9. 393 6	8. 852 7	8. 357 7	7. 903 8	7. 486 9	7. 103 4	6. 749 9	6. 423 5	6. 121 8	5. 842 4	5. 583 1
14	13. 003 7	12. 106 2	11. 296 1	10. 563 1	9. 898 6	9. 295 0	8. 745 5	8. 244 2	7. 786 2	7. 366 7	6. 981 9	6. 628 2	6. 302 5	6. 002 1	5. 724 5
15	13. 865 1	12. 849 3	11. 937 9	11. 118 4	10. 379 7	9. 712 2	9. 107 9	8. 559 5	8. 060 7	7. 606 1	7. 190 9	6. 810 9	6. 462 4	6. 142 2	5. 847 4
16	14. 717 9	13. 577 7	12. 561 1	11. 652 3	10. 837 8	10. 105 9	9. 446 6	8. 851 4	8. 312 6	7. 823 7	7. 379 2	6. 974 0	6. 603 9	6. 265 1	5. 954 2

续上表

n	1%	2%	3%	4%	5%	6%	7%	8%	9%	10%	11%	12%	13%	14%	15%
17	15. 562 3	14. 291 9	13. 166 1	12. 165 7	11. 274 1	10. 477 3	9. 763 2	9. 121 6	8. 543 6	8. 021 6	7. 548 8	7. 119 6	6. 729 1	6. 372 9	6. 047 2
18	16. 398 3	14. 992 0	13. 753 5	12. 659 3	11. 689 6	10. 827 6	10. 059 1	9. 371 9	8. 755 6	8. 201 4	7. 701 6	7. 249 7	6. 839 9	6. 467 4	6. 128 0
19	17. 226 0	15. 678 5	14. 323 8	13. 133 9	12. 085 3	11. 158 1	10. 335 6	9. 603 6	8. 950 1	8. 364 9	7. 839 3	7. 365 8	6. 938 0	6. 550 4	6. 198 2
20	18. 045 6	16. 351 4	14. 877 5	13. 590 3	12. 462 2	11. 469 9	10. 594 0	9. 818 1	9. 128 5	8. 513 6	7. 963 3	7. 469 4	7. 024 8	6. 623 1	6. 259 3
21	18. 857 0	17. 011 2	15. 415 0	14. 029 2	12. 821 2	11. 764 1	10. 835 5	10. 016 8	9. 292 2	8. 648 7	8. 075 1	7. 562 0	7. 101 6	6. 687 0	6. 312 5
22	19. 660 4	17. 658 0	15. 936 9	14. 451 1	13. 163 0	12. 041 6	11. 061 2	10. 200 7	9. 442 4	8. 771 5	8. 175 7	7. 644 6	7. 169 5	6. 742 9	6. 358 7
23	20. 455 8	18. 292 2	16. 443 6	14. 856 8	13. 488 6	12. 303 4	11. 272 2	10. 371 1	9. 580 2	8. 883 2	8. 266 4	7. 718 4	7. 229 7	6. 792 1	6. 398 8
24	21. 243 4	18. 913 9	16. 935 5	15. 247 0	13. 798 6	12. 550 4	11. 469 3	10. 528 8	9. 706 6	8. 984 7	8. 348 1	7. 784 3	7. 282 9	6. 835 1	6. 433 8
25	22. 023 2	19. 523 5	17. 413 1	15. 622 1	14. 093 9	12. 783 4	11. 653 6	10. 674 8	9. 822 6	9. 077 0	8. 421 7	7. 843 1	7. 330 0	6. 872 9	6. 464 1
26	22. 795 2	20. 121 0	17. 876 8	15. 982 8	14. 375 2	13. 003 2	11. 825 8	10. 810 0	9. 929 0	9. 160 9	8. 488 1	7. 895 7	7. 371 7	6. 906 1	6. 490 6
27	23. 559 6	20. 706 9	18. 327 0	16. 329 6	14. 643 0	13. 210 5	11. 986 7	10. 935 2	10. 026 6	9. 237 2	8. 547 8	7. 942 6	7. 408 6	6. 935 2	6. 513 5
28	24. 316 4	21. 281 3	18. 764 1	16. 663 1	14. 898 1	13. 406 2	12. 137 1	11. 051 1	10. 116 1	9. 306 6	8. 601 6	7. 984 4	7. 441 2	6. 960 7	6. 533 5
29	25. 065 8	21. 844 4	19. 188 5	16. 983 7	15. 141 1	13. 590 7	12. 277 7	11. 158 4	10. 198 3	9. 369 6	8. 650 1	8. 021 8	7. 470 1	6. 983 0	6. 550 9
30	25. 807 7	22. 396 5	19. 600 4	17. 292 0	15. 372 5	13. 764 8	12. 409 0	11. 257 8	10. 273 7	9. 426 9	8. 693 8	8. 055 2	7. 495 7	7. 002 7	6. 566 0

续上表

n	16%	17%	18%	19%	20%	21%	22%	23%	24%	25%	26%	27%	28%	29%	30%
1	0.862 1	0.854 7	0.847 5	0.840 3	0.833 3	0.826 4	0.819 7	0.813 0	0.806 5	0.800 0	0.793 7	0.787 4	0.781 3	0.775 2	0.769 2
2	1.605 2	1.585 2	1.565 6	1.546 5	1.527 8	1.509 5	1.491 5	1.474 0	1.456 8	1.440 0	1.423 5	1.407 4	1.391 6	1.376 1	1.360 9
3	2.245 9	2.209 6	2.174 3	2.139 9	2.106 5	2.073 9	2.042 2	2.011 4	1.981 3	1.952 0	1.923 4	1.895 6	1.868 4	1.842 0	1.816 1
4	2.798 2	2.743 2	2.690 1	2.638 6	2.588 7	2.540 4	2.493 6	2.448 3	2.404 3	2.361 6	2.320 2	2.280 0	2.241 0	2.203 1	2.166 2
5	3.274 3	3.199 3	3.127 2	3.057 6	2.990 6	2.926 0	2.863 6	2.803 5	2.745 4	2.689 3	2.635 1	2.582 7	2.532 0	2.483 0	2.435 6
6	3.684 7	3.589 2	3.497 6	3.409 8	3.325 5	3.244 6	3.166 9	3.092 3	3.020 5	2.951 4	2.885 0	2.821 0	2.759 4	2.700 0	2.642 7
7	4.038 6	3.922 4	3.811 5	3.705 7	3.604 6	3.507 9	3.415 5	3.327 0	3.242 3	3.161 1	3.083 3	3.008 7	2.937 0	2.868 2	2.802 1
8	4.343 6	4.207 2	4.077 6	3.954 4	3.837 2	3.725 6	3.619 3	3.517 9	3.421 2	3.328 9	3.240 7	3.156 4	3.075 8	2.998 6	2.924 7
9	4.606 5	4.450 6	4.303 0	4.163 3	4.031 0	3.905 4	3.786 3	3.673 1	3.565 5	3.463 1	3.365 7	3.272 8	3.184 2	3.099 7	3.019 0
10	4.833 2	4.658 6	4.494 1	4.338 9	4.192 5	4.054 1	3.923 2	3.799 3	3.681 9	3.570 5	3.464 8	3.364 4	3.268 9	3.178 1	3.091 5
11	5.028 6	4.836 4	4.656 0	4.486 5	4.327 1	4.176 9	4.035 4	3.901 8	3.775 7	3.656 4	3.543 5	3.436 5	3.335 1	3.238 8	3.147 3
12	5.197 1	4.988 4	4.793 2	4.610 5	4.439 2	4.278 4	4.127 4	3.985 2	3.851 4	3.725 1	3.605 9	3.493 3	3.386 8	3.285 9	3.190 3
13	5.342 3	5.118 3	4.909 5	4.714 7	4.532 7	4.362 4	4.202 8	4.053 0	3.912 4	3.780 1	3.655 5	3.538 1	3.427 2	3.322 4	3.223 3
14	5.467 5	5.229 3	5.008 1	4.802 3	4.610 6	4.431 7	4.264 6	4.108 2	3.961 6	3.824 1	3.694 9	3.573 3	3.458 7	3.350 7	3.248 7
15	5.575 5	5.324 2	5.091 6	4.875 9	4.675 5	4.489 0	4.315 2	4.153 0	4.001 3	3.859 3	3.726 1	3.601 0	3.483 4	3.372 6	3.268 2
16	5.668 5	5.405 3	5.162 4	4.937 7	4.729 6	4.536 4	4.356 7	4.189 4	4.033 3	3.887 4	3.750 9	3.622 8	3.502 6	3.389 6	3.283 2

续上表

n	16%	17%	18%	19%	20%	21%	22%	23%	24%	25%	26%	27%	28%	29%	30%
17	5. 748 7	5. 474 6	5. 222 3	4. 989 7	4. 774 6	4. 575 5	4. 390 8	4. 219 0	4. 059 1	3. 909 9	3. 770 5	3. 640 0	3. 517 7	3. 402 8	3. 294 8
18	5. 817 8	5. 533 9	5. 273 2	5. 033 3	4. 812 2	4. 607 9	4. 418 7	4. 243 1	4. 079 9	3. 927 9	3. 786 1	3. 653 6	3. 529 4	3. 413 0	3. 303 7
19	5. 877 5	5. 584 5	5. 316 2	5. 070 0	4. 843 5	4. 634 6	4. 441 5	4. 262 7	4. 096 7	3. 942 4	3. 798 5	3. 664 2	3. 538 6	3. 421 0	3. 310 5
20	5. 928 8	5. 627 8	5. 352 7	5. 100 9	4. 869 6	4. 656 7	4. 460 3	4. 278 6	4. 110 3	3. 953 9	3. 808 3	3. 672 6	3. 545 8	3. 427 1	3. 315 8
21	5. 973 1	5. 664 8	5. 383 7	5. 126 8	4. 891 3	4. 675 0	4. 475 6	4. 291 6	4. 121 2	3. 963 1	3. 816 1	3. 679 2	3. 551 4	3. 431 9	3. 319 8
22	6. 011 3	5. 696 4	5. 409 9	5. 148 6	4. 909 4	4. 690 0	4. 488 2	4. 302 1	4. 130 0	3. 970 5	3. 822 3	3. 684 4	3. 555 8	3. 435 6	3. 323 0
23	6. 044 2	5. 723 4	5. 432 1	5. 166 8	4. 924 5	4. 702 5	4. 498 5	4. 310 6	4. 137 1	3. 976 4	3. 827 3	3. 688 5	3. 559 2	3. 438 4	3. 325 4
24	6. 072 6	5. 746 5	5. 450 9	5. 182 2	4. 937 1	4. 712 8	4. 507 0	4. 317 6	4. 142 8	3. 981 1	3. 831 2	3. 691 8	3. 561 9	3. 440 6	3. 327 2
25	6. 097 1	5. 766 2	5. 466 9	5. 195 1	4. 947 6	4. 721 3	4. 513 9	4. 323 2	4. 147 4	3. 984 9	3. 834 2	3. 694 3	3. 564 0	3. 442 3	3. 328 6
26	6. 118 2	5. 783 1	5. 480 4	5. 206 0	4. 956 3	4. 728 4	4. 519 6	4. 327 8	4. 151 1	3. 987 9	3. 836 7	3. 696 3	3. 565 6	3. 443 7	3. 329 7
27	6. 136 4	5. 797 5	5. 491 9	5. 215 1	4. 963 6	4. 734 2	4. 524 3	4. 331 6	4. 154 2	3. 990 3	3. 838 7	3. 697 9	3. 566 9	3. 444 7	3. 330 5
28	6. 152 0	5. 809 9	5. 501 6	5. 222 8	4. 969 7	4. 739 0	4. 528 1	4. 334 6	4. 156 6	3. 992 3	3. 840 2	3. 699 1	3. 567 9	3. 445 5	3. 331 2
29	6. 165 6	5. 820 4	5. 509 8	5. 229 2	4. 974 7	4. 743 0	4. 531 2	4. 337 1	4. 158 5	3. 993 8	3. 841 4	3. 700 1	3. 568 7	3. 446 1	3. 331 7
30	6. 177 2	5. 829 4	5. 516 8	5. 234 7	4. 978 9	4. 746 3	4. 533 8	4. 339 1	4. 160 1	3. 995 0	3. 842 4	3. 700 9	3. 569 3	3. 446 6	3. 332 1

5. 财务管理实务公式汇总

1. 单利：$I=P \cdot i \cdot n$ （P24）
2. 单利终值：$F=P+I=P+P \cdot i \cdot n=P\ (1+i \cdot n)$ （P24）
3. 单利现值：$P=F/(1+i \cdot n)$ （P25）
4. 复利终值：$F=P \cdot (1+i)^n$或$P \cdot (F/P,\ i,\ n)$ （P25）
5. 复利现值：$P=F \cdot (1+i)^{-n}$或$F \cdot (P/F,\ i,\ n)$ （P26）
6. 普通年金终值：$F=A \cdot [\ (1+i)^n-1]\ /i$或$A \cdot (F/A,\ i,\ n)$ （P27）
7. 年偿债基金：$A=F \cdot i/[\ (1+i)^n-1]$ 或$F \cdot (A/F,\ i,\ n)$ （P29）
8. 普通年金现值：$P=A \cdot [1-\ (1+i)^{-n}]\ /i$或$A \cdot (P/A,\ i,\ n)$ （P30）
9. 年资本回收额：$A=P \cdot i/[1-\ (1+i)^{-n}]$ 或$P \cdot (A/P,\ i,\ n)$ （P30－31）
10. 即付年金的终值：$F=A \cdot \{\ [\ (1+i)^{n+1}-1]\ /i-1\}$ 或$A \cdot [\ (F/A,\ i,\ n+1)-1]$ （P32）
11. 即付年金的现值：$P=A \cdot \{\ [1-\ (1+i)^{-(n-1)}]\ /i+1\}$

或 $A \cdot [\ (P/A,\ i,\ n-1)+1]$ （P34）

12. 递延年金现值：

第一种方法：先求出递延期末的现值，再将现值调整到第一期期初。

$$P=A \cdot (P/A,\ i,\ n) \cdot\ (P/F,\ i,\ m)$$ （P35）

第二种方法：先求（$m+n$）期的年金现值，再扣除递延期（m）的年金现值。

$$P=A \cdot [\ (P/A,\ i,\ m+n)-(P/A,\ i,\ m)]$$ （P35）

13. 永续年金现值：$P=A \cdot \frac{1}{i}$ （P36）
14. 折现率：$i=[\ (F/p)^{1/n}]\ -1$（一次收付款项） （P36）

$i=A/P$（永续年金） （P37）

普通年金折现率先计算年金现值系数或年金终值系数再查有关的系数表求i，不能直接求得的通过内插法计算。

$$i=i_1+\frac{\beta_1-\alpha}{\beta_1-\beta_2}\ (i_2-i_1)$$ （P38）

15. 名义利率与实际利率的换算：$i=(1+r/m)^m-1$ （P39）
16. 期望值：$\overline{E}=\sum_{i=1}^{n} X_i P_i$ （P42）
17. 标准离差：$\sigma=\sqrt{\sum_{i=1}^{n}(X_i-\overline{E})^2 \cdot P_i}$ （P42）
18. 标准离差率：$V=\sigma/\overline{E} \times 100\%$ （P43）
19. 风险收益率：$R=R_F+R_R=R_F+bV$ （P44）
20. 外部筹资额$=\frac{A}{S_1} \times \Delta S-\frac{B}{S_1} \times \Delta S-P \times E \times S_2$ （P79）

即：敏感资产占基期销售额百分比×销售的变动额－敏感负债占基期销售额百分比×销售的变动额－销售净利率×利润留存率×计划期销售额

21. 债券发行价格$=\frac{票面金额}{(1+市场利率)^n}+\sum_{t=1}^{n}\frac{年利息}{(1+市场利率)^t}$ （P88）

如果是不计复利，到期一次还本付息的债券：

债券发行价格$=\frac{票面金额 \times (1+年利息 \times n)}{(1+市场利率)^t}$ （P88）

22. 放弃现金折扣成本率$=\frac{现金折扣率 \times 360}{(1-现金折扣率) \times (信用期-折扣期)}$ （P92）

23. 银行借款成本：$K_i=\frac{I(1-T)}{L(1-f)}=\frac{i(1-T)}{1-f}$或$K_i=i(1-T)$（当$f$忽略不计时） （P94）

24. 债券资金成本：$K_b=\frac{I(1-T)}{B_0(1-f)}=\frac{B\times i(1-T)}{B_0\times(1-f)}$ （P94）

25. 优先股资金成本：$K_p=\frac{D}{P_0(1-f)}$ （P95）

26. 普通股资金成本：固定股利模型为$K_s=\frac{D}{P(1-f)}$ （P95）

股利固定增长模型为$K_s=\frac{D_1}{P(1-f)}+g$

27. 留存收益成本：$K_e=\frac{D_1}{P_0}+g$ （P96）

28. 综合资金成本：$K_w=\sum_{j=1}^{n}W_jK_j$ （P96）

29. 边际贡献：边际贡献＝销售收入总额－变动成本总额 （P98）

＝（销售单价－单位变动成本）×产销量

＝单位边际贡献×产销量

30. 息税前利润（$EBIT$）＝销售收入总额－变动成本总额－固定成本 （P99）

＝（销售单价－单位变动成本）×产销量－固定成本

＝边际贡献－固定成本

31. 经营杠杆系数$=\frac{\text{息税前利润变动率}}{\text{销售量变动率}}$ （P99）

简化公式：

经营杠杆系数$=\frac{\text{销售额}-\text{变动成本总额}}{\text{销售额}-\text{变动成本总额}-\text{固定成本总额}}=\frac{\text{边际贡献}}{\text{息税前利润总额}}$

或$DOL=\frac{S-V}{S-V-a}=\frac{T_{cm}}{EBIT}$

32. 财务杠杆系数$=\frac{\text{普通股每股收益变动率}}{\text{息税前利润变动率}}$ （P101）

简化公式：财务杠杆系数$=\frac{\text{息税前利润}}{\text{息税前利润}-\text{利息}}$

或$DFL=\frac{EBIT}{EBIT-I}$

33. 综合杠杆系数$=\frac{\text{普通股每股收益变动率}}{\text{销售额变动率}}$ （P102）

简化公式：

综合杠杆系数$=\frac{\text{销售额}-\text{变动成本总额}}{\text{销售额}-\text{变动成本总额}-\text{固定成本总额}-\text{利息}}$

$=\frac{\text{边际贡献}}{\text{息税前利润}-\text{利息}}$

或$DTL=\frac{S-V}{S-V-a-I}=\frac{T_{cm}}{EBIT-I}$

34. 每股收益无差别点分析公式：

$$\frac{(\overline{EBIT}-I_1)(1-T)-D_1}{N_1}=\frac{(\overline{EBIT}-I_2)(1-T)-D_2}{N_2}$$ （P104）

35. 净现金流量：

某年净现金流量 = 该年现金流入量 − 该年现金流出量 （P114）

36. 建设期某年的净现金流量（NCF_t）= − 该年发生的原始投资额 （P115）

37. 经营期内某年净现金流量（NCF_t）= 净利润 + 折旧 + 摊销 （P115）

38. 动态评价指标：

净现值（NPV）$= \sum$（第 t 年的净现金流量 × 第 t 年的复利现值系数） （P118）

$$= \sum_{K=0}^{n} \frac{NCF_K}{(1+I)^K}$$

或者 $NPV = \sum_{K=0}^{n} \frac{I_K}{(1+i)^K} - \sum_{K=0}^{n} \frac{O_K}{(1+i)^K}$

现值指数或获利指数（PI）= 投产后各年净现金流量的现值合计/原始投资的现值合计 $= \sum_{K=0}^{n} \frac{I_K}{(1+i)^K} / \sum_{K=0}^{n} \frac{O_K}{(1+i)^K}$ （P119）

净现值率（$NPVR$）= 投资项目净现值/原始投资现值 × 100% （P120）

内部收益率 = IRR，IRR 满足下列等式：净现值 = 0

即：$\sum_{K=0}^{n} \frac{I_K}{(1+\text{内含报酬率})^K} - \sum_{K=0}^{n} \frac{O_K}{(1+\text{内含报酬率})^K} = 0$

39. 静态评价指标：

不包括建设期的投资回收期 = 原始投资合计/投产后若干年每年相等的净现金流量 （P122）

包括建设期的投资回收期 = 不包括建设期的投资回收期 + 建设期 （P122）

当建设期为 0 时，回收期 = 原始投资额/每年现金流入量 （P122）

会计报酬率 = 年平均净收益/原始投资额 × 100% （P123）

40. 机会成本 = 现金持有量 × 有价证券利率（或报酬率） （P137）

41. 现金管理相关总成本 = 固定性转换成本 + 机会成本 （P138）

42. 最佳现金持有量：$Q^* = \sqrt{\frac{2TF}{K}}$ （P138）

43. 最佳现金管理相关总成本：$TC(Q^*) = \sqrt{2TFK}$ （P138）

44. 应收账款机会成本 = 维持赊销业务所需要的资金 × 参照利率 （P140）

45. 应收账款平均余额 $= \frac{\text{赊销收入净额}}{\text{应收账款周转率}}$ （P140）

$$= \frac{\text{赊销收入净额}}{\frac{360}{\text{应收账款周转期}}}$$

$$= \frac{\text{赊销收入净额} \times \text{应收账款周转期}}{360}$$

46. 维持赊销业务所需要的资金 = 应收账款平均余额 × 变动成本率 （P140）

47. 存货相关总成本 = 变动性订货成本 + 变动性储存成本 （P147）

$$TC = TC_o + TC_c = P \times \frac{A}{Q} + C_1 \times \frac{Q}{2}$$

48. 经济进货批量：$Q^* = \sqrt{\frac{2PA}{C_1}}$ （P147）

49. 最小相关总成本：$TC^* = \sqrt{2PAC_1}$ （P147）

50. 最佳存货资金占用额：$I=\frac{Q^*}{2}\cdot P$ （P147）

51. 最佳订货次数：$N^*=\frac{A}{Q^*}$ （P147）

52. 定基发展速度＝分析期数额÷固定基期数额 （P196）

53. 定基增长速度＝定基发展速度－1 （P196）

54. 环比发展速度＝分析期数额÷分析期前一期数额 （P196）

55. 环比增长速度＝环比发展速度－1 （P196）

56. 流动比率＝流动资产/流动负债 （P199）

57. 速动比率＝速动资产/流动负债 （P200）

速动资产＝货币资金＋交易性金融资产＋应收票据＋应收账款＋其他应收款

＝流动资产－存货－预付账款－待摊费用－一年内到期的非流动资产

－其他流动资产 （P200）

58. 现金比率＝$\frac{\text{库存现金}+\text{银行存款}+\text{短期有价证券}}{\text{流动负债}}$ （P200）

59. 现金流动负债比率＝年经营活动现金净流量/年末流动负债 （P201）

60. 资产负债率＝负债总额/资产总额×100% （P202）

61. 权益乘数＝资产总额/所有者权益总额×100%＝1÷(1－资产负债率) （P202）

62. 所有者权益比率＝所有者权益总额/资产总额×100% （P202）

63. 产权比率＝负债总额/所有者权益总额×100% （P203）

64. 利息保障倍数＝息税前利润/利息费用＝(利润总额＋利息费用）/利息费用 （P203）

65. 周转率（周转次数）＝周转额/资产平均余额 （P204）

66. 周转期（周转天数）＝计算期天数/周转次数 （P204）

＝资产平均余额×计算期天数/周转额

67. 应收账款周转率（次数）＝营业收入/应收账款平均余额 （P204）

应收账款平均余额＝（期初应收账款＋期末应收账款)/2 （P204）

68. 存货周转率（次数）＝营业成本/存货平均余额 （P205）

其中：存货平均余额＝(期初存货＋期末存货)/2 （P205）

69. 流动资产周转率（次数）＝营业收入/流动资产平均余额 （P206）

70. 固定资产周转率（次数）＝营业收入/固定资产平均余额 （P207）

71. 总资产周转率（次数）＝营业收入/总资产平均余额 （P207）

72. 销售利润率＝利润总额/销售收入净额×100% （P208）

73. 营业利润率＝营业利润/营业收入×100% （P209）

74. 净资产收益率＝净利润/平均净资产×100% （P209）

75. 总资产净利率＝净利润/平均资产总额×100% （P210）

76. 成本费用利润率＝利润总额/成本费用总额×100% （P210）

77. 盈余现金保障倍数＝经营现金净流量/净利润×100% （P210）

78. 普通股每股收益＝归属于普通股股东的当期净利润/当期普通股流通股数×100% （P211）

79. 普通股每股股利＝支付现金股利总额/普通股流通股数×100% （P211）

80. 市盈率＝每股市价/每股收益×100% （P212）

81. 营业收入增长率＝本期营业收入增长额/上期营业收入总额×100% （P212）

82. 资本积累率＝本年所有者权益增长额/年初所有者权益总额×100% （P213）

83. 资本保值增值率＝扣除客观因素后的年末所有者权益总额/年初所有者权益总额×100%（P213）

84. 社会贡献率＝企业社会贡献总额/平均资产总额×100%（P214）

85. 社会积累率＝上交国家财政总额/企业社会贡献总额×100%（P214）

86. 净资产收益率＝总资产净利率×权益乘数（P214）

＝营业净利率×总资产周转率×权益乘数

参考文献

[1] 中国注册会计师协会. 财务成本管理 [M]. 北京：中国财政经济出版社，2014.

[2] 财政部会计资格评价中心. 财务管理 [M]. 北京：中国财政经济出版社，2014.

[3] 袁建国. 财务管理 [M]. 大连：东北财经大学出版社，2011.

[4] 陈玉珍，牟小容. 财务管理学 [M]. 成都：西南财经大学出版社，2011.

[5] 黄佑军. 财务管理实务 [M]. 北京：人民邮电出版社，2011.

[6] 赵国忠. 财务管理实务 [M]. 北京：高等教育出版社，2009.

[7] 徐耀庆. 财务管理实务 [M]. 北京：机械工业出版社，2013.

[8] 王桂芹，李鹰. 财务管理项目化教程 [M]. 北京：冶金工业出版社，2012.

[9] 黄良杰. 财务管理 [M]. 北京：清华大学出版社，2008.